Harsefeld · Lauenburg · Boizenburg · Ludwigslust · Puttli...

Winsen · Elmen... · Lüneburg · Blekede · Elbe

Kloster Zeven · Ottersberg · Wumme · Verse · Dalenburg · Hitzacker · ...erleben

Verden · Roterburg · Soltau · Elstorf · Dannenberg · Lüchow · ...enberg

Walsrode · Verden · Wustrow · Serehausen · B. Arendsee · Osterburg

Hoya · Rethen · Bergen · Wittingen · Salzwedel · Arneburg

...lingen · Nienburg · Celle · Brome · Klötze · Biese · Bismark · Stendal

...selburg · Rehburg · Neustadt am Rübenberge · Burgdorf · Gifhorn · Vorsfelde · Oebisfelde · Gardelegen · Tangermünde

Win...storf · HANOVER · Peine · Königshütter · Helmstädt · Calvörde · Neuhaldensleben · Ohre · Elbe · Bu...

BUCKEBURG · Pattensen · Hildesheim · BRAUNSCHWEIG · Wolfenbüttel · Schöningen · Oschersleben · Magdeburg · Gommer · Schöne...

Oldendorf · Springe · Elze · Gronau · h. Salzgitter · Dardesheim · Wanzleben · Egeln

Rinteln · Hameln · Pyrmont · Alfeld · Goslar · Osterwieck · Halberstadt · Calbe · Saale

...TMOLD · Höxter · Oldendorf · Holzminden · Seesen · Wernigerode · Blankenburg · Quedlinburg · Aschersleben · Bernb...

Lügde · Driburg · Brakel · Salzg · Embeck · Clausthal · Brocken · Hasselfelde · BALLENSTEDT · Eisleben

Beyerungen · Uslar · Moringen · Nordheim · Osterode · Andreasberg · Wa...kenried · Stollberg · Neustadt

Pekelsheim · Warburg · Hofgeismar · Göttingen · Dudenstadt · Nordhausen · Sangerhausen · Allstedt · Artern

Driburg · Grebenstein · Münden · Heiligenstadt · SONDERSHAUSEN · Frankenhausen · Wipper · Unstr...

ROLSEN · CASSEL · Freienhagen · Witzenhausen · Unstrut · Helbe · Tenstedt · Weissensee · Eckartsberga

Waldeck · Fritzlar · Almerode · Waldcappel · Melsungen · Gr. Allendorf · Werra · Mühlhausen · Langensalz... · Erfurt · WEIMAR

Wildungen · Homberg · Rothenburg · Sontra · Kreuzburg · GOTHA · Blankenhain · Jena

...nkenberg · Ziegenhain · Schwarzenborn · Vach · Berka · Eisenach · ...

Johann Peter Eckermann

VERLAG HERMANN BÖHLAUS NACHFOLGER WEIMAR 16 24

Das Erfurter Tor in Weimar

Johann Peter Eckermann

Leben im Spannungsfeld Goethes

Herausgegeben im Auftrage der
Stiftung Weimarer Klassik
vom
Goethe-Nationalmuseum

1992
VERLAG HERMANN BÖHLAUS NACHFOLGER
WEIMAR

Edition Weimarer Klassik

Erschienen anläßlich der Ausstellung der Stiftung Weimarer Klassik
zum 200. Geburtstag Johann Peter Eckermanns

Vorsatz vorn:
Ch. Grünewald, nach der Karte von C. F. Weiland:
Hannover, die Preußischen Rheinprovinzen, Braunschweig, Oldenburg, Kurhessen,
Waldeck, Lippe, Hamburg, Lübeck und Bremen, 1826. Goethe-Nationalmuseum.

Vorsatz hinten:
Plan der Großherzoglichen Residenzstadt Weimar, 1826.
Goethe-Nationalmuseum.

Redaktion: Reiner Schlichting

Die Deutsche Bibliothek – CIP-Einheitsaufnahme

Johann Peter Eckermann: Leben im Spannungsfeld Goethes. ;
[erschienen anläßlich der Ausstellung der Stiftung Weimarer Klassik
zum 200. Geburtstag Johann Peter Eckermanns] / hrsg. im A. der
Stiftung Weimarer Klassik vom Goethe-Nationalmuseum – Weimar:
Verlag Hermann Böhlaus Nachfolger Weimar 1992
    (Edition Weimarer Klassik)
    ISBN 3-7400-0834-2
NE: Schlichting, Reiner [Hrsg.]; Goethe-Nationalmuseum ⟨Weimar⟩;
Stiftung Weimarer Klassik

ISBN 3-7400-0834-2

Erschienen im Verlag Hermann Böhlaus Nachfolger Weimar GmbH & Co.

© 1992 by Verlag Hermann Böhlaus Nachfolger Weimar GmbH & Co.

Dieses Buch ist aus säurefreiem Papier hergestellt und entspricht den Frankfurter Forderungen zur Verwendung alterungsbeständiger
Papiere für die Buchherstellung.

Gesamtherstellung: Verlag Hermann Böhlaus Nachfolger Weimar

L.-Nr. 2773

Inhalt

Vorwort. *Renate Müller-Krumbach*   9

Erster Teil
Wissen, Existenz, Tätigkeit. Lebensversuche des Johann Peter Eckermann

I.   Sehnsucht nach Größe. Johann Peter Eckermann zwischen den Zeiten. *Von Egon Freitag* 13
II. Ausgang und Traum des Johann Peter Eckermann. *Von Viola Geyersbach* 19
III. Der Prozeß des Hörens und Schreibens. Eckermanns Leben mit Goethe 1823 bis 1832. *Von Egon Freitag und Viola Geyersbach* 41
IV. Das Gespräch
     1. Lebensstationen Johann Peter Eckermanns 1832 bis 1854. *Von Egon Freitag* 81
     2. Der Streit um die »blauen Schatten im Schnee«. Goethe und Eckermann sprechen über Naturwissenschaften. *Von Egon Freitag* 91
     3. »So ist er vorzüglich Ursache, daß ich den Fausten fortsetze«. Eckermann drängt zur Vollendung des »Faust«. *Von Egon Freitag* 99
     4. Kunstbetrachtungen in Goethes Haus. *Von Viola Geyersbach* 107

Zweiter Teil
Annäherungen an Eckermann

I.   Weimar-Verneinung und Weimar-Bejahung. Eckermann auf Reisen. *Von Egon Freitag* 121
II. »Für eine Wohnung in meiner Nähe werde ich sorgen«. Eckermanns Weimarer Wohnungen. *Von Viola Geyersbach* 135
III. »Gar zu sehr der Liebe zur Einsamkeit überlassen«? Freundschaften Johann Peter Eckermanns. *Von Heike Scholz* 141
IV. Dichterisches Mit-Leiden. Johann Peter Eckermanns Nachleben zwischen Spott und Apologie. *Von Christian Juranek* 147
V.   Ausstellen und Begreifen. Konzeption und Präsentation. *Von Christian Juranek* 165

Zeittafel. *Von Viola Geyersbach* 171

Auswahl-Bibliographie zu Johann Peter Eckermann. *Von Egon Freitag und Christian Juranek* 177

Abkürzungen 183

Abbildungsnachweis 183

Personen- und Ortsregister. *Von Reiner Schlichting* 185

Und so sind drei große Bedürfnisse in mir lebendig:
Mein Wissen zu vermehren, meine Existenz zu verbessern,
und, daß beides möglich sei, vor allen Dingen etwas zu tun.

Johann Peter Eckermann

Vorwort

»Goethe schwieg. Ich aber bewahrte seine großen und guten Worte in meinem Herzen.« Dieser letzte Satz aus Johann Peter Eckermanns Aufzeichnungen »Gespräche mit Goethe in den letzten Jahren seines Lebens« mit seiner an biblische Vorformulierung wohl unbewußt angepaßten Diktion prägte und bestätigte das Bild, das die literarische und gebildete Welt von Goethes Gesprächspartner sich zu machen gewohnt ist. Sein Lebensweg scheint auch, trotz aller Abirrungen, nur auf dieses eine Ziel hingesteuert und es schließlich erreicht zu haben: dem verehrten großen Mann am Frauenplan räumlich und geistig nahe zu sein. Daß auch dabei Wünsche offenblieben, ist wahrscheinlich. Das Leben und Werk Johann Peter Eckermanns anläßlich seines 200. Geburtstages zum Thema einer Ausstellung innerhalb der Museen der Stiftung Weimarer Klassik zu machen, war eine Idee von Professor Dr. Martin Bircher, die er während seiner Amtszeit in Weimar weiterentwickelte und ihrer Verwirklichung näher zu bringen suchte. Für die Ausstellung mußten Räumlichkeiten erschlossen werden, die bisher dem Besucher unzugänglich waren, die Nebenräume im Erdgeschoß des Goethehauses, die sich um Küche und Dienerzimmer gruppieren. Sie waren im Laufe der Jahrhunderte mehrfach baulich verändert worden, so daß nur noch wenig Originales vorhanden ist.

Der enge Bezug zur Person des Hausherrn und die räumliche Bescheidenheit ließ diesen Bezirk für die Eckermann-Ausstellung als besonders geeignet erscheinen. Sie wurde der Raumsituation entsprechend in thematische Schwerpunkte gegliedert, dies wiederum wurde zur Grundlage der vorliegenden Publikation. Über die Ausstellung hinausgreifend entstanden begleitende Aufsätze, die das Leben J. P. Eckermanns in einzelnen Bereichen näher untersuchen. Reiches bildliches und dokumentarisches Material machte es möglich, Eckermanns Leben in Weimar, zwischen Wunsch und Wirklichkeit, darzustellen. Daß dabei in der Ausstellung auch zu neuen Präsentationsmethoden gegriffen wurde, ist das Verdienst von Christian Juranek, der mit seinen Co-Autoren Dr. Egon Freitag, Viola Geyersbach und Dr. Heike Scholz die Konzeptionen für Ausstellung und Publikation erarbeitete. Goethe, durch das Medium Eckermann gesehen, ist das Thema einer Installation in einem Nebenraum im Hof des Goethehauses, die sicherlich das Überraschendste der Ausstellung sein wird. Sie ordnet die Fixpunkte aus Eckermanns Leben spielerisch zusammen: Goethe, Weimar und Eckermanns ganz private Liebe zur Kreatur, seine Vogelliebhaberei.

Für die Verwirklichung der Ausstellung ist vielen Mithelfern zu danken. Aus der Stiftung Weimarer Klassik insbesondere dem Bereich Bau und Denkmalpflege für den Umbau des Erdgeschosses und dem Goethe- und Schiller-Archiv sowie der Herzogin Anna Amalia Bibliothek für die Unterstützung durch Leihgaben. Ideelle Unterstützung leisteten weiterhin Herr Dr. Jürgen Peter Ravens, Herr Günther Hagen und Herr Walter Gröll vom Heimat- und Museumsverein Winsen an der Luhe.

Als Leihgebern danken wir: dem Niedersächsischen Landesmuseum Hannover, Herrn Dr. Bernd Schälicke; dem Stadtarchiv Hannover, Herrn Dr. Klaus Mlynek; dem Freien Deutschen Hochstift, Frankfurter Goethe-Museum, Herrn Dr. Jürgen Behrens; dem Universitätsarchiv der Friedrich-Schiller-Universität Jena, Frau Margit Hartleb; dem Thüringischen Hauptstaatsarchiv Weimar. Ohne die Mitarbeiter der Stiftung Weimarer Klassik Frau Gabriele Oswald (Graphische Sammlung), Frau Margarete Oppel (Goethes Kunstsammlung), Frau Sigrid Geske (Fotolabor) und Frau Luba Bens, Frau Sylvia Reuter, Frau Birgit Scheurell (Schreibarbeiten) wäre die Herstellung der umfangreichen Publikation nicht möglich gewesen. Hier ist besonders den Herren Sturm und John vom Verlag Hermann Böhlaus Nachfolger Weimar für unermüdliche Gesprächsbereitschaft, Geduld und Verständnis zu danken.

Weimar, August 1992   Renate Müller-Krumbach

ERSTER TEIL

Wissen, Existenz, Tätigkeit
Lebensversuche des Johann Peter Eckermann

I.

Sehnsucht nach Größe. Johann Peter Eckermann zwischen den Zeiten

Von Egon Freitag

Johann Peter Eckermann, der Sohn eines Kätners und Hausierers aus Winsen an der Luhe, hatte durch erste zeichnerische Versuche, die sich ganz zufällig ergaben, bald gespürt, »was etwa Höheres in ihm schlummert«. Dieser »einmal erwachte Trieb der sinnlichen Nachbildung« sollte ihn nicht wieder verlassen,

und um ihn auszuprägen, war er »immerfort der Belehrung bedürftig«. Bei der Suche nach literarischen Vorbildern erschienen ihm zunächst die Gedichte Theodor Körners als etwas »Rühmliches und Beneidenswürdiges«. Durch sie inspiriert, verfaßte Eckermann sein erstes Gedicht, das er den aus Frankreich zurückkeh-

Vom gezeichneter Wacholder Baum, stand in dem ehemals so genannten Juste Garten des Herrn Geheimenraths von Goethe am Stern. Die Höhe vom Boden bis dahin wo er sich in zwey Aeste theilte, war 12 hiesige Fuß, die ganze Höhe 18 Fuß. Unten an der Erde hielt er 12 Fuß im Durchmesser, da sich die beiden Aeste theilten 15 Zoll, jeder Ast 11 Zoll und nachher fiel es ab bis auch die Spitzen ganz zart auszeigten.

Von seinem äußerst hohen Alter, wagt man nicht zu sagen. Da Stamm war inwendig vertrocknet, Das Holz dasselben mit haarandeten Riffen durchschnitten, wie man sie an den Kohlen zu sehen pflegt gelblichen Farbe und durchaus von Wurmern verzehren. Zu großer Baum wilchte vom 30ten bis 31ten Januar im Jahr 1809 in der Nacht welkte ich ihn um. Ohne dieses außerordentliche Ereigniß hätte er noch lange stehen können. Die Gipfel der Aeste so wie die Spitzen der Zweige waren durchaus grün und lebendig.

renden Befreiungstruppen widmete. Die überraschend positive Aufnahme ermunterte ihn, sein Talent weiter zu kultivieren. Mit 24 Jahren begann er, Goethes Gedichte zu lesen, wodurch sein Drang nach Selbstfindung eine neue, lebensbestimmende Orientierung erhielt, ja wodurch er »zum eigentlichen Bewußtsein« gelangte. Schon früh erwachte in ihm ein »großer Durst nach den Wissenschaften« und der Plan, sich »zu einer literarischen Produktion von einiger Bedeutung zusammenzunehmen«. Mit bewundernswerter Willenskraft gelang es ihm, die aufgrund seiner Herkunft mangelhaften Kenntnisse durch ein Universitätsstudium zu vervollkommnen, wodurch er »auch in höhere Lebensverhältnisse zu kommen gedachte«. Goethe, »zu anlockend, um ihm nicht nachzustreben und zu groß, um ihn zu erreichen«, wurde fortan Eckermanns Leitstern. Bald erfaßte ihn ein leidenschaftlicher Trieb, sich durch schriftstellerische Produktionen freizuschreiben. 1821 konnte ein Gedichtbändchen von ihm erscheinen, das er sogleich an Goethe schickte, von dem er zu seiner größten Freude ein paar Zeilen empfing. Dies mußte ihn geradezu beflügeln, so daß er voller Schaffenslust seiner Verlobten Johanne Bertram versicherte: »Das Bewußtsein, daß ich mit Goethen übereinstimme, gibt mir viel Beruhigung und Zuversicht. Alle meine Arbeiten treibe ich nun mit doppelter Lust und in erhöhter Stimmung.«[1] Dieses Bekenntnis läßt bereits ahnen, wie dominierend Goethes literarischer Einfluß auf Eckermann geworden war, obwohl noch keine persönliche Begegnung mit dem Weimarer Dichter stattgefunden hatte. Eckermanns Wunsch, Schriftsteller zu werden und Geld und Ruhm damit zu erwerben, wurde immer drängender. Um auf sich aufmerksam zu machen, verfaßte er die »Beiträge zur Poesie mit besonderer Hinweisung auf Goethe«. Darin formuliert der dreißigjährige Autor: »Es kommt nicht darauf an, daß wir viel wissen, sondern es kommt darauf an, daß wir viel leisten. ... Der Mensch ist nicht zum Wissen, sondern zur Tat berufen. Alles Wissen, wenn es gehörig sein soll, muß demnach eine praktische Richtung haben.«[2] Welchen Weg er auch einschlage, sein Ziel sei stets das Streben nach Vollendung. Eckermanns Geist entzündete sich an Goethes Wirkung, die ihn zu eigener Tat reizte; »eine ganze Welt geistigen Lebens« wurde in ihm geweckt und erregt.[3] Bereits in dieser Schrift äußerte er seine ihm permanent eigene Sehnsucht nach Größe: »Das menschliche Glück beruht auf einem fortwährenden Steigen, in Erstrebung und Erreichung von immer

noch etwas Besserem, Höherem. Derjenige Mensch, dem es zuteil wird, in seinem Lebensglück stets stufenweise vom Geringeren zum Höheren zu steigen und nach und nach immer Besseres zu erreichen, wird der glücklichste sein.«[4] Dieses Streben nach Entwicklung zum Höheren war letztlich Eckermanns Lebensziel. Seinem Leitbild nacheifernd, hoffte er, Außerordentliches zu leisten. Was er jungen Talenten in seinen »Beiträgen zur Poesie« empfiehlt, schrieb er sich von der Seele. Vor allem plädierte er für die Entwicklung aller Kräfte und Anlagen, trotz Widerspruch und Anfeindung. Die künstlerische Produktion erfordere jedoch vom Autor selbst den »harmonischen Gesamtgebrauch der höchsten Kräfte«[5]. In diesem Sinne wollte er seine Kräfte einsetzen und zeigen, was er zu leisten imstande war. Seine Bestimmung sah er im Vollbringen und Schaffen, in der Tätigkeit. Dafür war er bereit, Opfer zu bringen. Das größte lag in der »Versäumung alles Lebensgenusses«. Seine Verlobte Johanne Bertram mußte 12 Jahre warten, bis er sie vor den Traualtar führen konnte. War dieses Opfer nicht zu groß? Eckermann hielt dagegen: »Das Leben beglückt, aber es befriedigt nicht; nur das Vollbringen und Schaffen, nur die Tat vermag beides. In ihr findet er seine Bestimmung, seine Würde, sein Glück, seinen Frieden.«[6] Doch wie sah die Realität aus? Es blieb weitgehend bei diesen Absichtserklärungen. »Angefangene größere Gedichte und angefangene dramatische Szenen sind ins Stocken geraten«[7], ließ er Johanne wissen. Er wünschte sich mehr Ruhe zur Arbeit und hielt »jeden Tag für verloren«, an dem er »nicht einige Seiten geschrieben« hatte, die ihm Freude machten,[8] und wollte am liebsten täglich Gedichte verfassen.[9]

Mit der Öffnung der Haustür am Frauenplan offenbarte sich dem Winsener Kätnersohn ein überwältigender, kaum faßbarer Erfahrungshorizont, in dem Kreativität nicht nur möglich erschien, sondern zur gemäßen Form persönlicher Daseinsbewältigung geworden war. Doch schon bald stellte er seinen individuellen Lebensversuch nach persönlicher Selbstentfaltung zurück zugunsten eines bereitwillig angenommenen Dienstes an Goethe. Einerseits war dies eine Hingabe bis zur Selbstaufgabe, doch ganz uneigennützig erfolgte dieses Opfer nicht, denn Eckermann glaubte dadurch seinem Vaterland einen größeren Dienst erweisen zu können als durch seine eigenen Arbeiten. Dennoch verzichtete er nicht ganz auf sie und wartete eitel auf Goethes Lob. Einige Festgedichte zu

Thaers Jubiläum, schrieb er Johanne, seien ihm gelungen und er werde, wenn er damit zu Goethe gehe, »sicher gelobt werden«[10].

Die zahlreichen Zerstreuungen in Weimar, wie »die fast täglichen Einladungen«, hinderten ihn, seinen »geistigen Richtungen und Vorsätzen nachzugehen«, worin er doch fast einzig seine Bestimmung und sein höchstes Glück sah. Er klagte über mangelnde Ruhe und Zeit für seine schriftstellerischen Arbeiten. Zwischen Hannover und Weimar schwankend – dort wartete Hannchen, und hier hielt ihn »Goethe und die große Kultur«, die er in seiner Nähe gewann –, trieb ihn die Begierde, etwas zu tun und sich »vor der Welt auszuzeichnen«. Wenn er mit Hannchen ein paar Jahre bei Hannover auf dem Lande leben würde, könnte er bei seiner erlangten Bildung »viele schöne Werke in glücklicher Zurückgezogenheit produzieren« und sich »in der literarischen Welt den besten Namen machen«. Auch ließe sich »auf diese Weise das meiste Geld gewinnen«, das sei »ganz gewiß«. Ja, sein Geltungsdrang war damit noch nicht befriedigt; denn »... wenn wir sodann Neigung hätten, in der großen Welt wieder aufzutreten, so würde ich gewiß, bei vorangegangenem gutem Rufe, in einer großen Stadt wie etwa Berlin, mein Glück machen«.[11]

Die »Gespräche mit Goethe«, so eineinhalb Jahre später, seien das Glück seines Lebens und würden seinen »Namen über ganz Europa mit Ehren verbreiten«[12]. In dieser Zielsetzung manifestiert sich sein Ausgriff in die Welt, seine Sehnsucht nach Größe. Bei aller Zielstrebigkeit und intrinsischen Motivation kam er jedoch über Kreativität aus zweiter Hand nicht hinaus. Dennoch hat Eckermann, der Autodidakt par excellence, viel erreicht. Der Kätnersohn wurde zum engsten Mitarbeiter Goethes, betreute ganz in seinem Sinne redaktionell die »Ausgabe letzter Hand« und die »Nachgelassenen Werke« und überlieferte der Nachwelt die »Gespräche« des Dichters. Darin liegt seine wahre Größe.

Gewiß, er hatte ein enormes Selbstvertrauen in die eigene Tatkraft, doch ohne dieses wäre Eckermann sicher nicht Goethes »geprüfter Haus- und Seelenfreund« geworden.[13] Er leistete ihm unschätzbare Dienste, die der Dichter dankbar anerkannte: »Der getreue Eckart ist mir von großer Beyhülfe. Reinen und redlichen Gesinnungen treu, wächst er täglich an Kenntniß, Ein- und Übersicht und bleibt, wegen fördernder Theilnahme, ganz unschätzbar ...«[14]

In seinem Gedicht »Goethes Porträt von Stieler« wird etwas von Eckermanns Sehnsucht nach Größe künstlerisch reflektiert:

Wenn ich als Knabe gern der Weisheit lauschte,
War es sein hoher Geist, der mich berauschte;
Als Jüngling, wenn ich Ruhmespfade strebte,
War es sein Wort, sein Ruhm, der mich belebte;
Und nun als Mann, zu täglich neuer Tat
Find' ich bei ihm Erquickung, Kraft und Rat.[15]

Anmerkungen

1 Eckermann an Johanne Bertram, 29. Oktober 1821. In: Tewes, Bd. 1, S. 20.
2 Eckermann, Beyträge zur Poesie mit besonderer Hinweisung auf Goethe, Stuttgart 1824, S. 5.
3 Ebenda, S. 20.
4 Ebenda, S. 35 f.
5 Ebenda, S. 47.
6 Ebenda, S. 52.
7 Eckermann an Johanne Bertram, 21. Oktober 1827. In: Tewes, Bd. 1, S. 354.
8 Eckermann über seine Neigungen. In: ebenda, S. 327.
9 Eckermann an Heinrich Stieglitz, 4. Dezember 1824. In: ebenda, S. 169.

10 Eckermann an Johanne Bertram, 12. März 1824. In: ebenda, S. 31.
11 Eckermann an Johanne Bertram, 18. August 1825. In: ebenda, S. 48 f.
12 Eckermann an Johanne Bertram, 3. März 1826. In: ebenda, S. 56.
13 Goethe an Johann Jakob und Marianne von Willemer, 26. September 1830. In: WA IV, 47, S. 250.
14 Goethe an Carl Friedrich Zelter, 10./14. Dezember 1830. In: WA IV, 48, S. 42.
15 Eckermann, Goethes Porträt, auf Befehl Sr. Majestät des Königs von Bayern, gemalt von Stieler, 1829. In: Gedichte von J. P. Eckermann, Leipzig 1838, S. 182.

1 Unbekannter Künstler: Umgestürzter Wacholderbaum in Goethes Garten am Stern.
Undatiert. Aquarell, 45,6 x 55,6 cm. Goethe-Nationalmuseum, Inv. Nr.: Gr 104/1992. *Abbildung auf dem Umschlag.*

2 Johann Peter Eckermann: Beyträge zur Poesie mit besonderer Hinweisung auf Goethe.
Stuttgart, in der Cottaischen Buchhandlung 1824. Aus Goethes Bibliothek, Goethe-Nationalmuseum, Rupp. Kat. 1922.

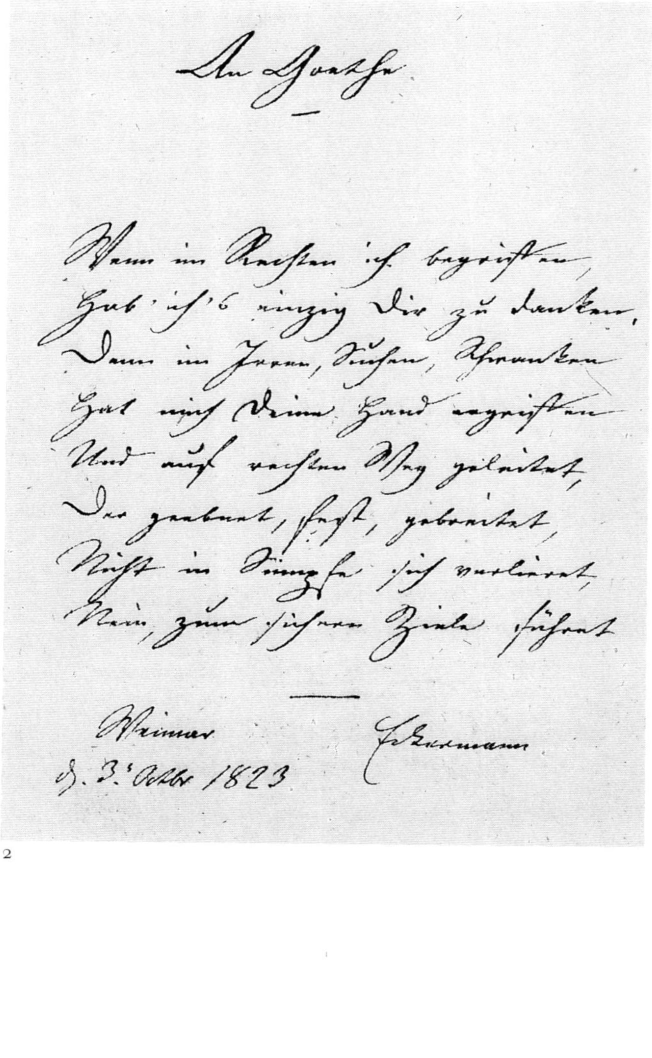

»An Goethe.
Wenn im Rechten ich begriffen,
Hab ich's einzig Dir zu danken,
Denn im Irren, Suchen, Schwanken
Hat mich Deine Hand ergriffen
Und auf rechten Weg geleitet,
Der geebnet, fest, gebreitet,
Nicht in Sümpfe sich verlieret,
Nein, zum sichern Ziele führet.
Weimar d. 3.^{n} Octbr 1823. Eckermann.«

An Goethe
Wenn im Rechten ich begriffen
Hab ich's einzig Dir zu danken,
Denn im Irren, Suchen, Schwanken
Hat mich Deine Hand ergriffen
Und auf rechten Weg geleitet,
Der geebnet, fest, gebreitet,
Nicht in Sümpfe sich verlieret,
Nein, zum sichern Ziele führet
Weimar d. 3.n Octbr 1823
Eckermann

2

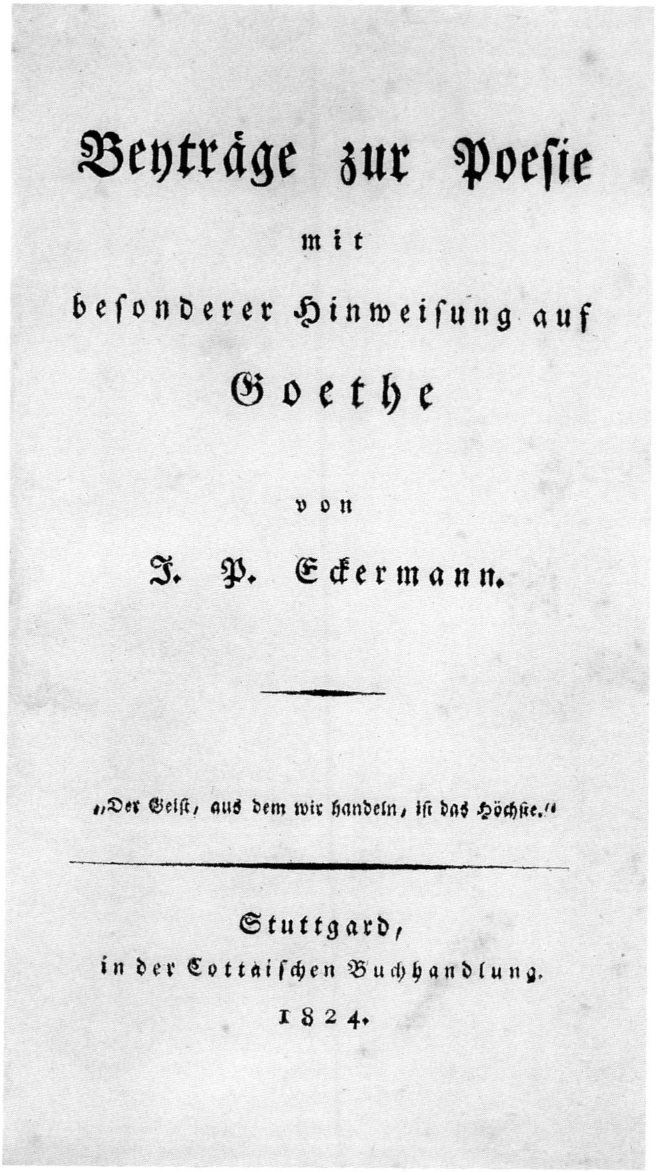

Beyträge zur Poesie
mit
besonderer Hinweisung auf
Goethe
von
J. P. Eckermann.
„Der Geist, aus dem wir handeln, ist das Höchste.“
Stuttgard,
in der Cottaischen Buchhandlung.
1824.

2

3 Johann Joseph Schmeller (1796–1841): Porträt Johann Peter Eckermann.
1827. Schwarze und weiße Kreide, Kohle, weiß gehöht auf braunem Papier, 52 x 38,8 cm. Aus Goethes Kunstsammlung. Goethe-Nationalmuseum, Schuch. Kat. I, S. 285, Nr. 573.

»Es währte nicht lange, so kam Goethe, in einem blauen Oberrock und in Schuhen; eine erhabene Gestalt! Der Eindruck war überraschend. Doch verscheuchte er sogleich jede Befangenheit durch die freundlichsten Worte … Ich war glücklich verwirrt in

4

seinem Anblick und seiner Nähe. ... Es war mir bei ihm unbeschreiblich wohl; ich fühlte mich beruhigt, so wie es jemandem sein mag, der nach vieler Mühe und langem Hoffen endlich seine liebsten Wünsche befriedigt sieht. ... Mit Liebe schieden wir auseinander; ich im hohen Grade glücklich, denn aus jedem seiner Worte sprach Wohlwollen, und ich fühlte, daß er es überaus gut mit mir im Sinne habe.«
Eckermann über seinen ersten Besuch bei Goethe am 10. Juni 1823.

4 Charles Etienne Pierre Motte (1785–1836) nach Henri (Pierre Louis) Grevedon (1776–1860) nach Orest Adamowitsch Kiprinski (1773–1836), 1823: Porträt Goethe.
1826. Lithographie, Bl. 50,1 x 34,2 cm. Verlegt à Paris, chez Ch'les Picquet, Quai de Conti No. 17. Goethe-Nationalmuseum, Inv. Nr.: Gr 281/1983.

»... nun folgt er gestern selbst und erscheint als ein gar guter, feiner, verständiger Mensch ... Da er sich an meinen Sachen heranbildete, so wird es keine Schwierigkeit haben, mit ihm sich zu verständigen.«
Goethe an Christoph Friedrich Ludwig Schultz, 11. Juni 1823.

II.
Ausgang und Traum des Johann Peter Eckermann

Von Viola Geyersbach

Am 21. September 1792, einen Tag nach der erfolglosen Kanonade von Valmy, die Goethe als Begleiter des Herzogs von Sachsen-Weimar-Eisenach und Augenzeuge miterlebte, wurde im friedlichen Niedersachsen – weit entfernt von den verheerenden Kriegswirren – Johann Peter Eckermann geboren.

Sein Vater Johann Adolf (1742–1811) war seit dem 21. November 1783 in zweiter Ehe mit Maria Dorothea, geb. Schierhorn (1762–1818) verheiratet. Als Johann Peter das 12. Lebensjahr erreichte, lebten die älteren Geschwister aus erster und zweiter Ehe bereits nicht mehr im väterlichen Haus, und der Junge wuchs als »Zuletztgeborener« zwischen seinen im vorgerückten Alter stehenden Eltern einsam auf. Die bäuerlich-ärmlichen Lebensverhältnisse und der anspruchslose, den einfachen Existenzbedürfnissen angepaßte Lebensstil der Eltern prägten seinen Entwicklungs- und Bildungsgang und boten dem Jungen, der bis zu seinem 14. Lebensjahr nur »periodenweise« in den Wintermonaten die Schule besuchte, kaum Chancen einer geistigen Entfaltung. Dagegen entwickelte sich in Eckermann auf den gemeinsam mit dem Vater, der »als Hausierer in der Heidegegend von Dorf zu Dorf zog«, unternommenen Wanderungen ein stark naturverbundenes Lebensgefühl. Seine lebenslange Natur- und Tierliebe fand ihren Ursprung in jener Zeit in der Lüneburger Heide, wo der Junge neue Eindrücke empfing und unbeschwert seinen Interessen und Neigungen, wie der leidenschaftlichen Vogelliebe, nachgehen konnte.

Nach Beendigung der Schulzeit, in der sich Eckermann lediglich ein Elementarwissen hatte aneignen können, verdiente er seinen Lebensunterhalt als Amtsschreiber in Winsen und Lüneburg, später in Uelzen und sammelte praktische Erfahrungen im Verwaltungsfach, wobei er »viele Neigungen« bewies, »seine Fähigkeiten auszubilden«. Die politischen Ereignisse des Jahres 1813 veranlaßten Eckermann, seinen Posten als »Mairie-Secretaire« in Bevensen aufzuge-

ben und sich als Freiwilliger »den Reihen der Vaterländischen Krieger anzuschließen«. Im Frühjahr 1814 führte ihn ein Feldzug nach Flandern und Brabant, wo die kriegerischen Auseinandersetzungen aber bereits weitgehend beendet waren. Fasziniert sah er in den Kirchen und Museen die ersten Gemälde seines Lebens. Vor den großen Kunstwerken der Niederländer ging ihm eine neue Welt auf. Im Land der Kunst fühlte er sich glücklich, suchte Kontakt zu Malern und begann, angeregt von den überwältigenden Eindrükken, selbst zu zeichnen und Gemälde zu kopieren. Aus der intensiven künstlerischen Betätigung erwuchs schließlich der Wunsch, »ein Maler zu werden« und Kreativität gegen das nun als »widerwillig« empfundene Schreibfach einzutauschen. Zunächst führte er in der Heimat seine angefangenen Zeichnungen und Skizzen aus und kopierte später aus Almanachen und Taschenbüchern die abgebildeten Kupferstiche von Johann Heinrich Ramberg. Doch Eckermann mußte sehr schnell erkennen, daß sein Berufswunsch ohne fundierte künstlerische Ausbildung nicht zu realisieren war. Der dreimonatige Unterricht bei dem Hannoveraner Maler Ramberg qualifizierte seine künstlerischen Fertigkeiten, ließ ihn aber auch die Grenzen seines Talents erkennen.

Eine schwere Erkrankung sowie finanzielle Schwierigkeiten setzten Eckermanns praktischen Übungen ein Ende und veranlaßten ihn, »auf die Kunst Verzicht zu leisten« und eine Anstellung bei der »Militairkleidungs-Commission« in Hannover anzunehmen. Wenngleich dieser Posten keinesfalls Eckermanns beruflichen Wünschen entsprach, so stellte er zumindest für eine neu zu planende Lebensgestaltung eine Existenzgrundlage dar. Theodor Körners leidenschaftliche Gedichte, die 1814 unter dem Titel »Leier und Schwert« herausgegeben wurden, beeindruckten Eckermann nachhaltig. Er empfand die Gabe des Dichters »als etwas durchaus Rühmliches und Beneidenswürdiges« und fühlte sich zu eigenen lyrischen

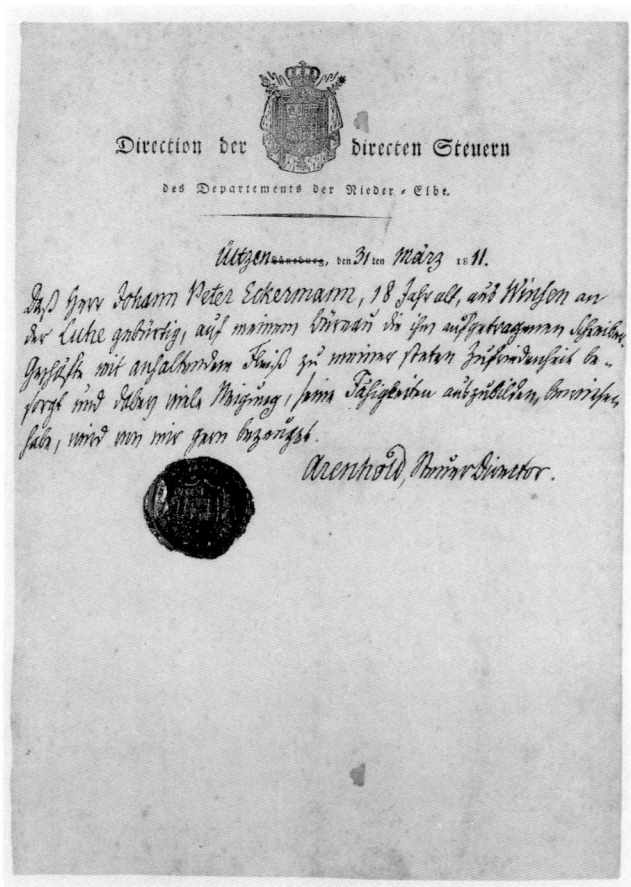

Zeugnis der Steuerdirektion des Departments der
Niederelbe für Eckermann, Uelzen, 31. März 1811. Freies
Deutsches Hochstift, Frankfurter Goethe-Museum.

Meister«, die dramatischen Werke, »Dichtung und
Wahrheit«, später fühlte er sich immer wieder vom
»Faust« angezogen. Goethes Werke wurden ihm zum
geistigen Sinngeber und zum Symbol seines »Strebens
nach Höherem«. Im eigenen Schaffensprozeß wie auch
bei der Aneignung literarischer Werte und Werke,
etwa von Shakespeare, Sophokles, Homer, wurde
Eckermann sein großes Bildungsdefizit deutlich, ging
ihm auf, daß er ohne »klassische Bildung« als Dichter
niemals »dem Gehalt und Geiste nach, etwas Vorzügli-
ches zu leisten« vermochte.

Das von seinem Bildungsdrang bewirkte Nachden-
ken über sich selbst und das Studium der Biographien
»bedeutender erfolgreicher Männer« brachten ihn zu

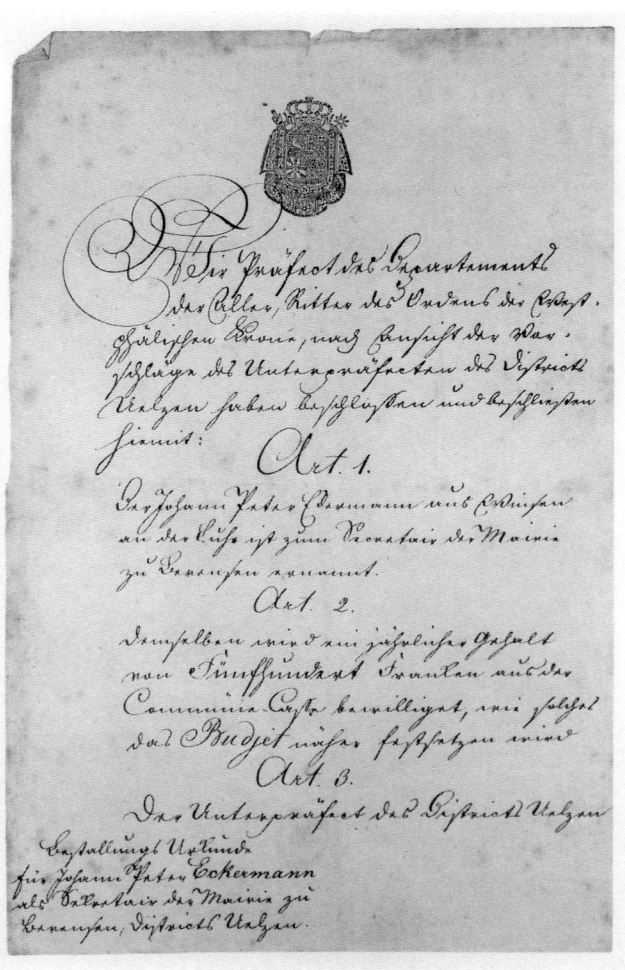

Bestallungsurkunde Eckermanns als »Secretair der Mairie
zu Bevensen«, Hannover, 7. Januar 1813. Freies Deutsches
Hochstift, Frankfurter Goethe-Museum.

Versuchen inspiriert. Seine poetische Begabung erpro-
bend, schrieb er zum Empfang der »Vaterländischen
Krieger aus Frankreich« das Gedicht »Den 18. Juni
1815. Den braven Jägern gewidmet«, das er in einigen
hundert Exemplaren auf Selbstkosten drucken ließ
und das in der Stadt als Flugblatt zirkulierte. Später
wurde es vertont und in einigen Zeitungen veröffentlicht. Die überaus günstige Aufnahme des Gedichtes
motivierte Eckermann, seinen poetischen Ambitionen
weiter zu folgen. Im Frühjahr 1817 erregten Goethes
Gedichte sein Interesse, und die bisher umschwärmten
Dichter Schiller und Klopstock verloren an Bedeutung
und Einfluß, je vertrauter er mit Goethes Werken
wurde.

»Nun aber kam die glückliche Zeit, wo ich ihn nach
und nach kennenlernte und eine Welt von neuen
Ansichten mir durch ihn aufging.« Voller Leidenschaft
vertiefte er sich nach Goethes Gedichten in »Wilhelm

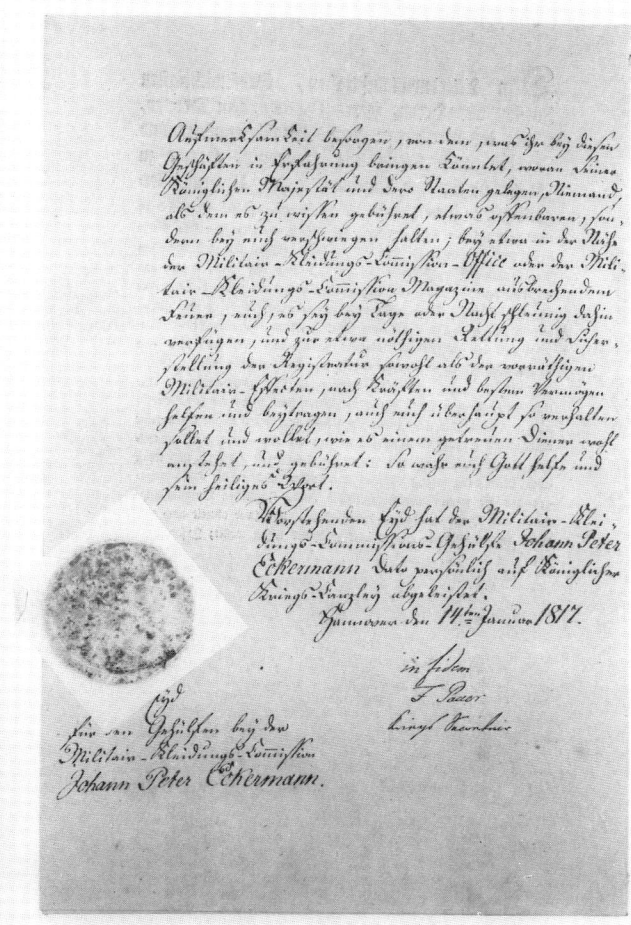

»Eyd für den Gehülfen Eckermann bei der Militair-Kleidungs-Kommission«, Hannover, 14. Januar 1817.
Freies Deutsches Hochstift, Frankfurter Goethe-Museum.

dem Entschluß, den dort vorgezeichneten Bildungs-
weg durch Schule und Universität nachzuholen. Nach
einjährigem Privatunterricht in Griechisch und Latein
saß er als sechsundzwanzigjähriger junger Mann zwischen dreizehnjährigen Kindern in der Sekunda des
Gymnasiums und bemühte sich eifrig und diszipliniert,
den gebotenen Stoff aufzunehmen und zu verarbeiten.
Obgleich ihm sein Vorgesetzter günstige zeitliche und
finanzielle Konditionen eingeräumt hatte, erforderte
das täglich zu bewältigende Pensum einen Kraftauf-
wand, den Eckermann nicht durchhalten konnte. Körperlich erschöpft, verließ er im April 1817 das Gymnasium. »Ich habe ein übles Vierteljahr erlebt«, schrieb er
seinem Freund Lange, »täglich abgespannter und
erschlaffter an Geist und Körper, und mein Gehirn

erfüllte ein wühlendes Chaos von ungekäut ver-
schluckten Ideen, die sich nicht lagern wollten, und
wenn die Massen sich gelagert glaubten, so brach es
unten wieder zusammen, denn es fehlte der Fels-
grund… Aber vieles habe ich gelernt… Wirklichkeit
vom Wahne zu unterscheiden, und zu sehen, welcher
der Weg ist, den ich gehen muß.«[1]

Es ist gleichermaßen aufschlußreich und charakteri-
stisch für Eckermanns Selbsterziehung, daß er seinen
Privatunterricht fortsetzte. Er lernte dabei Virgils Hir-
tengedichte, die Oden des Horaz, Ovids Metamorpho-
sen, Ciceros Reden und Caesars Kriegsgeschichte kennen. »Für mich«, vertraute er Lange an, »treibe ich
deutschen Menschenverstand und Dichtkunst.«[2]
Eckermanns Vorsatz, seine fragmentarische und unzu-

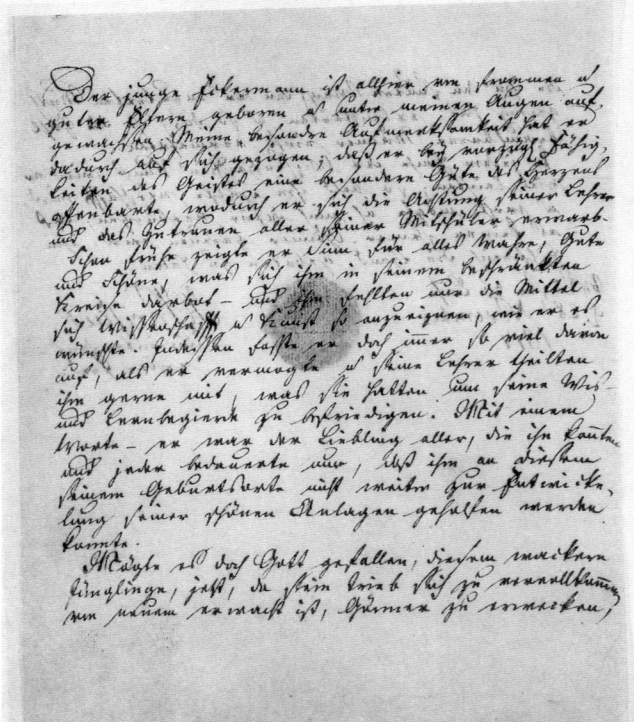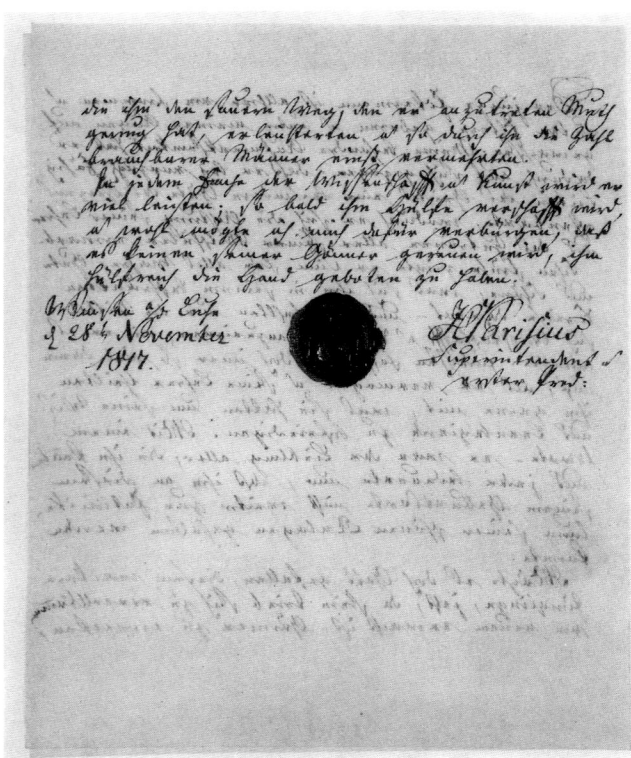

Zeugnis des Superintendenten J. C. Parisius für Eckermann, Winsen, 28. November 1817.
Freies Deutsches Hochstift, Frankfurter Goethe-Museum.

längliche Bildung durch ein Universitätsstudium zu erweitern und ein Fundament für beruflichen Erfolg und »höhere Lebensverhältnisse« zu legen, erhärtete sich in den Folgejahren. Nachdem sein erster Versuch, ein Stipendium zu erhalten, daran gescheitert war, daß er jedes Brotstudium hartnäckig abgelehnt hatte, wählte der durch diese Erfahrung »gewitztere«, inzwischen mit der Kaufmannstochter Johanne Bertram verlobte Eckermann das existenzsichernde Studium der Rechtswissenschaft. Diese Entscheidung löste bei seinen Gönnern »ein freundliches Entgegenkommen und ein bereitwilliges Befördern [seiner] Zwecke« aus. Darüber hinaus festigte die erfolgreiche Subskriptionsausgabe seiner Gedichte im Frühjahr 1821 nicht nur Eckermanns künstlerisches Selbstbewußtsein, sondern untermauerte auch die Bereitschaft der Freunde und Förderer, den talentierten jungen Mann zu unterstützen.

Im Mai 1821 verließ er, finanziell relativ abgesichert, Hannover, um an der Universität Göttingen das Studium aufzunehmen. Er bezog eine stille und bequeme Gartenwohnung außerhalb der Stadt und hoffte, durch Brunnenkuren gesundheitlich gestärkt, die Anforderungen des Studiums bewältigen zu können. Doch schon nach wenigen Monaten mußte Eckermann erkennen, daß das gewählte Studienfach weder seinen Vorkenntnissen noch seinen Neigungen und Absichten entsprach. Im Juli 1821 schrieb er an Johanne, die er in Hannover zurückgelassen hatte: »Es muß diesen Herbst noch wieder etwas von mir gedruckt werden, es sei auch was es wolle. Ich will schon machen! Ich kann mich so nicht zufrieden geben.«[3]

Im dritten Semester belegte Eckermann nur noch philologische Collegia. In den Mittelpunkt seines Denkens rückten wieder Poesie und Kunst, und er fühlte sich dazu berufen, sein Wesen und seine Ideen in der Dichtung zu verwirklichen. »Ich muß Lärm machen, zwei Sachen müssen diesen Winter von mir heraus, damit Geld und Ruf komme. Nämlich zuerst mein Trauerspiel und dann das Buch über Poesie vorzügl. in Bezug auf Goethe«[4], erklärte er der Verlobten, sich selbst fordernd. Die Umarbeitung des Trauerspiels

»Graf Eduard« erwies sich als problematisch und wurde späterhin aufgegeben. Die Ausarbeitung der »Beiträge zur Poesie mit besonderer Hinweisung auf Goethe« erforderte Eckermanns ganze Kraft und Konzentration. Weil die Zerstreuungen der Universitätsstadt einen zügigen Fortgang der angekündigten Schrift behinderten, verließ Eckermann im Herbst 1822 Göttingen, um in der Ruhe und Abgeschiedenheit eines kleinen Dorfes bei Hannover sein Manuskript abzuschließen. Da Eckermann die geforderten Testate und Belege über die Teilnahme an juristischen Lehrveranstaltungen nicht beibringen konnte, wurden ihm keine weiteren Stipendien genehmigt, und eine Fortführung des Studiums war somit ausgeschlossen. Nach Hannover zurückgekehrt, sah sich der Dreißigjährige, ohne Studienabschluß, Stellung und Geld, in eine wenig optimistisch stimmende Lebenswirklichkeit versetzt, der er seinen Willen entgegenstellte, als Schriftsteller einen angesehenen Platz auf dem deutschen Literaturmarkt zu erobern.

Mit der Veröffentlichung seiner ästhetischen Abhandlung, die neben Goetheschen Anschauungen auch weiterführendes Gedankengut des Verfassers enthielt, hoffte Eckermann, seinen literarischen Ruf zu begründen und finanziellen Gewinn zu erzielen.

Durch die intensive und produktive Auseinandersetzung mit Goethes Werk bestätigte sich für Eckermann die große Vorbildfunktion des Dichters für sein eigenes Schaffen. Mehr denn je fühlte er die Harmonie ihrer Denkweisen und ein starkes Verlangen, seinem »Leitstern … einmal einige Augenblicke persönlich nahe zu sein«. Vertrauensvoll sandte er sein Manuskript mit der Bitte »um einige empfehlende Worte« an Goethe. Ende Mai 1823 verließ er Hannover und »wanderte zu Fuß über Göttingen und das Werratal nach Weimar«.

Am 9. Juni meldete sich Eckermann im Haus am Frauenplan, und schon einen Tag später wurde er von Goethe empfangen. Während Eckermann »glücklich verwirrt in seinem Anblick und in seiner Nähe« war und »ihm wenig oder gar nichts zu sagen« wußte, lenkte Goethe sogleich das Gespräch auf die eingereichten »Aphorismen«: »Ihre Schrift bedarf keiner Empfehlung, sie empfiehlt sich selber.«

Eckermanns Wunsch gemäß übergab Goethe die Schrift der Verlagsbuchhandlung Cotta, wo sie im September 1823 erschien. Schon seit längerer Zeit hatte sich Goethe nach jungen Männern umgesehen, »denen man Redaction von Papieren übertragen«[5] und »einen Theil seines Nachlasses anvertrauen könnte«[6].

Eckermann für diese Aufgabe zu gewinnen erschien nicht abwegig, und der persönliche Eindruck bestärkte ihn in seinen Überlegungen, die Fähigkeiten des »verständigen Menschen« zu prüfen.

In der geplanten »Ausgabe letzter Hand« beabsichtigte Goethe, zum ersten Male seine literarischen Kritiken vollständig zu veröffentlichen. Die Vorarbeiten vertraute er Eckermann an. Er beauftragte ihn zunächst mit der Sichtung und Wertung seiner in den »Frankfurter gelehrten Anzeigen« der Jahre 1772 und 1773 anonym veröffentlichten Rezensionen. Eine

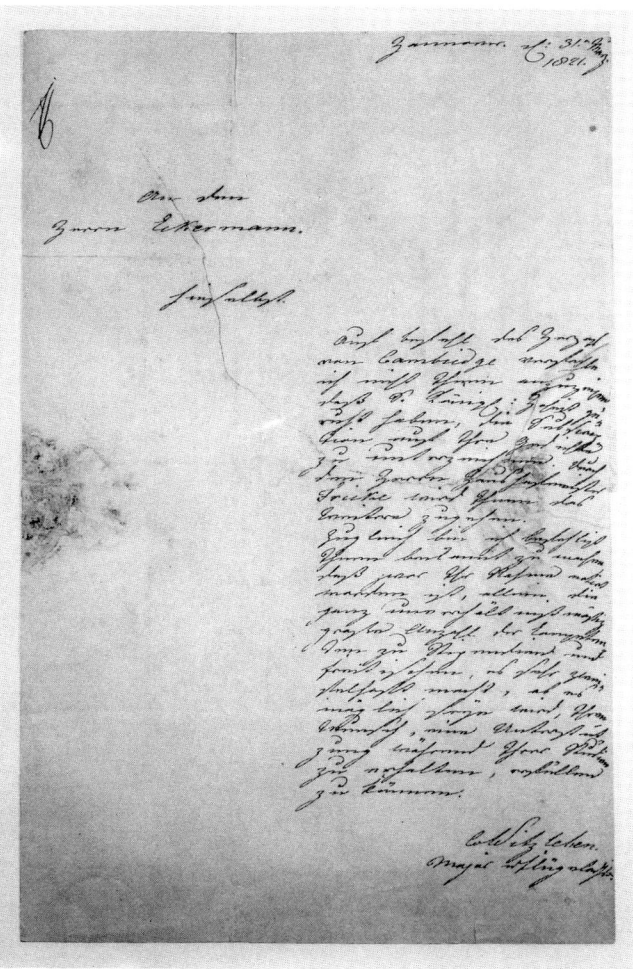

Bescheid des Herzogs von Cambridge durch C. von Witzleben, die Subskription von Eckermanns Gedichten und sein Stipendium betreffend, Hannover, 31. März 1821. Freies Deutsches Hochstift, Frankfurter Goethe-Museum.

Johann Wolfgang von Goethe: Jena, Akademische Bibliothek,
Hofseite, 1820. Goethe-Nationalmuseum. Nahebei
wohnte Eckermann 1823 in einer Gartenwohnung.

zusätzliche Aufgabe übertrug Goethe seinem jungen
Gehilfen wenige Tage später. Elf Hefte der Zeitschrift
»Ueber Kunst und Alterthum« sollte Eckermann gut
studieren, ein allgemeines Inhaltsverzeichnis davon
anfertigen und die unabgeschlossenen Gegenstände
benennen. Schließlich bat Goethe noch um die Durchsicht seiner Rezensionen für die »Allgemeine Literaturzeitung«. Mit Aufträgen, Empfehlungsschreiben
und einem »autorisierten Paß« versehen, verließ
Eckermann Weimar und widmete sich in den nächsten
drei Monaten in Jena voll Eifer den mitgenommenen
Arbeiten. Ende Juli konnte er Goethe, der zur Kur in
Marienbad weilte, das gewünschte Inhaltsverzeichnis
senden. Am 14. August bestätigte Goethe den Empfang. »Das Inhalts-Verzeichniß, mein Werthester, ist
mir zur rechten Zeit gekommen und entspricht ganz
meinen Wünschen und Zwecken. Lassen Sie mich die
Frankfurter Zeitungsblätter bey meiner Rückkehr auf
gleiche Weise redigirt finden, so zolle den besten Dank,
welchen ich vorläufig schon im Stillen entrichte, indem
ich Ihre Gesinnungen, Zustände, Wünsche, Zwecke
und Plane mit mir theilnehmend herumtrage, um bey
meiner Rückkunft mich über Ihr Wohl desto gründli-
cher besprechen zu können. Mehr sag ich heute
nicht…«[7]

Weitaus deutlicher äußerte sich Goethe in einem
Brief an den preußischen Staatsrat Schultz: »Eckermann ist in Jena und arbeitet schon in meinen Papieren, wie ich aus einer Probe sehe, mit Sinn und
Verstand; ich werde suchen ihn fest zu halten, um die
nächsten Monate weiter vorzurücken, welches immer
schneller gehen wird, je mehr er sich mit dem Vorrath
bekannt macht. Er ist übrigens mit meiner Denkweise
so vertraut, daß er das Geschäft dem Sinne nach eben
so gut und der Ausführung nach besser als ich selbst
leisten dürfte.«[8] Bei ihrem ersten Wiedersehen sprach
Goethe in Jena sehr nachdrücklich den Wunsch aus,
Eckermann möge den Winter bei ihm in Weimar
verbringen, und versäumte nicht, den daraus resultie-
renden großen Nutzen für Eckermanns Allgemeinbil-
dung sowie die großen Vorzüge der Stadt zu betonen.
Für Eckermann war die Planung seines eigenen
Lebensweges immer mit dem Bestreben nach Kenntniserweiterung und Selbstfindung verbunden. Die für
seine zukünftige schriftstellerische Tätigkeit notwendige Bildung und Reife hoffte er durch einen näheren
»praktischen Verkehr mit Goethe« zu gewinnen. In
dem Bewußtsein, »keinen anderen Lebenszweck zu
haben, als der deutschen Literatur nützlich zu sein und
in der Hoffnung hier wohlthätig einzuwirken«, stellte
er seine eigenen literarischen Vorsätze vorläufig zurück.

Anmerkungen

1 Eckermann an Lange, 14. April 1817. In: Houben I, S. 54.
2 Eckermann an Lange, 24. April 1817. In: ebenda, S. 55.
3 Eckermann an Johanne Bertram, 12. Juli 1821. In: Tewes, Bd. 1,
   S. 15.
4 Eckermann an Johanne Bertram, 8. Dezember 1821. In: ebenda,
   S. 20f.

5 Goethe an Friedrich von Cotta, 11. Juni 1823. In: WA IV, 37, S. 62.
6 Goethe an Christoph Friedrich Ludwig Schultz, 11. Juni 1823. In:
   WA IV, 37, S. 71.
7 Goethe an Eckermann, 14. August 1823. In: WA IV, 37, S. 166.
8 Goethe an Schultz, 9. August 1823. In: WA IV, 37, S. 179.

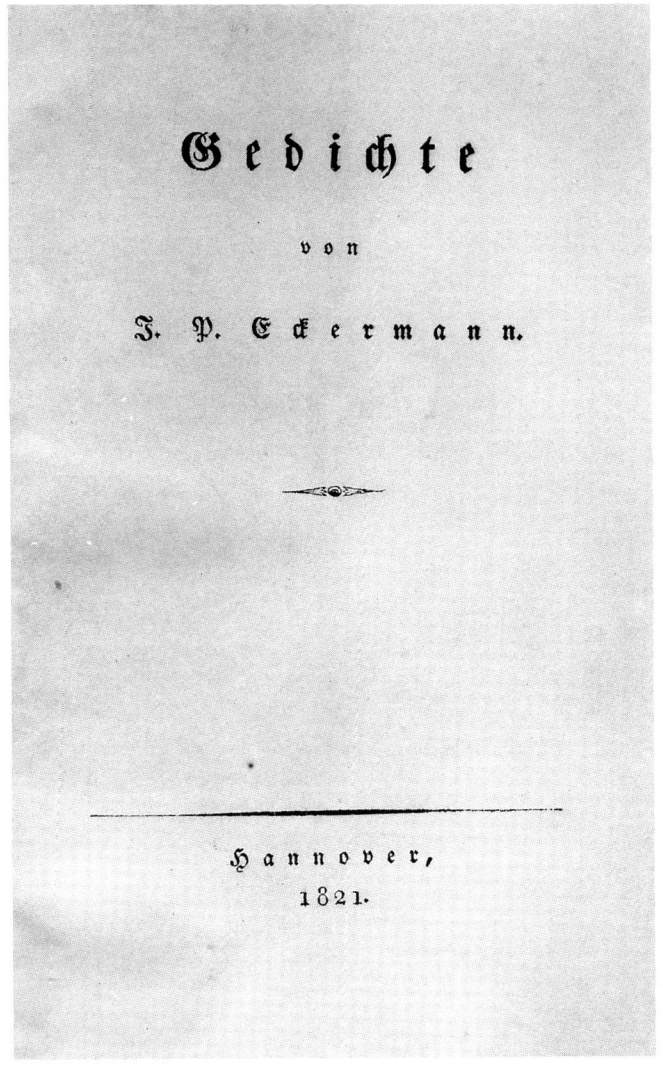

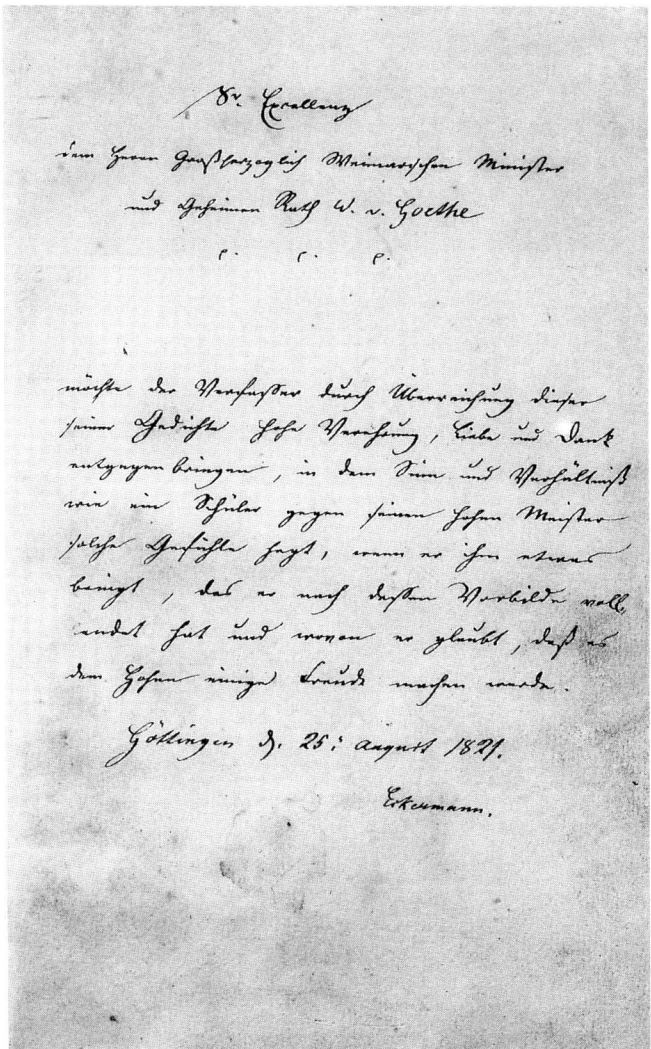

5

5

5 Johann Peter Eckermann: Gedichte.
Hannover 1821. Aus Goethes Bibliothek, Goethe-Nationalmuseum, Rupp. Kat. 879.

»Sr. Excellenz dem Herrn Großherzoglich Weimar-schen Minister und Geheimen Rath W. v. Goethe p. p. p. möchte der Verfasser durch Überreichung die-ser seiner Gedichte hohe Verehrung, Liebe und Dank entgegenbringen, in dem Sinn und Verhältniß wie ein Schüler gegen seinen hohen Meister solche Gefühle hegt, wenn er ihm etwas bringt, das er nach dessen Vorbilde vollendet hat und wovon er glaubt, daß es dem Hohen einige Freude machen werde.
Göttingen d. 25. August 1821.   Eckermann.«

Im Frühjahr 1821 faßte Eckermann den Entschluß, seine Gedichte herauszugeben. »Und da es mir nun an Namen fehlte, um von einem Verleger ein ansehnliches Honorar erwarten zu können, so wählte ich den für meine Lage vorteilhafteren Weg der Subskription. – Diese ward von Freunden eingeleitet und nahm den erwünschten Fortgang.«

Auf der Subskribentenliste waren u. a. der General-gouverneur von Hannover, der Herzog von Cambridge, und der Fürst von Isenburg vertreten. Aus Eckermanns Heimatort bekundeten der Superintendent Parisius, der Amtsschreiber, der Kantor und ein Kaufmann Interesse. Rund 350 Exemplare konnten in Nord-deutschland verkauft werden, der finanzielle Reinge-

Winſen a. b. Luhe um das Jahr 1650
Nach einem alten Kupferstiche von Merian

6

winn belief sich nach Abzug aller Kosten auf 150 Taler. Ein mit persönlicher Widmung versehenes Exemplar seiner Gedichte sandte Eckermann am 1. September 1821 an Goethes Sekretär Kräuter mit der Bitte, die Sendung »zu günstiger Stunde« Goethe zu übergeben.

In einem Begleitbrief sprach er seine Glückwünsche zum Geburtstag aus und bat um einige »aufmunternde und belehrende« Worte. Eine ziemlich ausführliche Beschreibung seines bisherigen »Lebens- und Bildungsganges« ergänzte das Schreiben. In dem vom 2. Oktober datierten und vom Sekretär John ausgefertigten Antwortschreiben an Eckermann reagierte Goethe sehr sachlich und unpersönlich. Dennoch schrieb Eckermann im Oktober euphorisch an Johanne: »Über Goethes Brief habe ich fortwährend eine stille Freude. Das Bewußtsein, daß ich mit Goethe übereinstimme, gibt mir viel Beruhigung und Zuversicht. Alle meine Arbeiten treibe ich nun mit doppelter Lust und in erhöhter Stimmung.«

6 Nach Matthäus Merian (1621–1687): Stättlein Winsen An der Luhe.
Kupferstich, 21 x 43,1 cm. Verlegt bei Gebr. Ravens, Winsen a. L. Faksimile. Goethe-Nationalmuseum, Inv. Nr.: NE 13/1956.

»Zu Winsen an der Luhe, einem Städtchen zwischen Lüneburg und Hamburg, auf der Grenze des Marsch- und Heidelandes, bin ich zu Anfang der neunziger Jahre geboren, und zwar in einer Hütte, wie man wohl ein Häuschen nennen kann, das nur einen heizbaren Aufenthalt und keine Treppe hatte, sondern wo man auf einer gleich an der Haustür stehenden Leiter unmittelbar auf den Heuboden stieg.«

Das von Eckermann beschriebene Haus, in dem er ab 1793 seine Kinder- und Jugendjahre verlebte, befand sich in der Winsener Schmiedestraße. Wie das Geburtshaus in der Marktstraße ist auch dieses Gebäude nicht mehr erhalten.

7 Karl Eckermann (1834–1891): Skizzenbuch.
1846. Zeichnungen, Bleistift, Graphit. Freies Deutsches Hochstift, Frankfurter Goethe-Museum, Inv. Nr.: XI a-kl-15362.

Umrißzeichnungen nach Töpfervorlagen füllten die ersten beiden Skizzenhefte des jungen Johann Peter Eckermann, die man mit Erstaunen zur Kenntnis nahm und anerkennend würdigte. Auch im Alter führte Eckermann auf seinen Streifzügen durch Wald und Flur Skizzenbücher mit sich, um seine Naturbeo-

7

7

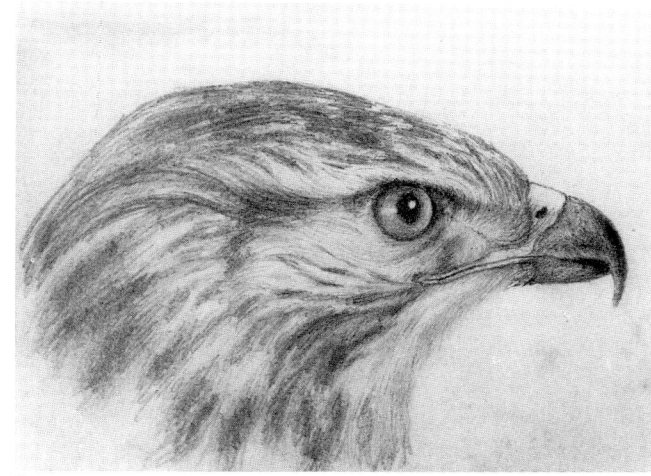

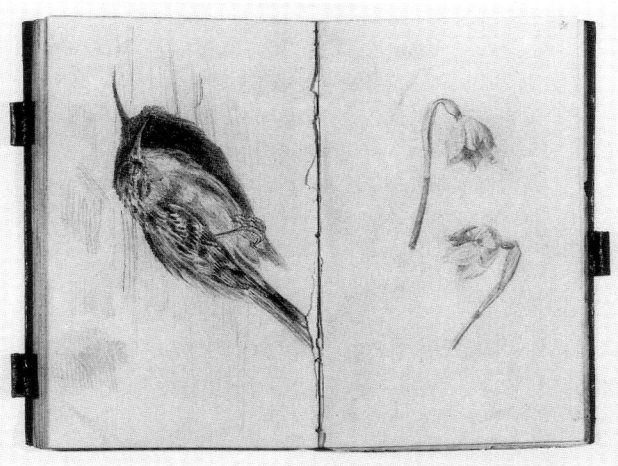

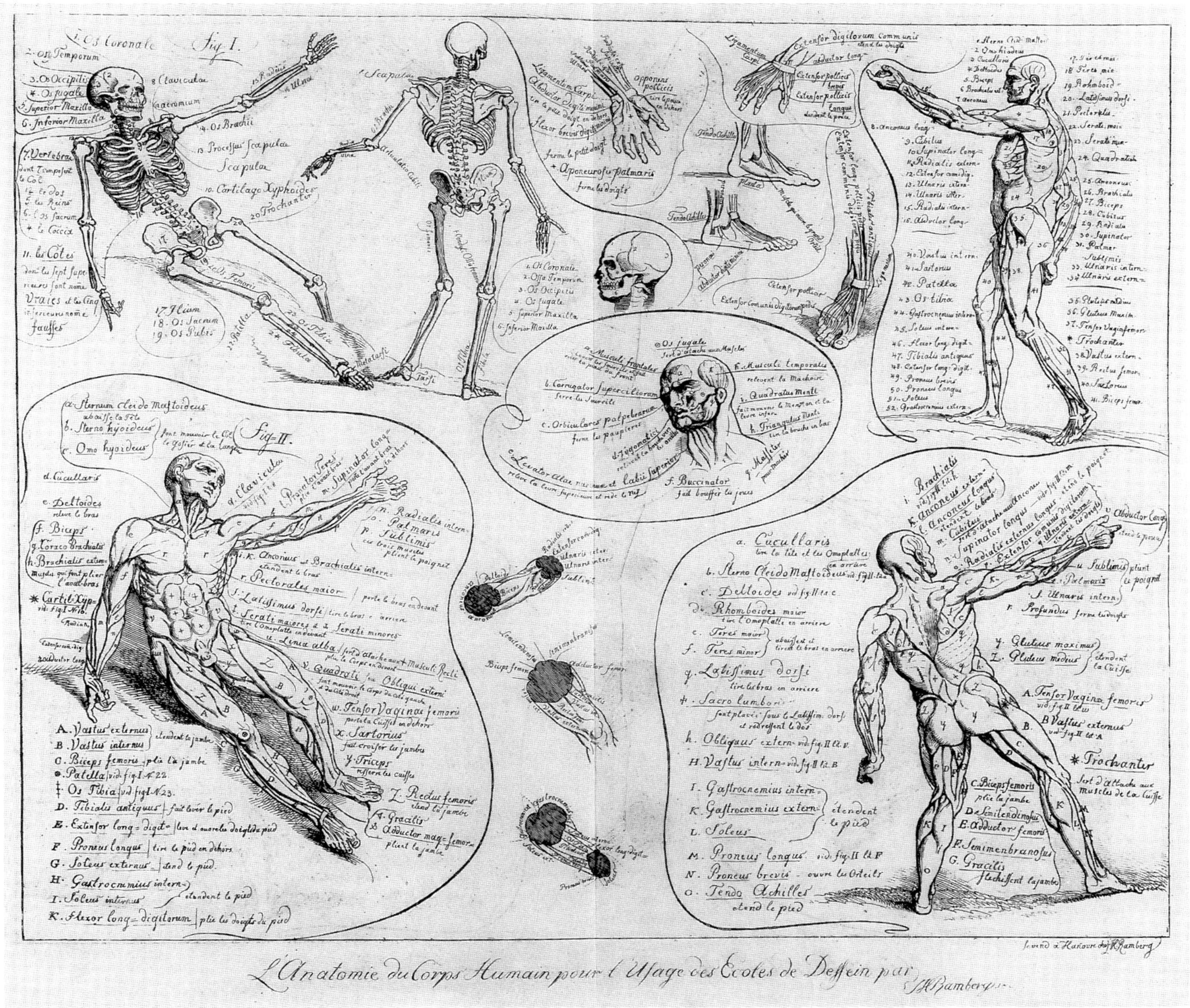
Fig. I
Fig. II
L'Anatomie du Corps Humain pour l'Usage des Ecoles de Dessein par J.H. Ramberg

8

bachtungen und Studien festzuhalten. Sein Sohn Karl teilte die Interessen des Vaters, so die ausgeprägte Natur- und Tierliebe, wie die Wahl der Motive seines Skizzenbuches beweist. Die Arbeiten, 1846 datiert, entstanden möglicherweise auf gemeinsamen Sommerwanderungen.

8 Johann Heinrich Ramberg (1763–1840): Anweisung zum Zeichnen der menschlichen Gestalt, besonders für Dilettanten brauchbar, welche sich eine practische Kenntnis der Zeichenkunst zu verschaffen wünschen.
Abgefaßt und geätzt von J. H. Ramberg, o. O. und J. (nach 1811). 47,9 x 36,5 cm. Heft mit 12 gezählten Blatt und 15 Radierungen. Niedersächsisches Landesmuseum Hannover, Inv. Nr.: LA Gr 8.
Literatur: Jacob Christoph Carl Hoffmeister, Johann Heinrich Ramberg in seinen Werken, Nachdruck Hannover 1973 (nach der Ausgabe 1877), S. 81–83.

Bei seinem stundenlangen Wintermarsch durch die Heide im Jahr 1815 schwebte dem jungen, eben aus den Freiheitskriegen zurückgekehrten Johann Peter Eckermann ein fernes Traumziel vor Augen: Maler zu werden. Zu diesem Behuf wanderte er nach Hannover zu dem königlich Hannoverschen Hofmaler Johann Heinrich Ramberg, um bei diesem die Kunst des Zeichnens und Malens zu erlernen, ganz so, wie sein Genius seit jenem denkwürdigen Abmalen eines Pferdes in der dürftigen Kate in Winsen an der Luhe ihm den Weg gewiesen hatte.

Wie der Unterricht bei Ramberg ausgesehen haben mag, ob der Sonderling aus der Heide, der er vielleicht damals bereits in Ansätzen gewesen ist, wirklich intensiv unterrichtet wurde, läßt sich kaum noch nachvollziehen. Jedenfalls diente die von Ramberg zusammengestellte Mappe zum Unterricht in der bildenden Künste Anfangsgründen und wäre ein Anfangslehrmittel für den Malerlehrling gewesen, oder, wahrscheinlicher noch: ist es gewesen.

9

DER NEUSTÄDTER MARKT IN HANNOVER

10

Der Funke der bildnerischen Kreativität stand für Johann Peter Eckermann noch vor dem der dichterischen, ähnlich wie bei seinem wenig später entdeckten Leitstern Johann Wolfgang von Goethe. Und beinahe so wie dieser mußte er seine eigentliche Berufung auf anderem Gebiet erkennen. Zu Anfang aber war die Kunst des Zeichnens und Malens, wie sie auch am Ende sein sollte: Sein später Sohn Karl sollte das vollenden, was ihm selbst nicht gemäß war. (C.J.)

9 Johann Gabriel Friedrich Poppel (1807–1882) nach Georg Osterwald (1803–1884): Der Neustädter Markt in Hannover.

Um 1850. Stahlstich, 17,4 × 23 cm (Plattenrand). Verlegt »im literarisch artistischen Verlags-Institut in Rinteln«. Goethe-Nationalmuseum, Inv. Nr.: Gr 119/1992.

Kunst war die Richtung, die Eckermann das Ziel gab. Tagelang marschierte er im Winter 1815 durch die verschneite Heide, um sich endlich, seinen Neigungen gemäß, als Kunstmaler bei dem berühmten Hofmaler Johann Heinrich Ramberg ausbilden zu lassen.

Das »Hannöversche Adreßbuch für das Jahr 1821« nennt auf S. 36 für den als »Gehülfe bei der Militairkleidungscommission« Beschäftigten die Adresse »Bergstraße 130«. Diese Straße tangiert in ihrer Länge die sogenannte Calenberger Neustadt in Hannover, so daß anzunehmen ist, daß Eckermann in einem der Häuser, die auf dem Stich rechts abgebildet sind, oder aber in deren Verlängerung gewohnt hat. Eine merkwürdig anmutende Parallele zu seiner Wohnung am Markt in Weimar. Diese Straßenzeile in Hannover war der Ort, an dem er seiner späteren Bestimmung in Form des Buches und in der Tätigkeit des Lesens begegnete: Johann Wolfgang von Goethe.

DIE UNIVERSITAET IN GÖTTINGEN

11

Bevor Eckermann im Mai 1821 nach Göttingen ging, um dort zu studieren, hatte er an dieser Stelle in der hannoverschen Vorstadt sein entscheidendes Bildungserlebnis: »Man empfahl mir das Studium unserer großen Dichter und führte mich besonders auf Schiller und Klopstock. Ich verschaffte mir ihre Werke, ich las, ich bewunderte sie, allein ich fand mich durch sie wenig gefördert; die Bahn dieser Talente lag, ohne daß ich es damals gewußt hätte, von der Richtung meiner eigenen Natur zu weit abwärts. – In dieser Zeit hörte ich zuerst den Namen Goethe und erlangte zuerst einen Band seiner Gedichte. Ich las seine Lieder und las sie immer von neuem und genoß dabei ein Glück, das keine Worte schildern.«

Das Blatt des Neustädter Marktes von Hannover bezeichnet also beinahe brennglasartig die Begegnung zwischen dem bildungswilligen, suchenden Heidjer und dem leuchtenden Weimarer Stern. (C.J.)

10 Militärisches Dienstzeugnis für den Jäger Eckermann.

Hameln, 21. September 1814. Druck und Handschrift, 20,6 x 30 cm. Freies Deutsches Hochstift, Frankfurter Goethe-Museum, Inv. Nr.: Hs-8427.

»Als aber im folgenden Jahre [1813] unsere Befreiung von den Franzosen herannahte … trat [ich] als Freiwilliger mit Büchse und Holster in das Kielmannsegge-Feldjäger-Corps. Mit diesem machte ich im Herbst 1813 den Feldzug durch Holstein, focht dann mit auf der Insel Wilhelmsburg vor Hamburg, und machte nun im Frühjahr 1814, den Feldzug mit nach Braband.«

Im Herbst 1814 wurde in Hameln das Jägerkorps aufgelöst. In dem am 21. September ausgestellten Dienstzeugnis attestierte der Major und Kommandeur Anderten, daß der Jäger Johann Peter Eckermann von der »Compagnie des Capitain Knop ein Jahr treu und redlich gedienet, und sich in allen Dienst-Verrichtungen beständigen Beifall erworben« habe.

11 Unbekannter Künstler: Die Universität in Göttingen (Aula).

Stahlstich, 13 x 18,5 cm. Goethe-Nationalmuseum, Inv. Nr.: NE 420/1969.

Neben den juristischen Lehrveranstaltungen verfolgte der seit Mai 1821 an der Universität Göttingen immatrikulierte Eckermann im ersten Studienjahr mit großem Interesse die Vorlesungen über Ethnographie und Geschichte von Arnold Hermann Ludwig Heeren (1760–1842). Im zweiten Ausbildungsjahr konzentrierte er sich ganz auf die philologischen Collegia bei Georg Ludolf Dissen (1784–1837), die seinen »Studien die eigentlich gesuchte und ersehnte Nahrung gaben«.

12 Johann Georg Petsch (1774–1824?) nach Schmidt: Göttingen vom Heinberge.

Vor 1824. Kolorierte Radierung, 31 x 41 cm. Verlegt bei L. v. Kleist in Dresden, und bei Rocca in Göttingen. Goethe-Nationalmuseum, Inv. Nr.: Gr 259/1991.

»– Es ist hier um Göttingen eine außerordentlich schöne Gegend. Ich gehe gern des Abends in den Kornfeldern die Gegend nach Hannover hin, und höre den Wachtelschlag und gedenke Deiner.«

12

Göttingen von Heinberge.

Bei L. v. Kleist in Dresden, und bei Rocca in Göttingen.

13

14

13 Johann Wolfgang von Goethe: Werke, Bd. 1–4, 6, 7, 10–20.
Stuttgart und Tübingen, J. G. Cottasche Buchhandlung 1815–1819. Aus Goethes Bibliothek, Goethe-Nationalmuseum, Rupp. Kat. 1800.

»Anfangs behalf ich mich damit, das eine oder andere der herrlichen Werke hin und wieder zu leihen, aber das genügte mir bald nicht mehr, ich mußte den ganzen Göthe haben, so wie er in 20 Bänden nach und nach herauskam, damit das was ich so liebte, stets um mich und mir immer nahe seyn möchte. Nun wurde auch nichts mehr gelesen und gedacht als nur Er, überall wo ich ging und stand, auf Spaziergängen und bey meinen Dienstgeschäften, lag er mir im Sinne, ja des Nachts in Träumen hatte ich mit ihm zu thun …«
Vermutlich erwarb Eckermann in Hannover die zwanzigbändige Werkausgabe, die ab 1815 bei dem Verleger Cotta in Tübingen erschienen war.

14 Daniel Nikolaus Chodowiecki (1726–1801) nach Georg Melchior Kraus (1737–1806): Porträt Goethe.
1776. Radierung, 17,8 x 10,7 cm. Goethe-Nationalmuseum, Inv. Nr.: Gr 199/1984.

»Eine große Sehnsucht hatte ich nach einem Bildnisse von ihm, wonach ich mir schon viele wiewohl vergebliche Mühe gegeben hatte. Ich kann daher meine Freude nicht beschreiben, als ich Göthes Bildniß im Sommer 1817 bey einem Landprediger den ich besuchte, unter andern Bildnissen berühmter Männer fand. Ich konnte nicht wieder davon wegkommen. So sehr zog es mich in sich hinein. Es war aus Göthes Jugend, im Jahre 1776 gezeichnet und von Chodowiecky gestochen. Ein Zug in der Oberlippe erinnerte noch an Werther, überdies sprach dies Bild Kraft des Geistes, Klarheit und Schärfe aus. Ich konnte es nicht genug betrachten und mich nicht wieder davon trennen, weil ich mich so lange danach gesehnt hatte und es nun hier so unvermutet fand. Ich bin nachher so glücklich gewesen, gegen ein Portrait von Schiller das ich nach einem guten Kupferstiche gezeichnet hatte, in Besitz dieses geliebten Bildes zu kommen. Aus dem Rahmen worin es war habe ich es herausgenommen und in Papier eingeschlagen, damit ein seltener Anblick mir desto erquicklicher seyn möge. In späterer Zeit [bis 1821] habe ich verschiedene andere Porträts von Goethe gesehen aber keins, das mir so genügt hätte, wie dieses.«

15 Alfred Yarck (19. Jh.): Schloß Pyrmont.
Aquarell, Bl. 42,2 × 54,5 cm. Goethe-Nationalmuseum,
Inv. Nr.: NE 252/1930.

Im September 1819 besuchte Eckermann gemeinsam mit seinem zukünftigen Schwager Wilhelm Bertram Pyrmont. Augenblicke des Aufenthalts spie-

15

Schloß Pyrmont.

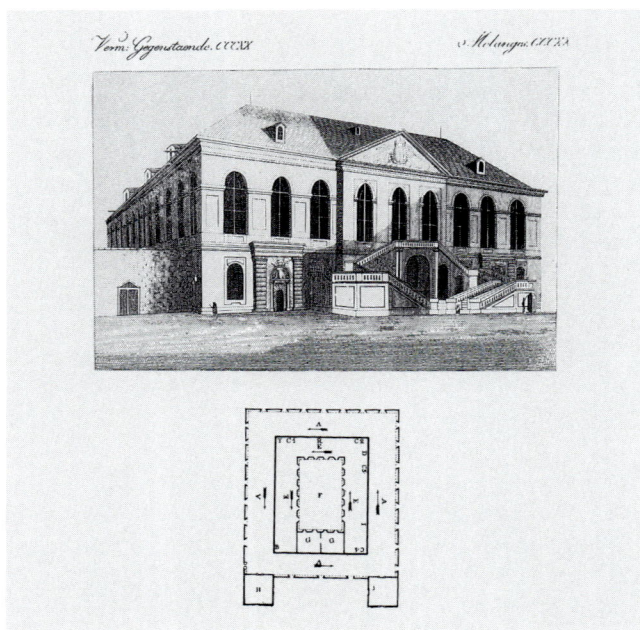

16

gelt ein Brief Eckermanns an Johanne wider: »… etwa in einer Stunde … erwartet mich noch ein Genuß anderer Art, indem uns der Hr. Cassier Cordes, zum fürstlichen Schlosse führen wird, um dort ein Gemählde von Tischbein, die Hermannschlacht, in Augenschein zu nehmen.«

16 Unbekannter Künstler: Alte Dresdner Bildergalerie.
Kupferstich, 22,5 × 18 cm. Goethe-Nationalmuseum, Inv. Nr.: Gr 69/198.

»Wer nicht nach Italien gehen kann, dem ist Dresden einigermaßen Ersatz, denn er findet dort alles Bedeutende der Kunst konzentriert«, schrieb Eckermann Ende August 1821 seiner Verlobten und informierte sie über eine beabsichtigte Reise während der

17

EISENACH.
von Nord West anzusehen.

a. Das Eichhölzgen.	e. Der Galgen oder Goldberg	i. Das Rathhaus	n. Thurm mit den Storchsneste	r. Kühnisches Gartenhaus	v. Die Herren i anderr Mühle	zz. Die Spicke
b. Der Hörschelberg	f. Die St. Nicolai Kirche	k. Das Fürstenhaus	o. die Gottes acker Kirche oder	s. St Georgen Vorstadt	w. Das Closter-Holtz	aa. Raabenhütte
c. Die Hörschel	g. Das Pflugische Gartenhaus	l. Die Charlottenburg u. Klocken=haus	zum heilig. Creutz	Nonne u. Monch auf	x. Chaußee z. Brücken	bb. Wagnach
d. Die Michels Koppe	h. Der Löber oder Feuer=Thurm	m. der alte Schloßthurm	p. St Georgen Thor	dem mädel d. Mittelstein	y. Die Nesse, welche mit der	c.c. Greuzburg
			q. St annen Kirche	u. Schloß Wartenburg		Hörschel sich vereiniget

Logis Janstne in Jor Frau Amtscherbir König Hauß aufzenetmarr nay Natur. 1792

18

Semesterferien in die Elbestadt. Kurz vor seiner Abreise schwärmte er voller Erwartung: »Welche reiche Zeit steht mir bevor! in Dresden Raphael Coreggio Titian, und alle die Niederländer von Rubens allein 30 welche Schätze! Raphaels schönste Madonna! ich will doch einmal sehen, ob auch diese Dir ähnlich sieht und ob unser Kupferstich wohl getroffen!«

17 Georg Melchior Kraus (1737–1806): Eisenach von Nord West anzusehen.

Aquarellierte Tuschzeichnung, Bl. 28,3 x 29,4 cm. Goethe-Nationalmuseum, Inv. Nr.: Gr 53/1980.

»Morgen früh setze ich meine Wanderung nach Weimar fort … Donnerstag denke ich am Ziele zu seyn …«, meldete Eckermann am 1. Juni 1823 seiner Braut aus Göttingen. Zuvor galt es den rund 150 km langen Fußmarsch zu bewältigen, der ihn bei brennender Junisonne durch das Werratal und an Eisenach vorbei führte.

18 Konrad Westermayr (1765–1834): Das Erfurter Thor in Weimar aus meinem Logis Fenster in der Frau Amtschreiber König Hauß aufgenommen nach Natur.

1792. Aquarellierte Federzeichnung, Bl. 13,8 x 19,3 cm. Goethe-Nationalmuseum, Inv. Nr.: Gr 416/1980.

Am 6. oder 7. Juni 1823 erreichte Eckermann durch dieses Tor die Thüringer Residenzstadt und nahm im Alexander-Hof Logis.

71

Dienstag/ den 2 October.

Allgemeine Revision der Bergbaues
zin und Naturwissenschaft. Zugleichen
Aufsuchung einzelner Stellen. D'Au-
beisson De Voisins Geognosie, übersetzt v. Widenmann. Dittert für mich.
Der Tisch war Prof. [...]
bey mir gewesen. Nach Tisch Lect.
ich über römische [...]. Auch
der [...] über
[...] in [...] De Voisins
wiederholt. Dictirt mit dem Natur-
historischen [...]. Herr Dr. [...]
blieb bey [...].

Mittwoch den 3. d.

Zur Naturwissenschaft [...]
4 [...], nun dictirt und redigirt.
Den Inhalt vorläufig geordnet
und verzeichnet. [...] das [...]
[...] aufgesetzt. Zu Tisch
[...] mich. In der [...] fort,
gefahren. Die Marienbader
Gebirgsarten angelegt. Mit Maj.
v. [...] die neue Steinmarksche
[...]. Abend Sendung von Wein,
man. Noch einiges Mineralogisches
dictirt. Dr. [...] zum Abendschein
Zeitungen.

Donnerstag den 4. d.

Marienbader Geologie, nachdem ge-
ordneten Steinen. Anmeldung

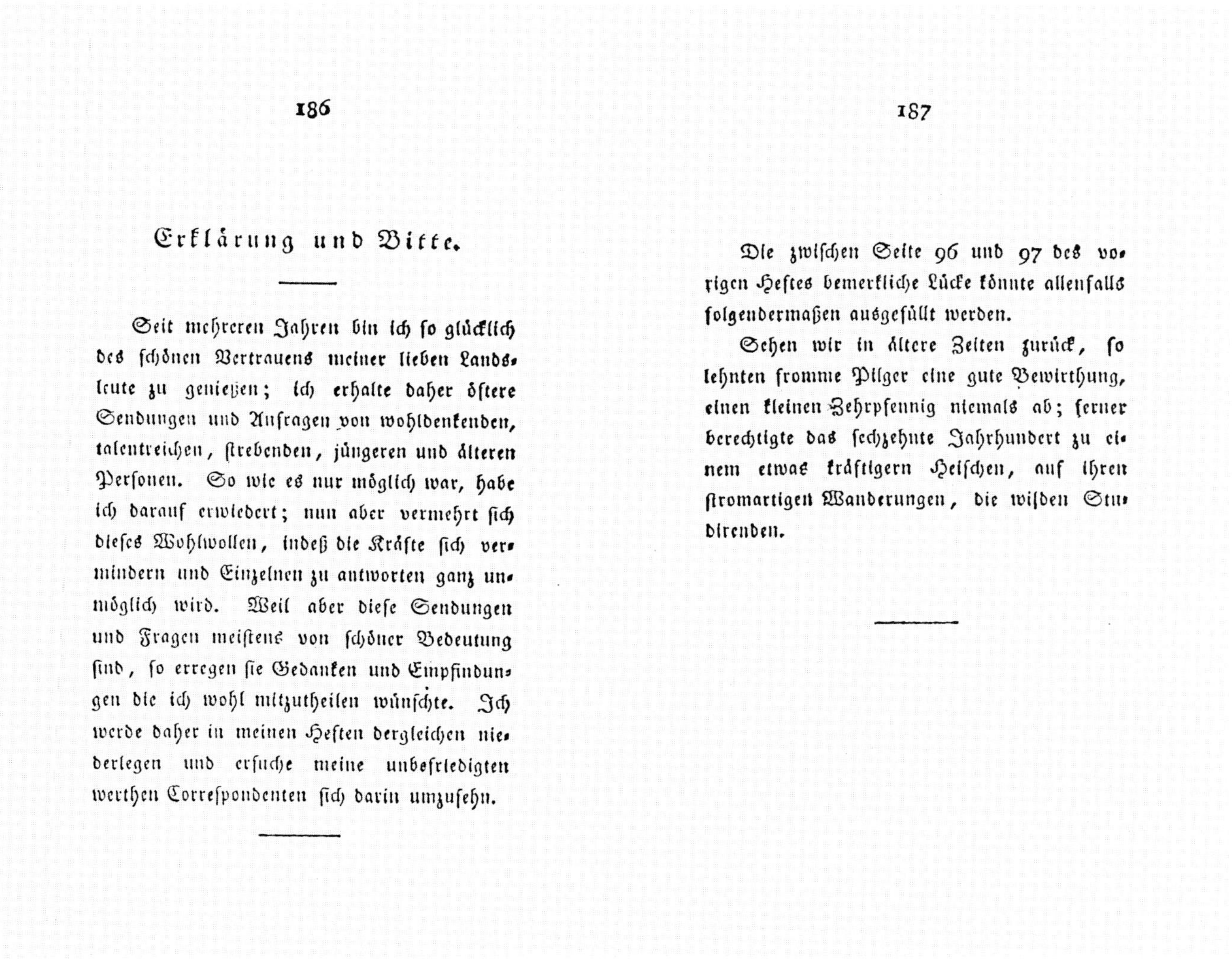

186

187

Erklärung und Bitte.

———

Seit mehreren Jahren bin ich so glücklich des schönen Vertrauens meiner lieben Landsleute zu genießen; ich erhalte daher öftere Sendungen und Anfragen von wohldenkenden, talentreichen, strebenden, jüngeren und älteren Personen. So wie es nur möglich war, habe ich darauf erwiedert; nun aber vermehrt sich dieses Wohlwollen, indeß die Kräfte sich vermindern und Einzelnen zu antworten ganz unmöglich wird. Weil aber diese Sendungen und Fragen meistens von schöner Bedeutung sind, so erregen sie Gedanken und Empfindungen die ich wohl mitzutheilen wünschte. Ich werde daher in meinen Heften dergleichen niederlegen und ersuche meine unbefriedigten werthen Correspondenten sich darin umzusehn.

———

Die zwischen Seite 96 und 97 des vorigen Heftes bemerkliche Lücke könnte allenfalls folgendermaßen ausgefüllt werden.

Sehen wir in ältere Zeiten zurück, so lehnten fromme Pilger eine gute Bewirthung, einen kleinen Zehrpfennig niemals ab; ferner berechtigte das sechzehnte Jahrhundert zu einem etwas kräftigern Heischen, auf ihren stromartigen Wanderungen, die wilden Studirenden.

———

20

19 Johann Wolfgang von Goethe: Tagebuch.
Handschriftliche Notiz vom 2. Oktober 1821. Goethe- und Schiller-Archiv, Sign.: 17/38.

»An Eckermann, Studiosus in Göttingen.« Mit dem am 2. Oktober 1821 abgesandten Schreiben reagierte Goethe sehr zurückhaltend auf Eckermanns Gedichtsammlung, die er im September in seiner Büchervermehrungsliste als letzte Position registrierte.

20 Johann Wolfgang von Goethe: Erklärung und Bitte.
In: Ueber Kunst und Alterthum, Dritten Bandes Zweytes Heft, Stuttgart 1821, S. 186f. Aus Goethes Bibliothek, Goethe-Nationalmuseum, Rupp. Kat. 1857/2.

Die in der Zeitschrift »Ueber Kunst und Alterthum« veröffentlichte offizielle Ankündigung hat den gleichen Wortlaut wie der unmittelbar davor an Eckermann gesandte Brief, mit dem Goethe den Empfang des Lyrikbändchens bestätigte.

21 Johann Gottlob Samuel Rösel (1768–1843): Goethehaus am Frauenplan.
1828. Aquarell, 14,4 × 21,2 cm. Goethe-Nationalmuseum, Inv. Nr.: Gr 239/1983.

Das seit 1782 von Goethe bewohnte Haus nahm Eckermann bereits bei seinem Kurzaufenthalt im September 1821 in Augenschein. Der Hausherr befand sich damals nicht in Weimar, so daß es zu keiner

21

persönlichen Bekanntschaft kam. Zwei Jahre später, am 10. Juni 1823, empfing Goethe seinen leidenschaftlichen Verehrer das erstemal im Junozimmer des Hauses. »Der Empfang seinerseits war überaus herzlich und der Eindruck seiner Person auf mich der Art, daß ich diesen Tag zu den glücklichsten meines Lebens rechne.«

22　Johann Wolfgang von Goethe: Brief an Staatsrat Schultz.

11. Juni 1823. Letzte Seite, Schreiberhand. Goethe- und Schiller-Archiv, Sign.: 29/459.

»Auch einen jungen Eckermann, der in Braunschweig lebt, hab ich eine Weile gefolgt, er hat sich gleichfalls an mir herangebildet und möchte zwischen Schubarth und Zauper in die Mitte zu stehen kommen; nicht so kräftig und resolut wie jener, nähert er sich diesem in Klarheit und Zartheit«, teilte Goethe Christoph Friedrich Ludwig Schultz nach Berlin mit. Noch bevor er den Brief beendet hatte, erschien Eckermann selbst, und Goethe fügte seinem Schreiben hinzu: »Vor einiger Zeit kam beykommender Brief von Eckermann bey mir an, den ich sende weil er seinen Zustand gut ausdruckt; nun folgt er gestern selbst und erscheint als ein gar guter, feiner, verständiger Mensch. Da er keine weitere Bestimmung hat, so will ich ihn nach Jena einleiten und ihm dort einige Pakete abzudruckender Schriften zum Redigiren und Corrigiren geben. Nach dem Werke das er mir geschickt hat scheint er hiezu völlig geeignet. Da er sich an meinen Sachen heranbildete, so wird es keine Schwierigkeit haben mit ihm sich zu verständigen.«

Weimar
den 11. Juny
1823.

Herzlich ergebenst

III.
Der Prozeß des Hörens und Schreibens.
Eckermanns Leben mit Goethe 1823 bis 1832

Von Egon Freitag und Viola Geyersbach

Als Goethe im September 1823 aus Marienbad zurückkehrte, hatte der junge Eleve seine Aufträge mit größter Sorgfalt ausgeführt, so daß er ihn in Weimar festzuhalten suchte. Eckermann willigte in Goethes Angebot freudig ein, den Winter in Weimar zu verbringen, um für ihn tätig zu sein, seine Bildung zu vervollkommnen und am geselligen und kulturellen Leben der Stadt teilzunehmen. Aber nicht nur in Goethes Arbeitswelt wurde er eingeführt, sondern auch in seine Familie. Mit August von Goethe gab es bisweilen

Differenzen, seine Frau Ottilie hingegen nahm ihn freundlich auf. Eckermann wurde zu Gesellschaften eingeladen und zahlreichen Gästen vorgestellt. Hier wehte dem Winsener Gehilfen der Odem der großen

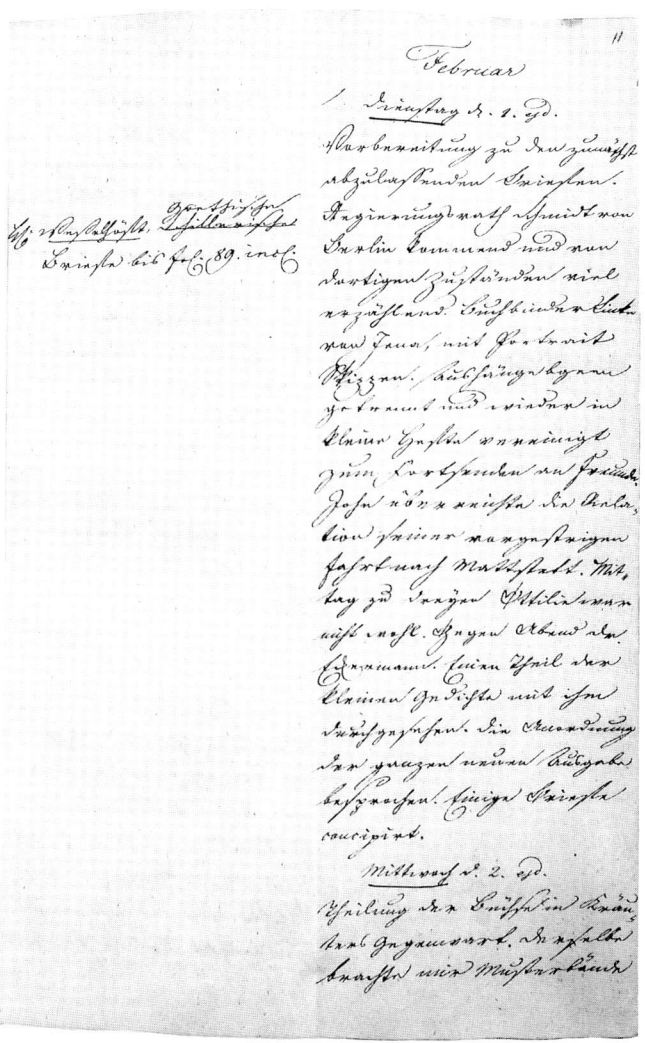

Moritz Steinla (eigentl. Müller): August von Goethe. Goethe-Nationalmuseum. Am 22. April 1830 reiste August von Goethe in Begleitung Eckermanns nach Italien. Am 27. Oktober 1830 starb er in Rom.

Johann Wolfgang von Goethe: Tagebuchnotiz vom 1. Februar 1825: »Gegen Abend Dr. Eckermann. Einen Theil der kleinen Gedichte mit ihm durchgesehen. Die Anordnung der ganzen neuen Ausgabe besprochen.«

Georg Emanuel Opiz: Leipziger Messe – Die Geschäfte. Nach 1820. Goethe-Nationalmuseum.
Eckermann besuchte mit seinen englischen Schülern im April 1826 die Leipziger Messe.

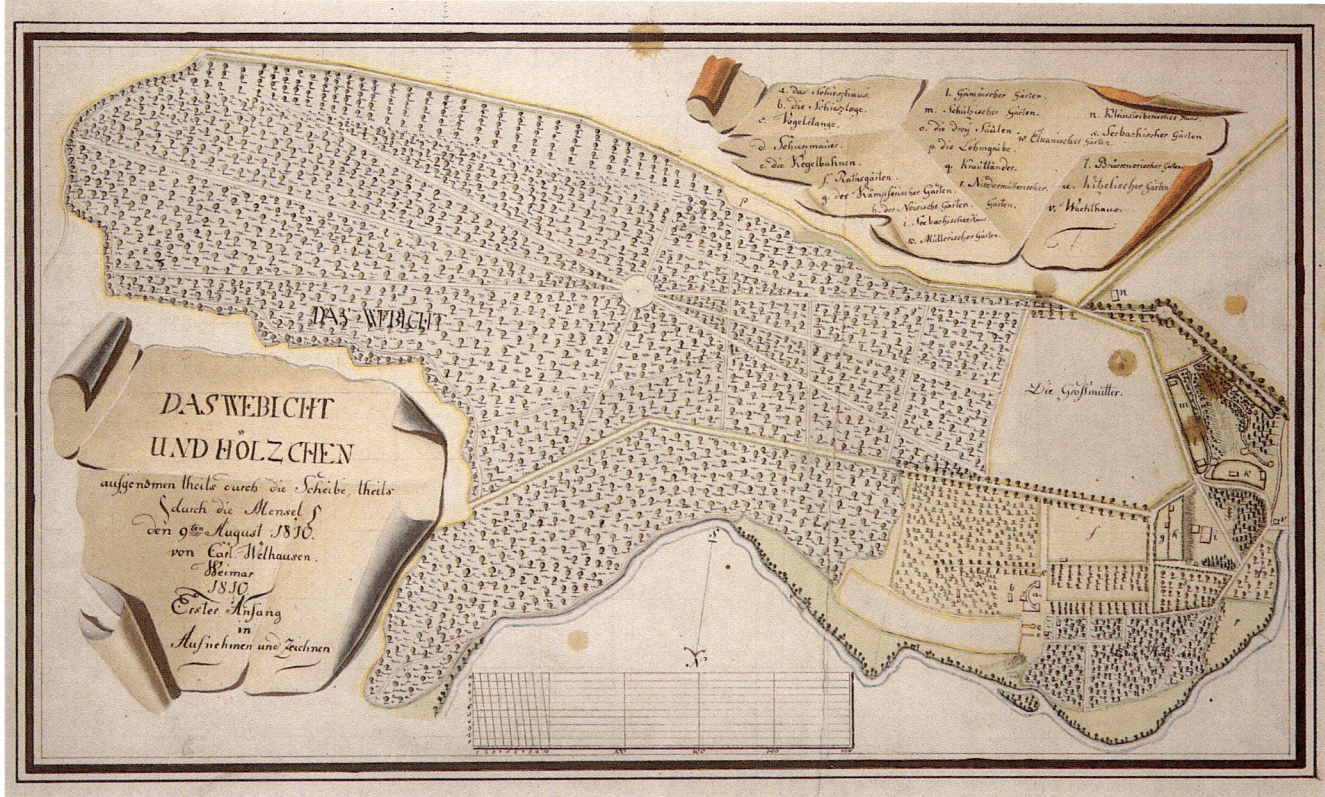

E. Stark nach Konrad Westermayr: Das Haus an der Hottelstedter Ecke auf dem Ettersberg. Undatiert. Goethe-Nationalmuseum.
Auf dem gemeinsam mit Goethe unternommenen Ausflug am 26. September 1827 überraschte Eckermann durch seine umfangreichen
Kenntnisse auf dem Gebiet der Ornithologie.

geistigen Welt entgegen, und er empfing bedeutende Anregungen. Eigentlich war er ja nur nach Weimar gekommen, um Goethe persönlich kennenzulernen und danach eine Reise an den Rhein zu unternehmen sowie eigene poetische Pläne zu verfolgen, doch bald ging ein Konvolut nach dem anderen aus Goethes Archiv durch Eckermanns Hände. Ein festes Salär oder Honorar erhielt er dafür nicht, abgesehen von gelegentlichen Geldzuwendungen. Dafür gab es anerkennende Worte des Meisters: »Eckermann schleppt, wie eine Ameise, meine einzelnen Gedichte zusammen; ohne ihn wäre ich nie dazu gekommen; es wird aber gar artig werden; er sammelt, sondert, ordnet und weiß den Dingen mit großer Liebe etwas abzugewinnen.«[1]

Goethe wollte diesen fleißigen Gehilfen zunehmend weniger entbehren und riet ihm, andere Angebote oder literarische Anträge abzulehnen oder ihn wenigstens darüber zu informieren, »denn da Sie einmal mit mir verbunden sind, so möchte ich nicht gerne, daß Sie

auch zu anderen ein Verhältnis hätten«. Eckermann folgte bereitwillig dieser Forderung und lehnte Angebote zur Mitarbeit an den Zeitschriften »European Review« und »Foreign Review« mit Rücksicht auf Goethe ab. Mehr Glück hatte der Verleger Cotta, dem Eckermann seine Mitwirkung an dessen »Morgenblatt für gebildete Stände« zusagte. Es ist anzunehmen, daß dies mit Goethes Einverständnis erfolgte. Auch für die Dresdner »Abendzeitung« und für das »Stuttgarter Morgenblatt« lieferte Eckermann kleinere Beiträge, doch schon bald stellte er seine Mitarbeit wieder ein. Die Redaktionsarbeit an Goethes »Vollständiger Ausgabe letzter Hand« beanspruchte ihn so sehr, daß seine eigenen poetischen Pläne allmählich zerflossen.

Die Anerkennung für seine Arbeit, die er durch Goethe reichlich erfuhr, und das vertrauliche Verhältnis motivierten ihn, in Weimar zu bleiben und Goethe zu dienen. Dafür war er sogar bereit, sein privates Glück mit Johanne Bertram und seine Heiratsabsichten zu verschieben. Einerseits erhoffte er sich Anerken-

Carl Welhausen: Das Webicht und Hölzchen, 1810. Goethe-Nationalmuseum.
Beliebtes Ausflugsziel – am 4. Mai 1827 führte Eckermann eine Spazierfahrt dorthin.

nung und Ruhm im Bannkreis eines Großen, andererseits entbehrte er schmerzlich ein kleines bescheidenes
häusliches Glück mit Johanne und sehnte sich immer
wieder nach seiner hannoverschen Heimat. Er mußte
sich bisweilen wie Herkules am Scheidewege fühlen.
Bereits nach einem Jahr Dienst für Goethe resümierte
Eckermann: »Ich hoffe ... Goethen und der deutschen
Literatur wesentliche Dienste geleistet zu haben, denn
wodurch könnte beiden ein größerer Dienst geschehen, als wenn ich dem geliebten Alten die Sorge für die
weitere Pflege des in der Vergangenheit Liegenden,
schon Geleisteten abnehme und seinem großen Talent
für die Wirkung in der Gegenwart die Bahn freihalte.
In dieser Überzeugung habe ich daher diesen Winter
[1823/24] den jugendlich mächtigen Trieb eigener
Produktion gerne unterdrückt.«[2]

Doch er sollte sich irren, wenn er glaubte, daß er den
Trieb zu eigener Kreativität nur diesen einen Winter zu
unterdrücken brauchte. Zu sehr war er mit dem Sichten, Ordnen und Redigieren von Goethes Manuskripten für die »Ausgabe letzter Hand« beschäftigt.
Der Dichter übertrug ihm zum großen Teil die Redaktion von »Kunst und Altertum«. Eckermann bearbeitete die »Zahmen Xenien« und die Aufsätze »Über den
Dilettantismus«. Goethe empfahl ihm, das Studium
der englischen Sprache und Literatur zu vertiefen, und
vermittelte ihm die Stelle eines Deutschlehrers für
junge Engländer im Pensionat von Professor Melos, wo
er auch einen Freitisch erhielt. Dies sollte dazu beitragen, seine finanziellen Sorgen zu lindern, denn er
bekam dafür zwölf Silbergroschen pro Unterrichts-
stunde.

Doch bald klagte er über Zeitmangel, weil die sechs englischen Schüler, denen er Unterricht zu erteilen hatte, ihm viel zu schaffen machten und seinen ganzen Tag beanspruchten. »An anderen höheren Dingen kann ich nun fast nichts tun und das verstimmt mich. Und doch muß ich so viele Stunden vor der Hand geben, damit ich nur wieder einigermaßen zu Gelde komme und meine Existenz für den Winter sichere«.[3] Zwar habe er daran gedacht, »die Engländer aufzugeben und für einige Wochen in die Stille des Landlebens zu entfliehen und schnell mit zusammengefaßten Kräften zu arbeiten und zu vollenden«: »Allein, wie soll ich mich losreißen und wie will ich ohne die Engländer existieren. Meine Armut ist mein Unglück und darüber gehen die schönsten Jahre meines Lebens hin, in denen ich, unter besseren Umständen ganz andere

Wirkungen hätte hervorbringen wollen.«[4] Oft war er wochenlang mit Arbeiten für Goethe beschäftigt.

Zum fünfzigjährigen Regierungsjubiläum Großherzog Carl Augusts am 3. September 1825 verfaßte Eckermann eine Kantate, die Franz Karl Eberwein vertonte und die festlich aufgeführt wurde, außerdem wurde er vom Hofe mit der Abfassung und Redaktion der Festschrift »Weimars Jubelfest am 3. September 1825« beauftragt. Diese aufwendige und ungeliebte Arbeit beschäftigte ihn bis zum Frühjahr 1826. Dagegen empfand er die Festlichkeiten anläßlich der 50. Wiederkehr von Goethes Ankunft in Weimar am 7. November 1825 als angenehme Unterbrechung. Im Zusammenhang damit und auf Empfehlung Goethes wurde ihm das Doktordiplom der philosophischen Fakultät der Jenaer Universität verliehen.

Wilhelm Stenger: Badeplatz in Bad Berka. 1822. Goethe-Nationalmuseum.
Eckermann begleitete am 24. September 1824 Goethe auf einer Fahrt in den Badeort.

Der häufige Umgang mit Goethe – insgesamt hat Eckermann mehr als 1000 Tage im Haus am Frauenplan zugebracht – und die dabei geführten Unterredungen über die vielfältigsten Themen ließen in ihm bald den Wunsch aufkommen, diese möglichst genau festzuhalten und zu publizieren. Bereits im Februar 1824 legte Eckermann dem Dichter die Aufzeichnung eines solchen Gespräches vor. Dieser schien an Eckermanns Vorhaben Interesse zu haben und prüfte dessen Notizen. Eckermann erhoffte sich von einer Publikation großen Erfolg und schrieb am 6. Juni 1825 begeistert an seine Braut: »Goethe, dem ich vor einigen Tagen die ersten Gespräche zeigte, ist sehr erbaut davon und findet die Arbeit vortrefflich. Ich werde damit sicher ein großes Glück machen und nicht allein in Deutschland, sondern auch in Frankreich und England dadurch einen guten Namen bekommen.«[5]

In einem Brief vom 3. März 1826 bangte er dann, »ob Goethe schon jetzt in eine Publikation der außerordentlichen Gespräche willigt, die das Glück meines Lebens machen und meinen Namen über ganz Europa mit Ehren verbreiten werden«[6]. Das Spektrum dieser Gespräche ist außerordentlich vielseitig: Chaussee- und Theaterbau, Ornithologie und Farbenlehre, englische Politik und Presse-Gesetzgebung, französische Romantik und literarische Kontroversen, Musik und

Eduard Lobe: Oberweimar von der Nordostseite. Um 1840. Goethe-Nationalmuseum.
Spaziergänge führten Eckermann oft in diese Richtung.

persönlichen Umgang seine Kenntnisse ständig erweitern und sich an ihm heranbilden können.

Eckermann begleitete Goethe auch häufig auf dessen Spazierfahrten zum Webicht, in den unteren Garten (zum Gartenhaus) oder nach Belvedere. Dann saß er aufmerksam an seiner Seite und lauschte, was dieser von alten Zeiten berichtete, vom Herzog oder von Herder. Aus der Erinnerung hat Goethe dabei sicher vieles verklärt oder idealisiert, und er wußte ja, daß alles von dem treuen Schüler aufgeschrieben wurde, so daß er gewiß nicht mehr sagte, als er die Nachwelt wissen lassen wollte.

Eckermann, der gelehrige Schüler, erwarb sich Kompetenz als Mitarbeiter und kluger Gesprächspart-

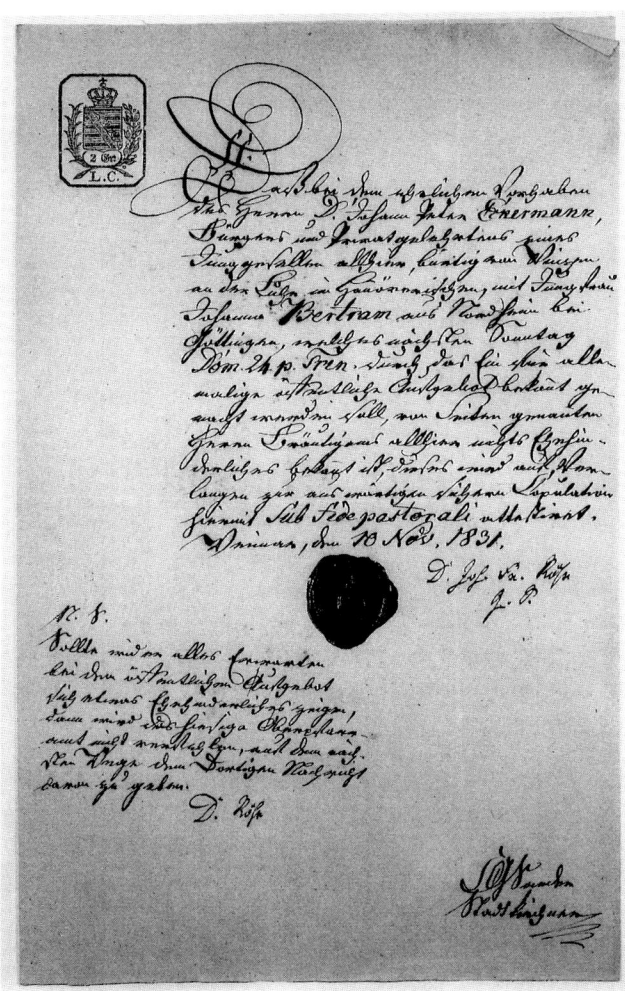

Kirchliches Führungszeugnis für Eckermann von dem Weimarer Generalsuperintendenten Johann Friedrich Röhr. Weimar, 10. November 1831. Freies Deutsches Hochstift, Frankfurter Goethe-Museum.

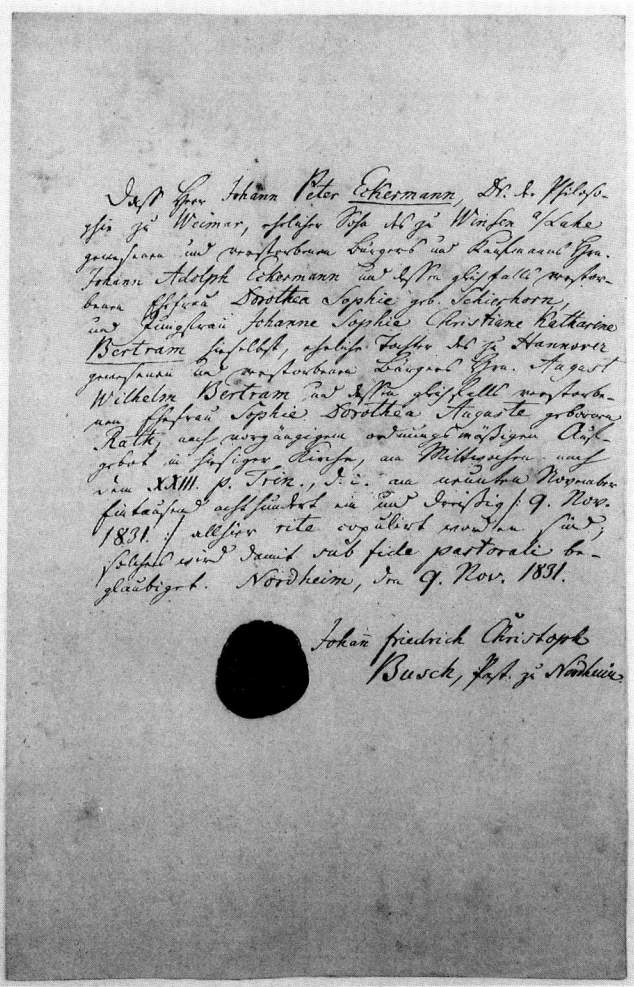

Beglaubigung der vollzogenen kirchlichen Trauung Eckermanns mit Johanne Bertram. Northeim, 9. November 1831. Freies Deutsches Hochstift, Frankfurter Goethe-Museum.

bildende Kunst, theatralische und literarische Neuigkeiten. Für den Bremer Hafenbau und für die amerikanische Freiheit interessierte sich Goethe genauso wie für die kleinlich-beschränkten Weimarer Vorgänge. Ausführlich und mit Behagen sprach Goethe natürlich über seine eigenen literarischen Werke und wissenschaftlichen Pläne, über die Ereignisse seines Lebens, über seine Freunde. Wenn er allerdings von seinen Widersachern redete, wurde der abgeklärte Greis mitunter sehr zornig. Den Besuchern erschien er meist als freundlicher Gesprächspartner und hilfsbereiter Förderer, und für Eckermann blieb er immer der hochherzige Gönner. Wenn Goethe ihn auch materiell kaum unterstützte, so hatte Eckermann doch durch den

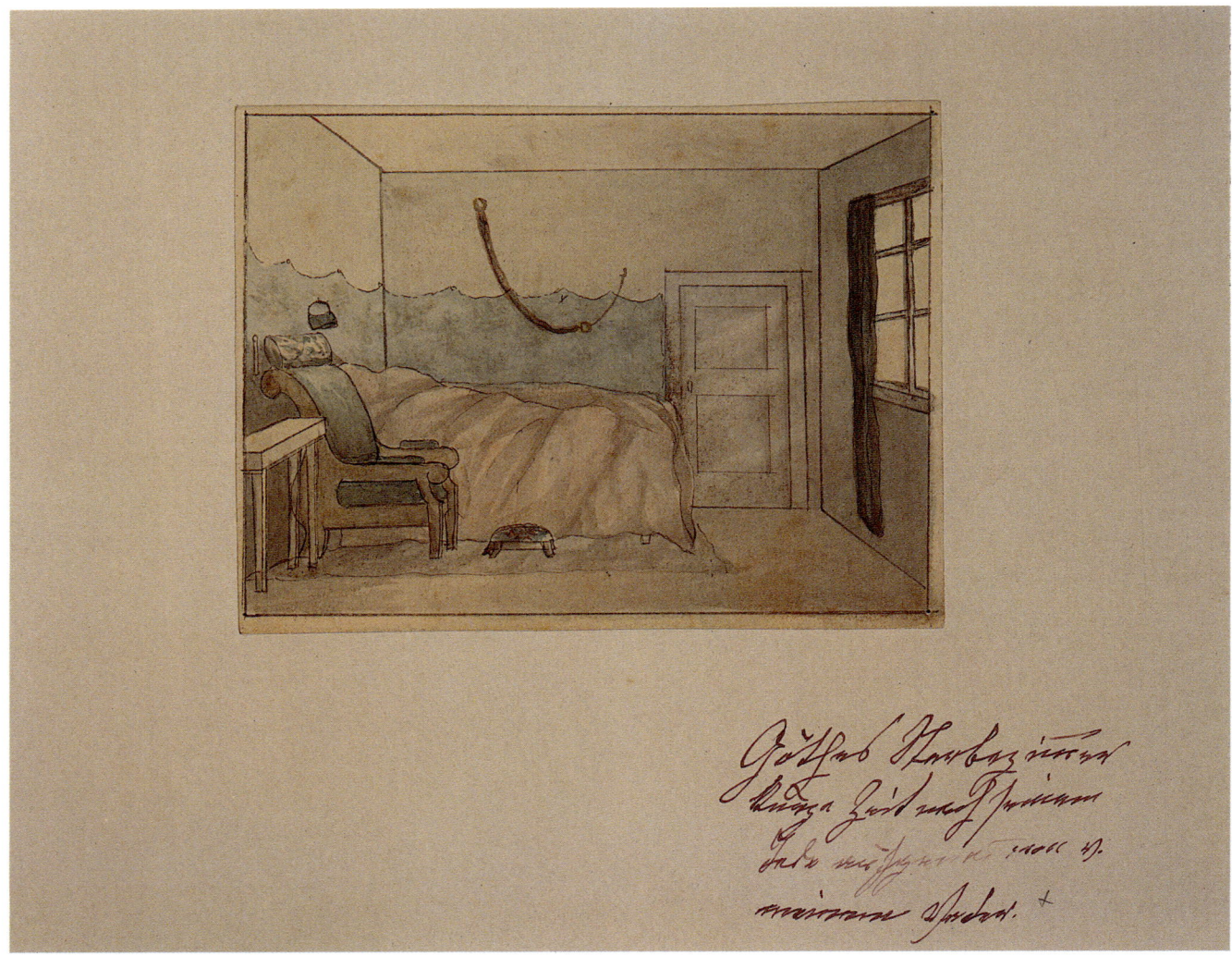

Friedrich von Germar: Goethes Sterbezimmer kurz nach seinem Tode. 1832. Goethe-Nationalmuseum.

ner, der bisweilen die Unterhaltung mit dem Dichter geschickt auf bestimmte, von ihm gewünschte Themenkreise zu lenken wußte. Dabei war Eckermann nicht nur rezeptiv, sondern ebenso anregend, so daß ein für beide Seiten produktiver Gedankenaustausch stattfand. Goethe zu dienen war gewiß keine leichte Aufgabe, in sein Wesen einzudringen, seine Andeutungen richtig zu erfassen, seinen Willen herauszuhören, wo er nur versteckt ausgesprochen wurde, seine Intentionen zu erspüren und zu filtrieren; doch Eckermann war von einfühlender Natur, im persönlichen Umgang konziliant und anpassungsfähig, dazu von unermüdlicher Sorgfalt und feiner Beobachtungsgabe. Goethes Aura bedeutete für Eckermann Ziel, Bestimmung und Projektion seines Lebenstraumes.

Berge von Manuskripten warteten auf Eckermanns redigierende Hand. Dazu schien er als Mitarbeiter, Berater und Vertrauter Goethes geradezu prädestiniert. Auch drängte er ihn zur Fortsetzung und Vollendung des Zweiten Teils seiner Faustdichtung, die in den folgenden Jahren Goethes »Hauptgeschäft« wurde. Die neu entstandenen Szenen lernte Eckermann meist zuerst kennen und nahm regen Anteil daran.

Im Frühjahr 1828 erhielt er von Goethe das Manuskript zu »Wilhelm Meisters Wanderjahren« mit der Bitte um Durchsicht. Der Dichter stand hierbei unter terminlichen Verpflichtungen. »Die fünfte Lieferung seiner Werke, welche auch die Wanderjahre enthalten soll, muß auf Weihnachten zum Druck abgeliefert werden. Diesen früher in einem Bande erschienenen Roman hat Goethe gänzlich umzuarbeiten angefangen, und das Alte mit so viel Neuem verschmolzen, daß es als ein Werk in drei Bänden in der neuen Ausgabe hervorgehen soll. Hieran ist nun zwar bereits viel getan, aber noch sehr viel zu tun. Das Manuskript hat überall weiße Papierlücken, die noch ausgefüllt sein wollen. Hier fehlt etwas in der Exposition, hier ist ein geschickter Übergang zu finden, damit dem Leser weniger fühlbar werde, daß es ein kollektives Werk sei; hier sind Fragmente von großer Bedeutung, denen der Anfang, andere, denen das Ende mangelt, und so ist an allen drei Bänden noch sehr viel nachzuhelfen, um das bedeutende Buch zugleich annehmlich und anmutig zu machen.«

Goethe und Eckermann »verhandelten damals sehr viel über diesen wichtigen Gegenstand mündlich und schriftlich«. Eckermann »riet ihm, den ganzen Sommer der Vollendung dieses Werkes zu widmen und alle anderen Arbeiten so lange zur Seite zu lassen; er war gleichfalls von dieser Notwendigkeit überzeugt und hatte den festen Entschluß, so zu tun. Dann aber starb

Carl August Schwerdgeburth: Bühnenbildentwurf zur Oper »Der Freischütz« (»Wolfsschlucht«), 1823. Goethe-Nationalmuseum. Ein Beispiel für Eckermanns Theaterleidenschaft. Auf seiner Rheinreise 1824 sah er in Frankfurt den »Freischütz«.

Friedrich Beuther: Tempel der Isis, Theaterdekoration zur »Zauberflöte« Goethe-Nationalmuseum.
Am 19. April 1824 sah Eckermann zusammen mit August von Goethe in Weimar die »Zauberflöte«.

der Großherzog; in Goethes ganze Existenz war dadurch eine ungeheure Lücke gerissen, an eine so viele Heiterkeit und ruhigen Sinn verlangende Komposition war nicht mehr zu denken, und er hatte nur zu sehen, wie er sich persönlich oben zu halten und wieder herstellen wollte. – Jetzt aber, da er mit Herbstes Anfang von Dornburg zurückkehrend die Zimmer seiner Weimarischen Wohnung wieder betrat, mußte ihm auch der Gedanke an die Vollendung seiner Wanderjahre, wozu ihm nur noch die kurze Frist weniger Monate vergönnt war, lebendig vor die Seele treten, und zwar im Konflikt mit den mannigfaltigen Störungen, die ihm bevorstanden und einem reinen ruhigen Walten und Wirken seines Talentes im Wege waren.«[7]

Auch bei der Bearbeitung von Goethes »Novelle« (»Das Kind und der Löwe«) trat Eckermann als Anreger und Ratgeber in Erscheinung, ebenso bei der Vollendung von »Dichtung und Wahrheit«. Wo Eckermann nur ausführend wirkte, schwieg er oder ging flüchtig und bescheiden darüber hinweg.

Im August 1829 begann Goethes Schwiegertochter Ottilie eine unterhaltende literarische Zeitschrift mit dem ungewöhnlichen Titel »Chaos« herauszugeben, die in nur 28 Exemplaren gedruckt wurde. Eckermann arbeitete neben Soret und dem Engländer Parry in der Redaktion mit. In diesem Privat-Journal fanden auch zahlreiche Gespräche, die im Haus am Frauenplan geführt wurden, ihren Niederschlag und spiegelten das geistige Leben in Ottilies geselligem Zirkel wider.

Im April 1830 reiste Eckermann, eine besondere Anerkennung und der Höhepunkt seines bisherigen Lebens, als Begleiter von Goethes Sohn August nach Italien. In Genua trennte er sich von ihm, und auf der Rückreise erfuhr er, daß August Ende Oktober in Rom gestorben war. Eine Reaktion Goethes bestand darin, daß er im gleichen Jahr testamentarisch seinen »geprüften Haus- und Seelenfreund«[8] in Gemeinschaft mit Riemer zum Herausgeber seines Nachlasses bestimmte. Eckermann sollte mit fünf Prozent an den künftigen Honoraren beteiligt werden, doch Erbschaftsforderungen und Verlagsstreitigkeiten minderten diese Einkünfte.

Am 9. November 1831 konnte Eckermann endlich seine Braut Johanne Sophie Katharine Christine Bertram vor den Traualtar führen, ihre Verlobungszeit hatte nicht weniger als 12 Jahre betragen. Die Eheschließung fand in Northeim statt. Anschließend zog sein Hannchen mit ihm nach Weimar, wo Eckermann am 1. März 1832 das Bürgerrecht erhielt.

Kurze Zeit darauf, am 22. März 1832, verstarb Goethe. Am folgenden Morgen wurde Eckermann von einer tiefen Sehnsucht ergriffen, dessen irdische Hülle noch einmal zu sehen. »Die mächtige Stirn schien noch Gedanken zu hegen«, doch »der unsterbliche Geist« hatte diese Hülle bereits verlassen. In »ganz bescheidenem Sinne« resümierte Eckermann: »Dies ist *mein* Goethe«.

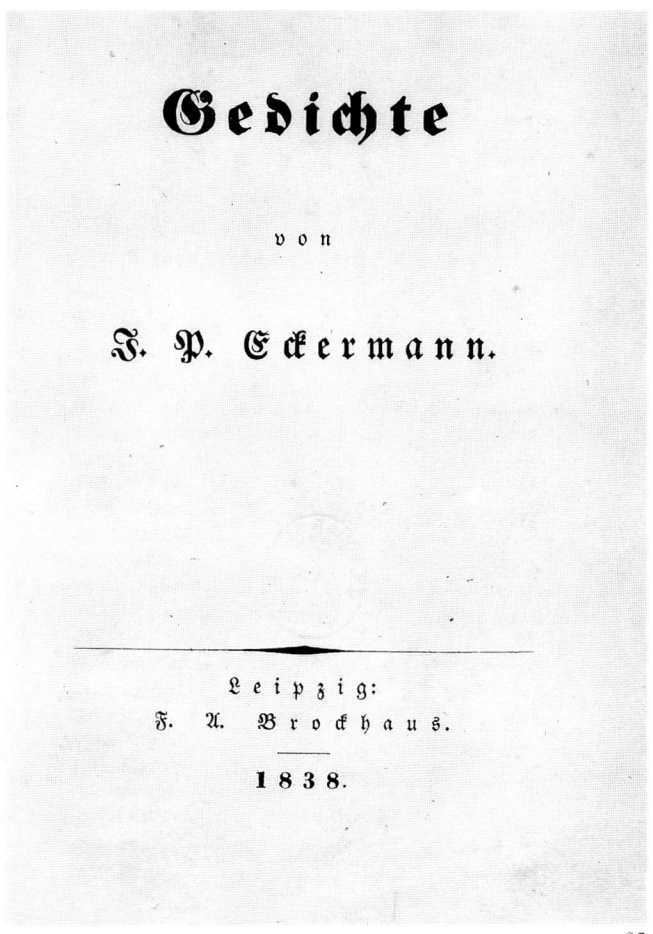

23

23 Johann Peter Eckermann: Gedichte.
Leipzig, F. A. Brockhaus 1838. Herzogin Anna Amalia Bibliothek, Sign.: Dd,3:619.

Bereits während seines Erholungsurlaubes auf Helgoland im Sommer 1834 plante Eckermann nach der Fertigstellung seiner »Gespräche mit Goethe« die Herausgabe eines Gedichtbandes. Er wünschte damit »seine rein literarische Karriere … zu eröffnen«. Im Januar 1837 bot er dem Verleger Brockhaus einen Sammelband älterer und neuer Gedichte, darunter die Auguste Kladzig und seiner Frau gewidmeten Liebesgedichte, zur Veröffentlichung an. Noch während der Korrekturphase erweiterte Eckermann das Manuskript, insbesondere durch sein soeben vollendetes Gedicht »Die Heimat«.

Der Absatz des Lyrikbandes war sehr gering. Eckermann konnte sich mit seinen Gedichten nicht, wie gehofft, auf der Literaturszene behaupten.

Anmerkungen

1 Goethe an Christoph Friedrich Ludwig Schultz, 8. März 1824. In: WA IV, 38, S. 66.
2 Eckermann an Joseph Stanislaus Zauper, 15. März 1824. In: Houben I, S. 158.
3 Eckermann an Johanne Bertram, 28. (21.) August 1826. In: Tewes, Bd. 1, S. 62 f.
4 Eckermann an Johanne Bertram, 18. August 1825. In: ebenda, S. 49.
5 Eckermann an Johanne Bertram, 6. Juni 1825. In: ebenda, S. 41 f.
6 Eckermann an Johanne Bertram, 3. März 1826. In: ebenda, S. 56.
7 Gespräche, S. 220 f. (Gespräch vom 11. September 1828).
8 Goethe an Johann Jakob und Marianne von Willemer, 26. September 1830. In: WA IV, 47, S. 250.

24 Johann Joseph Schmeller (1796–1841): Porträt Johann Peter Eckermann.
1824. Öl auf Leinwand. Privatbesitz.

Bereits ein Jahr nach seiner Ankunft bei Goethe ließ sich Eckermann von dem Weimarer Maler Johann Joseph Schmeller porträtieren. Dieser war ein Schüler Ferdinand Jagemanns und wurde 1824 Lehrer an der Großherzoglichen Freien Zeichenschule in Weimar.

Das Gemälde zeigt Eckermann im Alter von 31 Jahren, in würdevollem, pastoralem Aussehen. Daß sich dieser noch unbekannte Winsener Kätnersohn bereits in Öl malen ließ und trotz finanzieller Nöte die Kosten dafür nicht scheute, verdeutlicht seine vom Ringen nach Anerkennung und Geltung permanent dominierte Sehnsucht nach Größe. Auch seiner Verlobten wollte er damit zeigen, welch bedeutende Position er in der Nähe Goethes als dessen Mitarbeiter und Vertrauter gewonnen hatte. Diese schrieb ihm am 24. Januar 1824: »Daß Du für mich das Ölgemälde Deines lieben Angesichts bestimmt [hast], ist mir höchst erfreulich.« Voller Stolz berichtete ihr Eckermann am 12. März: »Mein Porträt ist fertig, Hofrat Meyern hat es sehr gefallen, und wenn es diesem größten Kunstkenner gefällt, so sollten wir übrigen billig nichts dabei zu erinnern haben. Ich kann es auch nicht tadeln, bin aber auch nicht ganz zufrieden damit.«

25 Johann Joseph Schmeller: Goethe in seinem Arbeitszimmer, seinem Schreiber John diktierend.
1831. Öl auf Leinwand, 71 x 79 cm. Herzogin Anna Amalia Bibliothek.

Goethes Schreiber Johann August Friedrich John (1794–1854) war zunächst als Kopist an der Großherzoglichen Bibliothek in Weimar tätig und seit 1814 in Goethes Diensten. Das Gemälde gibt dem Betrachter eine Impression von der Arbeitsatmosphäre des Dichters. Goethe bevorzugte das Diktieren gegenüber dem Selbstschreiben. Dabei stimulierte ihn das Umhergehen zu erhöhter Konzentration. Er war der Überzeugung, daß sich die Sprache erst beim Sprechen recht entfalten könne. Durch das Diktieren konnte er seine umfängliche Korrespondenz leichter bewältigen. Anschaulich beschrieb sein Sekretär Johann Christian

Schuchardt diese Arbeitsweise: »In den letzten acht Lebensjahren, während welcher Zeit ich sein Sekretär war, habe ich ihn niemals mehr als seinen Namen am Stehpulte schreiben sehen; er pflegte nur zu diktieren. Beim Diktieren ging er nicht auf und ab, denn dazu war das Zimmer zu klein, sondern um den Tisch herum. Dabei floß es ihm ohne Unterbrechung vom Munde, daß ich kaum mit der Feder zu folgen vermochte. Er hatte seine Stoffe schon vorher im Geiste völlig ausgearbeitet... Von der gewöhnlichen Umgebung schien er dabei nichts wahrzunehmen; war er aber gestört oder von einem Besuche abgerufen worden, so zeigte er sich, wenn er zurückkehrte, nicht im mindesten beirrt, sondern nahm das Diktat wieder auf, ohne sich auch nur die letzten Sätze vorlesen zu lassen.«

26 Johann Peter Eckermann: Tagebuchaufzeichnungen.
Vom 27. bis 30. April und vom 1. bis 7. Mai 1829. Bl. 33,6 x 20,3 cm. Freies Deutsches Hochstift, Frankfurter Goethe-Museum, Inv. Nr.: Hs-8597.

Neben den frühen Briefen an seine Verlobte und den Aufzeichnungen von Frédéric Soret gehörten Eckermanns Tagebuchnotizen zu den wichtigsten Quellen der »Gespräche«. Die Eintragungen zeigen, daß Eckermann keinesfalls regelmäßig und vollständig über das im Umgang mit Goethe Gehörte und Erlebte Buch führte.

Sicher erschwerten mitunter die Vielzahl und Vielfältigkeit der Gespräche eine exakte Aufzeichnung. So finden sich neben sehr ausführlichen Mitschriften, die fast wörtlich in den Text der »Gespräche« übernommen wurden, spärliche Vermerke, die gar nicht oder nur als Stichpunkte in den Text eingegangen sind, wie das Beispiel beweist.

Inhaltsreiche, ihn stark beeindruckende Gespräche rekapitulierte Eckermann, dank seines guten Gedächtnisses, auch anhand weniger Stichpunkte. So entwickelte er etwa aus der Tagebuchnotiz von 1828: »Dienstag, den 11. März. Abends bei Goethe, interessantes Gespräch, Produktivität, Genie, Napoleon, Preußen« mit hohem eigenschöpferischem Anteil eines der umfangreichsten Gespräche im dritten Teil der Ausgabe.

25

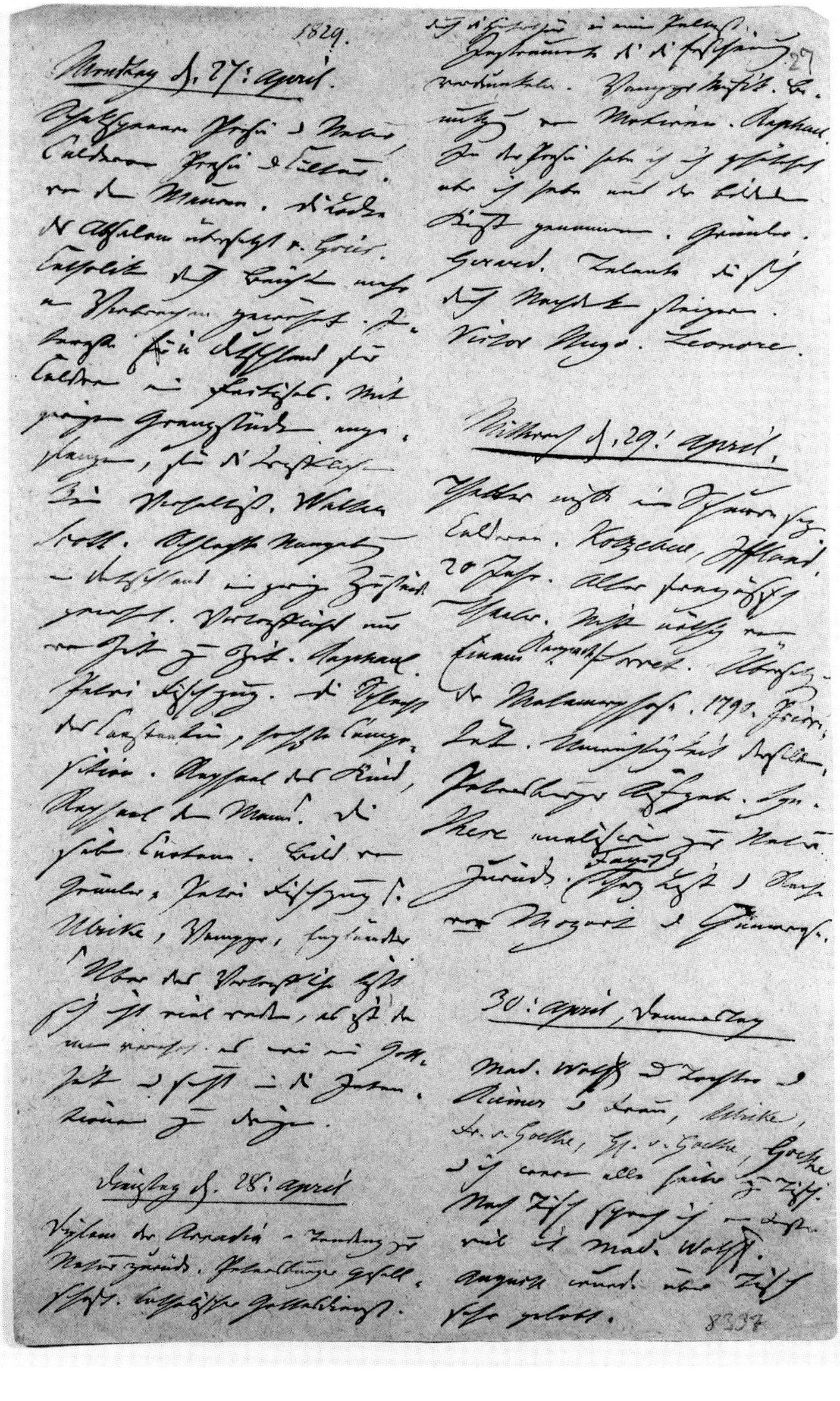

26

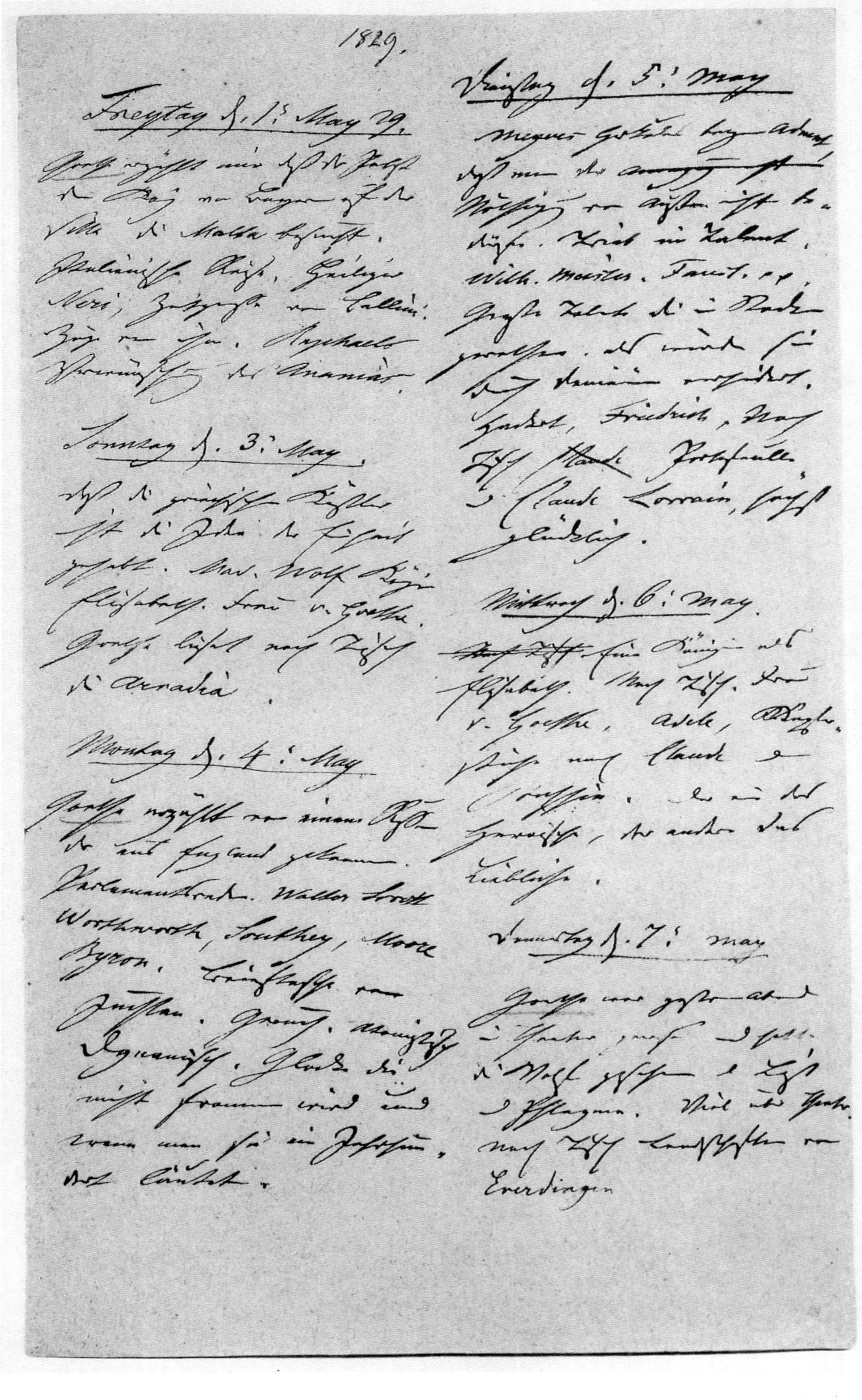

1829.

Freytag d. 1.ᵗ May 29.

[...]

Sonntag d. 3.ᵗ May

[...]

Montag d. 4.ᵗ May

[...] Walter Scott Wordsworth, Southey, Moore Byron. [...]

Freytag d. 5.ᵗ May

[...] Wilh. Meister. Faust. [...] Händel, Friedrich, [...] Claude Lorrain, [...]

Mittwoch d. 6.ᵗ May

[...] v. Goethe, Adele, [...] Claude [...]

Donnerstag d. 7.ᵗ May

[...] Erxleben

27

27 Goethes Werke. Vollständige Ausgabe letzter Hand, Bd. 1–40.

Stuttgart und Tübingen, in der J. G. Cotta'schen Buchhandlung 1827–1830. Aus Goethes Bibliothek, Goethe-Nationalmuseum, Rupp. Kat. 1801. **Bd. 41–60 (1–20):** Nachgelassene Werke, hg. von J. P. Eckermann und F. W. Riemer, Stuttgart und Tübingen 1832–1842. Kleinoktav, sogen. »Taschenausgabe«. Mit einem Goethe-Porträt von Carl August Schwerdgeburth. Herzogin Anna Amalia Bibliothek, Sign.: Goe 13[41–6].

Die redaktionellen Mitarbeiter an dieser Werkausgabe waren neben Eckermann der Jenaer Philologe Karl Wilhelm Göttling (1793–1869) und der Weimarer Philologe und Bibliothekar Friedrich Wilhelm Riemer (1774–1845). Die Nachgelassenen Werke enthalten zum größten Teil bisher unveröffentlichte Werke, aber auch Fragmente und Bruchstücke. In seinem Testament vom 15. Mai 1831 hatte der Dichter folgenden Auftrag formuliert: »Herr Dr. Eckermann hat mir seit verschiedenen Jahren bei Bearbeitung vorstehender Werke treulich beigestanden; inwiefern sie als abgeschlossen oder unvollendet anzusehen sind, davon wird er jederzeit die beste Auskunft geben können. Ich ernenne ihn deshalb zum Herausgeber vorgemeldeter Werke. … Dr. Eckermann … wird die Verteilung gedachter Schriften in Bände, die Folge derselben, worüber wir schon Unterredung gepflogen, besorgen und auf Erfordern ein gereinigtes Manuskript überliefern. Die gedachten Manuskripte sind von seinen übrigen Papieren durchaus abgesondert, in einem verschlossenen Kasten verwahrt, wozu Dr. Eckermann den Schlüssel hat und nach Befund und Notwendigkeit seine Redaktion fortsetzen, auch die jedesmaligen Lieferungen oben genannten Personen [der Obervor-

28

Nachgelassenen Werke hatte Eckermann nach Goethes Tod sogar eigenmächtige Eingriffe an den Handschriften vorgenommen und eine »letzte« Textform hergestellt, die von Goethe nicht veranlaßt worden war und von ihm wahrscheinlich auch nicht gebilligt worden wäre. Es ging Eckermann nicht darum, das Goethesche Original zu bewahren, sondern einen ihm richtig scheinenden Text herzustellen, Goethe zu »verbessern«. Die von Eckermann herausgegebenen Goethe-Texte sollten in einer möglichst lesbaren und endgültigen Gestalt veröffentlicht werden. Diese Textveränderungen werden aus heutiger Sicht als eine »Verfälschung des Goetheschen Werkes« gewertet.

28 Frankfurter gelehrte Anzeigen vom Jahr 1772 und 1773.
Frankfurt am Mayn bey den Eichenbergischen Erben.
Aus Goethes Bibliothek, Goethe-Nationalmuseum, Rupp. Kat. 273 und 274.

29 Johann Peter Eckermann: Über Goethes Recensionen für die Frankfurther gelehrten Anzeigen von 1772 und 1773.
Handschrift, 1. Seite. Goethe- und Schiller-Archiv, Sign.: 25/XXXVII, AU 7.

In diesem Aufsatz faßte Eckermann die Ergebnisse zusammen, zu denen er bei der von Goethe gewünschten Durchsicht, Auswahl und Wertung seiner nicht signierten frühen Kritiken gelangt war. Mit einem kurzen Vorwort Goethes versehen, erschien der Artikel 1826 im dritten Heft des fünften Bandes der Zeitschrift »Kunst und Alterthum«, was Eckermann am 18. September seiner Braut mitteilte: »Im neuen Heft von ›Kunst und Alterthum‹ hat Goethe einen Aufsatz von mir abdrucken lassen, den ich vor drei Jahren schrieb als ich [nach] hier kam.«

30 Johann Wolfgang von Goethe: Ueber Kunst und Alterthum.
Stuttgart, in der Cottaischen Buchhandlung 1816–1832. Aus Goethes Bibliothek, Goethe-Nationalmuseum, Rupp. Kat. 1857.

Eckermann war maßgeblich an der Redaktion der von Goethe seit 1816 herausgegebenen Zeitschrift

mundschaftlichen Behörde, besonders dem Kanzler von Müller] aushändigen wird. Für diese Bemühung erhält er fünf Prozent von dem Erlös gedachter Werke, und zwar nach jeder terminlichen Zahlung, wie sie von dem Verleger geleistet wird.«
Eckermanns Redaktionstätigkeit umfaßte u. a. mehr oder weniger umfangreiche Korrekturen und Umformungen des Goetheschen Textes, Glättungen, stilistische Veränderungen, mitunter auch eigene Zusätze. Für den vierten Teil von »Dichtung und Wahrheit« hat Eckermann durch seine Bearbeitung eine »endgültige« Textfassung hergestellt. Bei der Vorbereitung der

Zu Gespr. 29, 349 K. u. A. II 38. 161ff. Eckerm. Nachl. 35
16

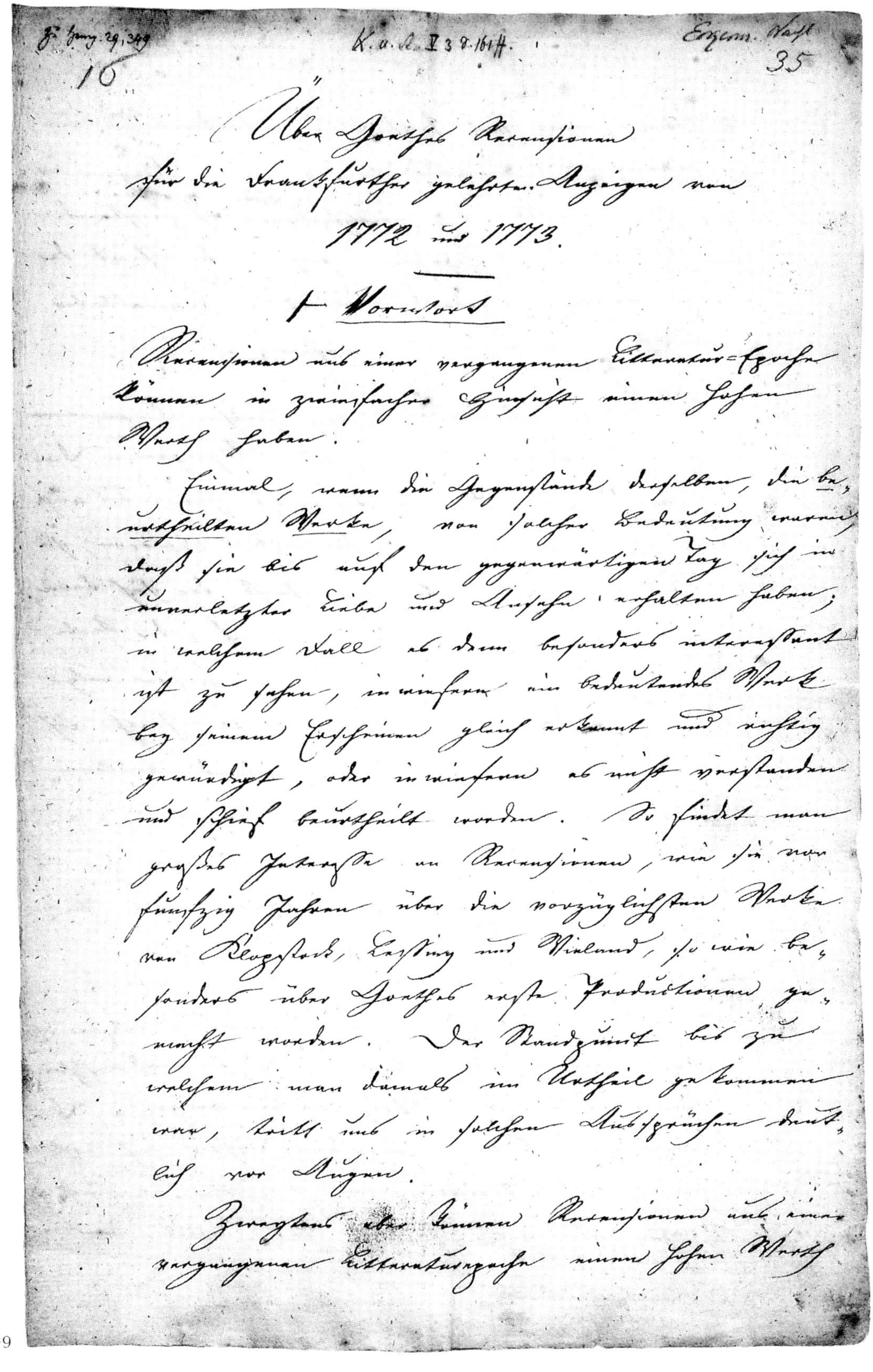

Über Goethes Recensionen
für die Frankfurter gelehrten Anzeigen von
1772 und 1773.

Vorwort

Recensionen aus einer vergangenen Litteratur-Epoche können in zweifacher Hinsicht einen hohen Werth haben.

Einmal, wenn die Gegenstände derselben, die beurtheilten Werke, von solcher Bedeutung waren, daß sie bis auf den gegenwärtigen Tag sich in unverletzter Liebe und Ansehen erhalten haben; in welchem Fall es dann besonders interessant ist zu sehen, in wiefern ein bedeutendes Werk bey seinem Erscheinen gleich erkannt und richtig gewürdigt, oder in wiefern es nicht verstanden und schief beurtheilt worden. So findet man großes Interesse an Recensionen, wie sie vor fünfzig Jahren über die vorzüglichsten Werke von Klopstock, Lessing und Wieland, so wie besonders über Goethes erste Productionen gemacht worden. Der Standpunkt bis zu welchem man damals im Urtheil gekommen war, tritt uns in solchen Aussprüchen deutlich vor Augen.

Zweytens aber können Recensionen aus einer vergangenen Litteraturepoche einen hohen Werth

29

30

unter dem Titel der Paria in Berlin erschienen ist. Ich habe bei dieser Gelegenheit die Verhältnisse des Paria auseinandergesetzt«, teilte Eckermann am 12. März 1824 Johanne Bertram mit.

Die von Eckermann angefertigte Rezension des Trauerspiels »Der Paria« (1823) von Michael Beer (1800–1833) ergänzte Goethe durch eine Abhandlung über das »Paria«-Drama des französischen Dichters Jean-François-Casimir Delavigne (1793–1843) und über seine eigene »Paria«-Trilogie. Diese beiden Arbeiten und Eckermanns Rezension veröffentlichte er unter dem Titel »Die drey Paria« 1824 im ersten Heft des fünften Bandes von »Kunst und Alterthum«. Beers Drama wurde erstmals am 6. November 1824 auf der Weimarer Bühne gespielt.

31

101

Hier äußerte nun eine geistreiche, in Hochschätzung Byrons mit uns verwandte Freundin: alles was religiös und sittlich in der Welt gesagt werden könne, sey in den drey letzten Worten des Stücks enthalten.

———

Die drey Paria.

Der Paria, Trauerspiel in einem Aufzuge, von Michael Beer. Von vorliegendem Stücke können wir nicht handeln, ohne von den Motiven zu sprechen, woraus es gebildet worden; denn eben in einer sehr klugen Verknüpfung dieser zu einem effectvollen Ganzen beruht des Verfassers bedeutendes Verdienst.

Diese Motive nun sind hergenommen aus den bürgerlichen Verhältnissen, Zuständen und Gebräuchen der Indier und umfassen dieses Volks zwey höchst tragische Seiten, deren

beteiligt. Darüber hinaus lieferte er eigene Beiträge, wie beispielsweise eine Rezension über des Grafen Platen Gedichtsammlung »Ghaselen«, die im dritten Heft des vierten Bandes 1824 erschien.

31 Johann Peter Eckermann: Rezension des Trauerspiels »Der Paria« von Michael Beer.
In: Ueber Kunst und Alterthum, 5. Band, 1. Heft, 1824.

»Ein neues Heft von Kunst und Alterth. haben wir schon wieder in Druck. Ich habe auch etwas dazu geschrieben in Bezug auf ein neues Trauerspiel das

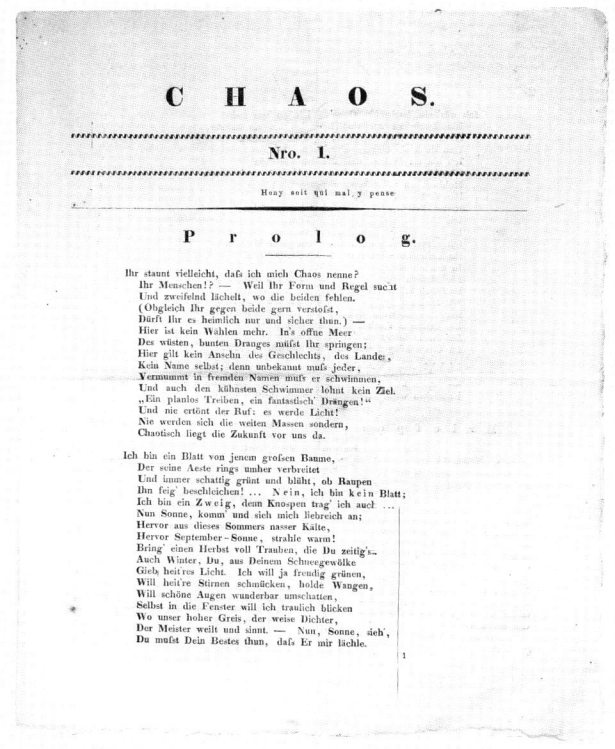

32

33

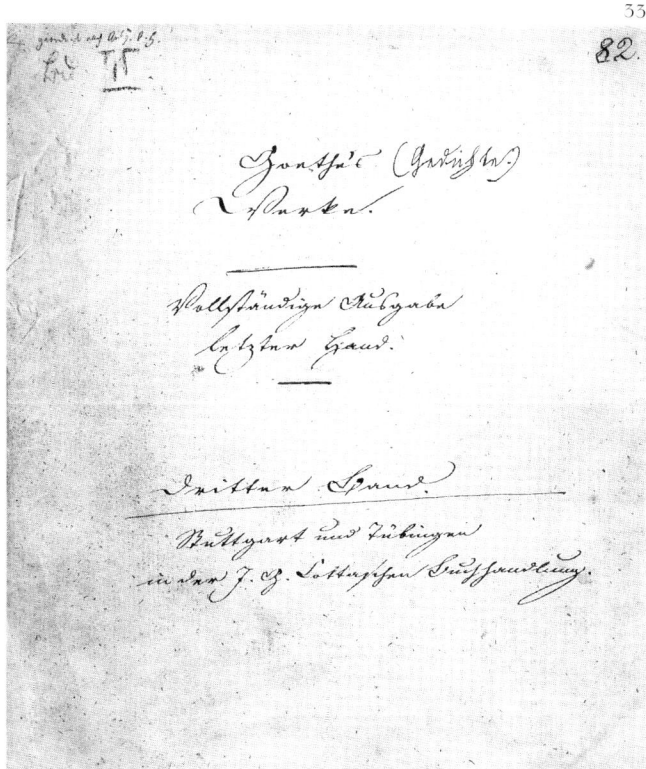

34

32 Zeitschrift »Chaos«.

Nr. 1, August 1829. Hg. von Ottilie von Goethe. Herzogin Anna Amalia Bibliothek, Z 11.

Neben der leidenschaftlichen Theaterliebe und der regen Anteilnahme am Leben und Wirken der in Weimar weilenden Engländer bestimmten literarische Interessen das über Goethes Tod hinaus anhaltende freundschaftliche Verhältnis Eckermanns zu Ottilie von Goethe. Eckermann war häufig Gast in den Mansardräumen des Hauses. Als Mitarbeiter der von Ottilie von Goethe von 1829 bis Anfang 1832 herausgegebenen Zeitschrift lieferte er kleine Beiträge, wie etwa eine Sammlung von Aphorismen.

33 Johann Wolfgang von Goethe: Ausgabe letzter Hand.

Druckmanuskript zu Band 3, 1828. Inhaltsverzeichnis, Niederschrift Eckermanns. Goethe- und Schiller-Archiv, Sign.: 25/VII,1.

35

»Mir selbst überträgt er die Redaktion des 38. und 39sten Bandes. ›Wenn wir uns dazuhalten‹, sagte er, ›können wir in 3 bis 4 Wochen fertig sein so daß die Lieferung Ostern abgehen kann. Ich nehme sodann meine klassische Walpurgisnacht wieder auf und gehe im Faust vor‹«, lautete am 7. März 1830 eine Notiz in Eckermanns Tagebuch. Drei Tage später vermerkte er: »Morgens sehr fleißig. Ich redigiere den 38sten Band für Goethe…«

34 Johann Wolfgang von Goethe: Regeln für Schauspieler.
Niederschrift Eckermanns, 1824. Titelblatt und 1. Seite. Goethe- und Schiller-Archiv, Sign.: XXXVI, (14,4) H 3.

Im Zusammenhang mit seiner redaktionellen Tätigkeit erhielt Eckermann am 2. Mai 1824 von Goethe »ein Konvolut Papiere in bezug auf das Theater zugesendet«: »…besonders fand ich darin einzelne zer-

streute Bemerkungen, die Regeln und Studien enthaltend, die er mit Wolff und Grüner durchgemacht, um sie zu tüchtigen Schauspielern zu bilden. Ich fand diese Einzelheiten von Bedeutung und für junge Schauspieler in hohem Grade lehrreich, weshalb ich mir vornahm, sie zusammenzustellen und daraus eine Art von Theaterkatechismus zu bilden. Goethe billigte dieses Vorhaben, und wir sprachen die Angelegenheit weiter durch… Besonders wichtig wollte uns erscheinen, was über die Aussprache und Ablegung von Provinzialismen angedeutet worden.«

Darauf bezieht sich sicher auch die Tagebuchnotiz Goethes gleichen Datums: »Abends mit Eckermann … manches was zur Redaction der Papiere nothwendig besprochen« sowie der Vermerk vom 16. Mai: »Um 11 Uhr Eckermann, die redigirten Theatralia bringend. … Nachher die Eckermannische Arbeit durchgesehen.«

Bei den Papieren handelte es sich um die im Goethe- und Schiller-Archiv unter dem Titel »Dramatische

Übungen mit Wolff und Grüner. Im Jahr 1803« aufbe-
wahrten Handschriften. Den Schauspielern am Weimarer Hoftheater Pius Alexander Wolff und Karl
Franz Grüner erteilte Goethe erstmals im Juli 1803
Schauspielunterricht. Unabhängig voneinander no-
tierten die Schauspieler die von Goethe vermittelten
»Elemente und Regeln«. Diese beiden Aufzeichnungen kopierte, vermutlich auf Goethes Veranlassung,
der Schreiber Geist. Die dritte Handschrift, ebenfalls
von Geist ausgefertigt, läßt aufgrund der Ausdrucks-
weise eine Niederschrift nach Goethes Diktat vermuten. Eckermann benutzte alle drei Handschriften für
die Zusammenstellung des »Regelwerkes«. Seine
Bearbeitung, die »den vollständigen Inhalt der Schau-
spielerlehre« vermittelt, wurde in den Nachgelassenen
Werken veröffentlicht.

35 Unbekannter Künstler: Das Weimarer Theater.
Um 1840/50. Kolorierte Lithographie. Bl. 12 x 16,4 cm.
Goethe-Nationalmuseum, Inv. Nr.: NE 74/195.

Bereits bei ihrer ersten Begegnung empfahl Goethe
seinem jungen Gast, »ja nicht zu versäumen, das
Theater zu besuchen«. Nur allzugern kam der Theater-
fanatiker Eckermann dieser Aufforderung nach und
versäumte dank des von Goethe überreichten Abonne-
ments für das Weimarer Theater fast keine Vorstellung, nahm auch häufig an Proben teil. Eckermanns
Theaterbegeisterung und Goethes reiche theaterprak-
tische Erfahrung bildeten die ideale Grundlage für
anregende und produktive Gespräche, so etwa über
Autoren, Inszenierungen, Schauspieler, Dekorationen
und Kostüme. »Jeder Theaterabend« und »jede Unterredung mit Goethe« machten in Eckermanns »Innerem Epoche«.
1827 resümierte er in einem Brief an seine Braut:
»Auch eine gute Kenntnis des Theaters habe ich
erlangt, während ich nun seit 4 Jahren jeden Abend
darin sitze und der Sache zusehe. Will ich etwas für die
Bühne arbeiten, so wird mir dieses zugute kommen,
denn ich werde wissen, wie ich zu wirken habe, und ich
werde die Mittel kennen, die mir zu Gebote stehen.«
Eckermann pflegte Freundschaften und engere
Kontakte zu einigen Schauspielern der Weimarer
Bühne und »war bis zum Zettelträger, Türsteher und
Theaterdiener allen von Herzen gut«. Für die seit 1823

in Weimar engagierte junge Schauspielerin Auguste
Kladzig faßte er eine leidenschaftliche Zuneigung. Der
Chronist Karl Gräbner beschrieb 1830 die Künstlerin:
»Im Schau- und Lustspiel ist sie an ihrem Ort, ihre
Figur sowie ihr schöner Tanz, mit einem jetzt schon
gedachten Spiel, werden ihr bald den ungeteilten Beifall erringen. Auch ist ihre Stimme nicht unange-
nehm.« Eckermann lernte die 1810 in Weimar geborene Demoiselle Kladzig im Mai 1826 kennen: »...da
ich die Liebenswürdige nicht genug sehen konnte, so
war ich nicht allein in jeder Vorstellung, sondern fehlte
auch selten in den Hauptproben einer guten Oper, wo
ich sie aus der Ferne im Auge hatte und wo sie ... in
Zwischenakten oder Pausen ... herunterkam und sich
... zu mir ins Parterre setzte.« Aus der zarten Neigung
erwuchs eine leidenschaftliche Liebe, die schon bald
stadtbekannt wurde. »Ich fühle in mir zu diesem Mädchen die Fortdauer einer unverwüstlichen Neigung«,
vertraute er seinem Tagebuch an. Auguste Kladzig
löste 1831 ihren Kontrakt mit dem Theater und verließ
an dem Tage Weimar, als das Ehepaar Eckermann in
der Stadt eintraf. Später heiratete sie einen der besten
Schauspieler seiner Zeit, Karl August La Roche, der
seit 1823 in Weimar gewirkt hatte und ab 1833 in Wien
engagiert war.
Die 1837 entstandene Elegie »Entsagung« reflektiert den Schmerz und die Trauer, die Eckermann bei
ihrer Trennung empfand.

36 Weimars Jubelfest am 3ten September 1825.
Erste Abtheilung: Die Feyer der Residenzstadt Weimar, mit den Inschriften, gehaltenen Reden und
erschienenen Gedichten, Weimar, bey Wilhelm Hoffmann 1825. Herzogin Anna Amalia Bibliothek, Sign.:
39,6:1a/a.
Weimars Jubelfest am 3. September 1825.
Zweyte Abtheilung. Die Feyer in den übrigen Städten
und Ortschaften des Großherzogthums enthaltend,
Weimar, bey Wilhelm Hoffmann 1826. Herzogin Anna
Amalia Bibliothek, Sign.: 39,6:1a/b.

Ende September 1825 beauftragte Kanzler von Müller im Namen des Hofes Eckermann mit der »Beschreibung und Redaktion der während des Herzoglichen
Jubiläums Statt gefundenen Festlichkeiten«. Für die
Zusammenstellung dieser zweibändigen Publikation

36

37

38

wurde Eckermann ein gutes Honorar in Aussicht gestellt. Die Arbeit erwies sich als sehr mühevoll und langwierig. »...daß ich die verdammte Festbeschreibung erst vom Halse hätte, die mich rasend macht«, klagte Eckermann seiner Braut. Im Dezember war endlich der erste Teil abgeschlossen, und Eckermann hoffte, sich dadurch »dem Herzog sowie dem ganzen Weimarischen Lande zu empfehlen«. Bis Ende März 1826 arbeitete er ohne Unterbrechung an der Fertigstellung des zweiten Teils jenes »verwünschten Buches«. Wie aus einem Brief von Johanne aus dem Jahre 1828 hervorgeht, erfolgte die angekündigte Bezahlung offensichtlich nicht. »Auch muß ich mich wundern, daß der alte Herzog so ganz unbeachtet Dein Werk: nämlich die Beschreibung des Jubiläumsfestes hat hingehen lassen, man dachte, es würde hiemit gewiß etwas Gutes für Dich herauskommen; und das Ärgste ist noch, daß er Dir für Deine unsägliche Mühe nicht einmal eine Anerkennung des Dankes gezeigt hatte.«

37 Carl August Schwerdgeburth (1785–1878): Carl August bei Goethe.

Undatiert. Bleistiftzeichnung (Durchzeichnung), Vorarbeit zum Stahlstich von 1860, 16,5 x 19 cm. Goethe-Nationalmuseum, Inv. Nr.: Gr 118/1988.

Während des Theaterbrandes in der Nacht des 22. März 1825 eilte Eckermann zum Ort der Vernichtung. »Ein wenig seitwärts, so nahe die Glut es erlaubte, stand ein Mann in Mantel und Militärmütze, in der ruhigsten Fassung eine Zigarre rauchend. Er schien beim ersten Anblick ein müßiger Zuschauer zu sein, allein er war es nicht. Personen gingen von ihm aus, denen er mit wenigen Worten Befehle erteilte, die sogleich vollzogen wurden. Es war der Großherzog Carl August.«

Carl August war häufiger Gast im Haus am Frauenplan. Zu einer persönlichen Begegnung mit Eckermann kam es dort jedoch nicht.

38 Henri François Brandt (1789–1845): Medaille.

1825. Avers: Carl August und Luise. Revers: Goethe mit Lorbeerkranz. Umlaufender Text am Rand: »CARL AUGUST UND LUISE GOETHEN ZUM VII. NOVBR MDCCCXXV«. Silber, Durchmesser 4,1 cm. Goethe-Nationalmuseum, Inv. Nr.: NE 349/1959; Münzsammlung, BV Nr. 224 (S. 42).

39 Unbekannter Künstler: Carl Alexander, Großherzog von Sachsen-Weimar-Eisenach.

Undatiert. Miniatur auf Porzellan, 13,7 x 10,8 cm. Goethe-Nationalmuseum, Münzsammlung, BV Nr. 1151 (II/10).

Zu Ende des Jahres 1829 wurde Eckermann beauftragt, dem elfjährigen Erbprinzen Carl Alexander (1818–1901) wöchentlich zwei Unterrichtsstunden in englischer Sprache zu erteilen. Dieses neue Betätigungsfeld sicherte Eckermann einen monatlichen Verdienst von 30 Talern, bot ihm die Möglichkeit, seine Kenntnisse zu beweisen und seine pädagogischen Fähigkeiten auszuloten. Die Anzahl der Unterrichtsstunden verdoppelte sich nach seinem Italienaufenthalt durch die zusätzliche Übernahme eines Lehrauftrages für deutsche Sprache und Literatur ab Januar 1831.

»Ich werde nun alles thun um Sr. Königl. Hoheit dem Prinzen Carl so nützlich zu sein als in meinen Kräften steht und so viel sich in den mir erlaubten 4 Stunden wöchentlich wird thun lassen. Im Englischen ist Prinz Carl jetzt so weit daß er von der leichten Lectüre der Miß Edgeworth zu etwas Besserem wird übergehen können. Nach meinem Dafürhalten wären wohlgeschriebene Reisebeschreibungen das Beste... Ich bin zu diesem Zweck auf der Bibliothek gewesen und habe für die nächste Lectüre die Fußreise des Capt. Cochrane durch Rußland und die Tartarei gewählt, woran Prinz Carl sicherlich großes Interesse nehmen wird. ...Die beiden übrigen Stunden wären sodann der kleinen Literatur bestimmt... Übungen im Briefstil, Übungen in anderen deutschen Aufsätzen, so wie das Lesen vortrefflicher Stellen aus den besten deutschen Schriftstellern, die des Prinzen Alter gemäß wären, und die auf seinen Geschmack, Geist und Charakter einen wohlthätigen Einfluß haben könnten.«

Die in diesem Brief an den Prinzenerzieher Frederic Soret genannten Unterrichtsinhalte werden durch die Unterrichtsmitschriften Carl Alexanders aus dieser Zeit bestätigt. Neben sprachwissenschaftlichen Ausarbeitungen sind »Biographische Notizen über Schriftsteller und Dichter des 19. Jahrhunderts«, auch Erläuterungen zu Dichtungsarten und »Betrachtungen des Gelesenen«, unter anderem eine Abhandlung über Torquato Tasso, vermerkt. Zu dem von Eckermann empfohlenen und besprochenen Lesestoff gehörten neben anderem die Idylle »Luise« von Johann Heinrich Voß und Lessings »Minna von Barnhelm«. An seinem Schüler, der »eine besondere Stelle in seinem Herzen« einnahm, hob er besonders die Fähigkeit hervor, »sich Localitäten gut zu denken, sowie die große Neigung zum Schreiben und die Gabe, sich gut auszudrücken«.

Eckermanns Umgang mit dem Prinzen beschränkte sich nicht auf die Unterrichtsstunden, er begleitete ihn auch zu seinen Exerzierübungen, mehrfach bei Besuchen in Goethes Haus und speiste zuweilen mit ihm. Der Unterricht währte über zehn Jahre – insbesondere die sprachlichen Studien setzte Carl Alexander, auch während seiner Universitätsausbildung 1835–1837, fort.

40 Schreibzeug, dreiteilig.
Undatiert. Tablett, Streusandbehälter und Tintenfaß. Keramik, Steingut, glasiert, 19,2 x 13 x 5 cm. Goethe-Nationalmuseum, Inv. Nr.: Kgw 39.

41 Johann Joseph Schmeller: Porträt Friedrich Wilhelm Riemer.
1824. Kreidezeichnung, 50 x 39 cm. Aus Goethes Kunstsammlung, Goethe-Nationalmuseum, Schuch. Kat. I, 560.

Riemer verfügte über hervorragende Kenntnisse auf den Gebieten der Sprachwissenschaft, Altertumskunde und Naturwissenschaft und war Goethe ein »höchst willkommener« Mitarbeiter und Gesprächspartner. Darüber hinaus hob Goethe sein »geistreich poetisches Talent« hervor. Riemer unterstützte Goethe bei der Redaktion der Ausgabe letzter Hand und gab mit Eckermann die Nachgelassenen Werke des Dichters heraus.

Riemer wurde 1803 Hauslehrer von August von Goethe, 1812 Lehrer am Gymnasium, 1824 zweiter Bibliothekar an der Großherzoglichen Bibliothek, 1831 Hofrat, 1837 Oberbibliothekar und Vorsteher der Bibliothek, 1841 Geheimer Hofrat. Er fungierte als Herausgeber von Goethes »Briefwechsel mit Zelter«, der »Briefe von und an Goethe« und veröffentlichte Mitteilungen über Goethe (1841).

42 Johann Joseph Schmeller: Porträt Karl Wilhelm Göttling.
1824. Kreidezeichnung, 50 x 39 cm. Aus Goethes Kunstsammlung, Goethe-Nationalmuseum, Schuch Kat. I, 593.

40

41

Karl Wilhelm Göttling (1793–1869), klassischer Philologe und Archäologe, gehörte neben Riemer und Eckermann zu der kleinen »Societät« der Mitarbeiter an der Ausgabe letzter Hand.

43 Urkunde über die Erteilung des Bürgerrechtes der Stadt Weimar für Johann Peter Eckermann.

Ausgestellt am 1. März 1832. Freies Deutsches Hochstift, Frankfurter Goethe-Museum, Inv. Nr.: Hs-8445.

Neun Jahre nach seiner Ankunft in Weimar beantragte Eckermann, auch im Hinblick auf seine bevorstehende Vermählung, das Bürgerrecht der Stadt. In seinem Dankschreiben an den Weimarer Stadtrat ersuchte Eckermann um Ermäßigung der Bürgerrechtsgebühren.

43

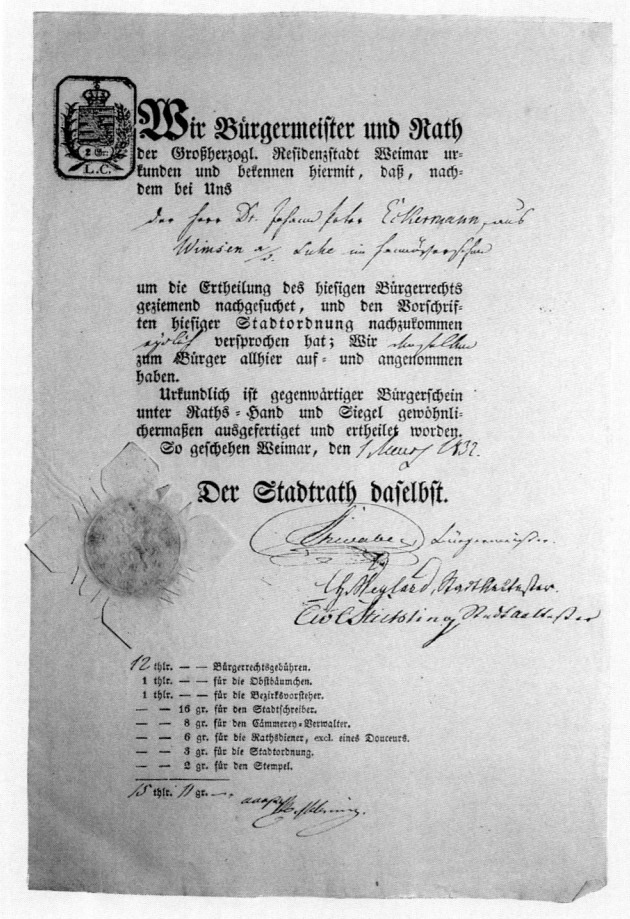

42

44 Unbekannter Künstler: Ulmanns Garten im Jahre 1859.

Bleistiftzeichnung, 23,2 x 31,7 cm. Goethe-Nationalmuseum, Inv. Nr.: Gr 415/1980.

Nach zwölfjähriger Verlobungszeit führte Eckermann die damals dreißigjährige Johanne als seine Frau nach Weimar. Das jungvermählte Paar traf am 14. November 1831 in der Stadt ein und bezog eine Wohnung in Ulmanns Garten am Theaterplatz, wo zuvor Johanna Schopenhauer logiert hatte.

Einen Monat vor der Eheschließung hatte Eckermann noch Frédéric Soret mitgeteilt, daß es ihm darum gehe, »ein längst gegebenes Versprechen einzulösen« und eine »teure Pflicht zu erfüllen«. Ein Jahr später dann vertraute er seinem Freund Stieglitz an: »Ich bin mit meinem Hannchen sehr glücklich.« Während einer Reise im Jahre 1833 vermißte Eckermann

44

seine Frau schmerzlich. »Ich muß Dir wieder sagen wie ich Dich in der Abwesenheit liebe und nach Dir ein unbeschreibliches Verlangen trage. Ich habe es mir nicht so vorgestellt, ich dachte es wäre wie sonst, allein es ist anders.«

Eckermanns Verhältnis zu Goethe blieb von seiner Eheschließung unberührt. Es gibt keinerlei Hinweise, daß Goethe Eckermanns Frau persönlich in seinem Haus empfing. Unbekannt war sie ihm jedenfalls nicht, denn unter dem 29. Februar 1832 vermerkte er in seinem Tagebuch: »Um 12 Uhr Frau Dr. Eckermann bey meiner Frau Tochter gesehen.«

Das Ehepaar lebte wohl sehr zurückgezogen, nutzte aber gern die von Großherzogin Maria Pawlowna gesandten Billette für Theater- und Konzertbesuche. Nach einer Fehlgeburt im April 1833 wurde am 26. März 1834 der Sohn Johann Friedrich Wolfgang, genannt Karl, geboren. Einen Tag vor Karls Taufe

schrieb Eckermann am 5. April an Regierungsrat Schmidt: »Meiner lieben Frau und dem Kleinen geht es fortwährend aufs beste.« Mitte des Monats verschlechterte sich plötzlich Johannes Gesundheitszustand, sie klagte über »rheumatische Schmerzen, Entzündungen und Bluthusten«. Sie starb am 30. April und wurde am 3. Mai 1834 auf dem Weimarer Friedhof beigesetzt. Eckermann, schwer erkrankt, konnte dem Sarg seiner Frau nicht folgen.

45 F. A. Elmar von Eschwege (geb. 1856): Goethe, Ottilie von Goethe, Ulrike von Pogwisch und Eckermann auf einer Spazierfahrt bei Weimar im Mai 1824.
Lichtdruck, verlegt bei Hanfstaengl's Nachfolger in Berlin, 25,3 x 33,6 cm. Goethe-Nationalmuseum, Inv. Nr.: NE 736/1974.

45

Über gemeinsame Spazierfahrten in die reizvolle
Umgebung Weimars berichtete Eckermann wiederholt in seinen Gesprächsaufzeichnungen, so beschrieb
er beispielsweise am 2. Mai 1824 eine Fahrt, die durch
Oberweimar, über die Hügel um das Webicht herum
bis vor Tiefurt und bei Sonnenuntergang wieder zurück
in die Stadt führte.

»Die Bäume blühten, die Birken waren schon
belaubt und die Wiesen durchaus ein grüner Teppich,
über welche die sinkende Sonne herstreifte. Wir such-
ten malerische Gruppen und konnten die Augen nicht
genug aufthun«, schilderte Eckermann die Schönheit
der Natur, die entspannend und gesprächsanregend
wirkte. Goethe vermerkte unter dem gleichen Datum
in seinem Tagebuch: »Abends mit Eckermann spazie-
ren gefahren und manches was zur Redaction der
Papiere nothwendig besprochen.«

Gern wurden Fahrten zu zweit oder mit weiterer
Begleitung in den nahegelegenen unteren Garten und

bei gutem Wetter auf der Erfurter Chaussee unternommen: »Die Kornfelder zu beiden Seiten des Weges
erquickten das Auge mit dem lebhaftesten Grün« und
regten zu Naturbeobachtungen an (April 1827); im
Februar 1831 drehte sich die Unterhaltung während
der Fahrt »bis auf die Höhe neben das Tannenhölz-
chen« um »naturhistorische Dinge«. Auf einer Spazierfahrt nach der Hottelstedter Ecke und dem Jagdschloß
Ettersburg breitete Eckermann in einem umfangreichen Gespräch sein reiches Wissen auf dem Gebiet der
Ornithologie vor seinem interessiert und erstaunt lau-
schenden Gesprächspartner aus.

Auch zu Spazierfahrten mit einem etwas weiter
entfernten Ziel lud Goethe seinen Gehilfen ein. »Mit
Goethe habe ich in der letzten Zeit drei interessante
Landpartien gemacht«, meldete Eckermann im Oktober 1827 Johanne und fuhr erklärend fort: »Die eine
nach Berka, wo er mich in die Mineralogie einleitete;
die zweyte nach dem Ettersberge und dem Schlosse

Ettersburg in ähnlichen Zwecken; die dritte nach Jena wo die Anstalten der Universität in Augenschein genommen wurden. Wir blieben eine Nacht dort, logirten im Bären, schliefen in einem Alkoven zusammen und gingen um 7 Uhr zu Bette. In diesen schönen Parthien ist manches gute Wort gesprochen worden.«

Das Historienbild von Eschwege stellt in fiktiver Zusammenfügung eine solche Ausfahrt dar.

46 Hermann Junker (1838–1899): Des Dichters Jubeltag, 7. November 1825.

Undadiert. Aus dem Zyklus »Aus Goethes Leben«, 45,3 x 36,1 cm. Goethe-Nationalmuseum, Foto.

Eckermann, den der Künstler in seiner nachempfundenen Szene neben Riemer und Frommann auf der »Galerie« in unmittelbarer Nähe Goethes plazierte, gehörte ganz sicher zu den ersten und herzlichsten Gratulanten bei der Feier zur 50. Wiederkehr von Goethes Ankunft in Weimar. In einem Brief an die Kabinettsrätin Rehberg in Hannover schilderte der Augenzeuge Goethes »fürstliches Fest«: »Morgens um 9 Uhr fand bey ihm eine große Gratulation statt, wobey unzählige Geschenke überreicht wurden. Während der Zeit brachten ihm treffliche Sängerinnen eine schöne Morgen-Cantate, im Zimmer, wobey die glückwünschenden, wenigstens 200 Menschen, zugegen waren... Von Seiten des Großherzogs wurde ihm durch den Minister v. Fritsch eine Medaille überreicht, die auf der einen Seite das Bildniß des Großherzogs und der Großherzogin und auf der anderen Goethes Bildniß zeigte. Ein so fürstliches Geschenk ist gewiß noch keinem Dichter gemacht so lange die Welt steht... [Vgl. Nr. 38].

Um 11 Uhr war auf der Bibliothek eine große Feyerlichkeit, ... die Reden wurden von Canzler von M. [Müller] und Professor Riemer gehalten. Mittags war auf dem großen Saale des Stadthauses ein glänzendes Diné von über zweyhundert Personen; wobey es an Liedern und Gedichten nicht fehlte.... Dann eilte man in's Theater. Ein mit vieler Wärme gesprochener Prolog erregte große Begeisterung. Dann folgte eine meisterhafte Vorstellung der Iphigenie. Goethe selbst war zum großen Jubel des Volkes heute zuerst wieder im neuen Theater.

Die nächsten Straßen von Goethes Haus fand man an diesem Abend prächtig illuminirt und eine schöne Nachtmusik, von Hummel arrangiert ... ertönte zu den Ohren des Allverehrten. Goethe selbst war diesen Abend höchst jugendlich heiter und bis gegen 11. Uhr in der bei ihm von selbst sich zusammengefundenen großen Gesellschaft.«

47a Johann Peter Eckermann: Lebenslauf.

24. Oktober 1825. Handschrift. Friedrich-Schiller-Universität Jena, Universitätsarchiv, Bestand M, Nr. 450, Bl. 63.

»Am 21sten September 1792. bin ich zu Winsen an der Luhe, einem Städtchen zwischen Lüneburg und Hamburg, geboren. Auf dem Gymnasio zu Hannover und durch Privat-Unterricht habe ich mich zu academischen Studien vorbereitet. Zu Göttingen habe ich studiret, und zwar hörte ich vorzüglich bey Hugo und Kern juristische, bey Bouterweck philosophische und bey Heeren und Dissen geschichtliche und philologische Collegia. Von der Academie abgegangen, habe ich in einem critischen Werkchen, welches in der Cotta'schen Buchhandlung 1824. unter dem Titel: Beyträge zur

46

47a

Übersetzung (Auszug):

Die Fakultät hat
dem sehr edlen und gelehrten Manne
Johann Peter Eckermann
aus Winsen im Lüneburgischen
die Ehren, die Würde, die Rechte
und Privilegien eines Doktors der Philosophie
wegen des bedeutenden Beweises seiner
anerkannten gelehrten Bildung und als
Kennzeichen und Auszeichnung für vortreffliche
Tüchtigkeit
von sich aus verliehen.

»Ich will aber Doctor werden!« verkündete im Februar 1822 der Göttinger Student Eckermann seiner Verlobten. Zwei Jahre später, am 1. Februar 1824, stellte Goethe erstmals in seinem Tagebuch den Doktortitel vor Eckermanns Namen. Die von Eckermann gewünschte Legitimierung durch diesen Titel entsprach auch Goethes Vorstellungen, und er versprach

Poesie herausgekommen, meinen ersten schriftstellerischen Versuch dem Vaterland vorgelegt. Während meines bis jetzt zweijährigen Aufenthaltes in Weimar bin ich in diesen Richtungen fortgegangen, habe im Stillen manches Literarische vorbereitet, vorzüglich aber das Glück gehabt, Sr. Excellenz den Herrn Geheime Rath von Goethe bey der Redaction seiner bisher noch ungedruckten Werke zu unterstützen.

Aus meinem früheren Leben habe nachzuholen, daß ich unter den Hannöverschen Jägern den Befreyungskrieg von 1813 und 1814. mitgemacht und sechs Jahre lang in Hannover eine administrative Stelle bekleidet habe.
Weimar d. 24. October 1825.
Johann Peter Eckermann.«

47b Ehrendoktordiplom der Universität Jena für Johann Peter Eckermann.
7. November 1825. Druck, Bl. 47 x 33,5 cm. Friedrich-Schiller-Universität Jena, Universitätsarchiv.

47b

»bei günstiger Gelegenheit« die Realisierung. Anläßlich seines fünfzigjährigen Weimar-Jubiläums 1825
bat Goethe die Universität Jena um die Verleihung der
Doktorwürde für seine Mitarbeiter Riemer und Eckermann. Kanzler von Müller informierte Eckermann im
September über das bevorstehende Ereignis und forderte ihn auf, bei der Universität Jena einen biographi-
schen Abriß einzureichen. Wenn auch nicht alle
Fakultätsmitglieder den Vorschlag begrüßten, erfüllte
sich doch Goethes Wunsch.

Glücklich meldete Eckermann seiner Braut, »daß
die philosophische Fakultät zu Jena« ihn »am Tage von
Goethes Jubiläum mit dem Doctor Diplom beschenkt«
habe. »Goethe selbst überreichte es mir in einer rothen
vergoldeten Kapsel. Es ist mir dieses, da das Diplom als
Datum den Tag von Goethes Jubiläum trägt, ein sehr
liebes Geschenk und besonders auch Deinet und Wil-
helms [Schwager] wegen.«

Elf Jahre später reflektierte Eckermann in einem
Brief an Soret: »Ich wünsche nicht daß Sie mich Doktor
nennen. Ich schäme mich des Titels. Ich bin nicht
gelehrt genug um ihn zu verdienen. Die Universität hat
mir den Titel beigelegt, um gegen Goethe gefällig zu
sein; ich mußte es geschehen lassen, aber ich war nur
glücklich, als ich noch ein ganz einfacher Herr Eckermann war.«

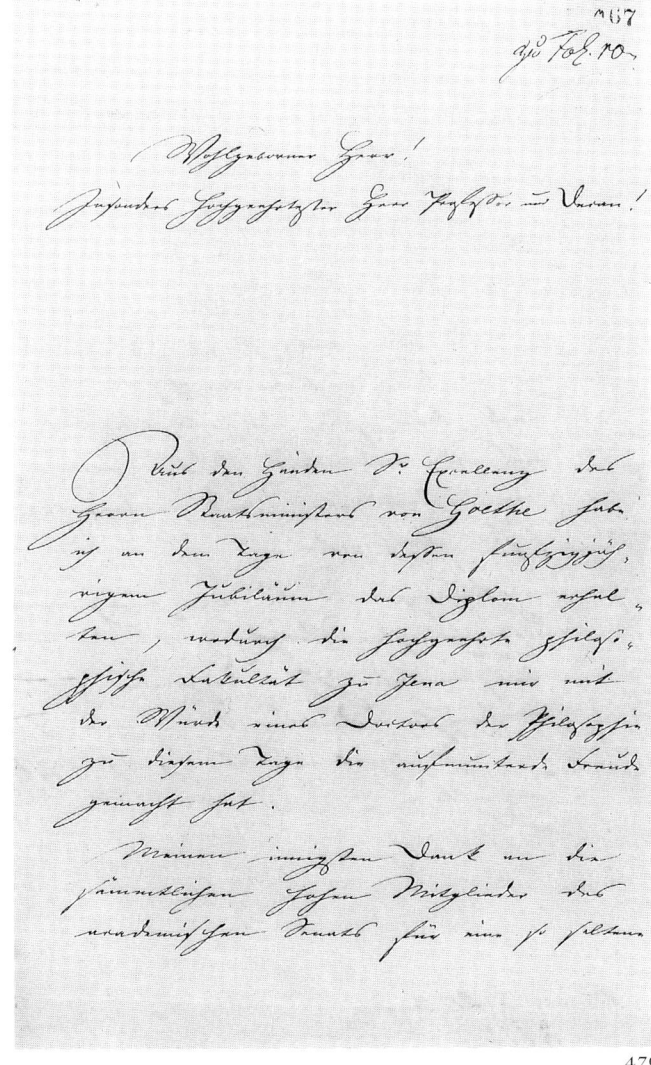

47c

47c Johann Peter Eckermann: Dankschreiben an die Philosophische Fakultät.

21. November 1825. Handschrift, 2 Blatt. Friedrich-
Schiller-Universität Jena, Universitätsarchiv. Bestand
M, Nr. 256, Bl. 67.

»Wohlgeborner Herr! Insonders Hochgeehrtester
Herr Professor und Decan! Aus den Händen Sr. Excellenz des Herrn Staatsministers von Goethe habe ich an
dem Tage von dessen fünfzigjährigem Jubiläum das
Diplom erhalten, wodurch die hochgeehrte philosophische Fakultät zu Jena mir mit der Würde eines
Doctors der Philosophie zu diesem Tage die aufmunternde Freude gemacht hat.

Meinen innigsten Dank an die sämmtlichen Hohen
Mitglieder des academischen Senats für eine so seltene
Gunst möchte ich nun durch dieses gehorsamste
Schreiben hiemit aussprechen, so wie ich mich denn
Ihnen, hochgeehrtester Herr, insbesondere auf das
dankbarste verpflichtet fühle.

Die hohe Auszeichnung selbst aber trage ich in dem
bescheidensten Gefühle, und finde darin für mich eine
Aufforderung auf dem betretenen Wege meiner geistigen Bestrebungen mit verdoppeltem Eifer fortzugehen.

Genehmigen Sie die Versicherung meiner ausgezeichneten Verehrung für sich und die sämmtlichen
Hohen Mitglieder des academischen Senats, deren
fernerer Gunst ich mich hiemit auf das angelegentlich-
ste empfehle.

Weimar, d. 21. November
1825.

J. P. Eckermann«

48a Johann Wolfgang von Goethe: Autographes Schreiben an Johann Peter Eckermann.
Weimar, den 30. November 1830. WA IV, 40, S. 24. Stadtarchiv Hannover, Sammlung Culemann; Kestner 1950, 135a.

Wortlaut des Schreibens (Bleistift, in deutscher Schrift):
»Haben Sie die Güte, mein bester Doktor, beykommendes schon bekannte Gedichte nochmals durchzugehen, die daranhängenden neuern einzuordnen, damit es sich zum Ganzen schicke. Faust folgt hierauf! Ein frohes Wiedersehen!
W. d. 30 Nov. 1830   Goethe«

48b Johann Wolfgang von Goethe: Autographes Schreiben an Johann Peter Eckermann.
Ohne Datum. Nicht in WA. Stadtarchiv Hannover, Sammlung Culemann; Kestner 1950, 135b.

Wortlaut des Schreibens (Bleistift in lateinischer Schrift):
»Unter den zuruckgesendeten Bänden vermisse ich den Werther. Schoenen guten Morgen.   G«

48c Johann Wolfgang von Goethe: Autographes Schreiben an Johann Peter Eckermann.
Ohne Datum. Nicht in WA. Stadtarchiv Hannover, Sammlung Culemann; Kestner 1950, 135c.

Wortlaut des bisher unpublizierten Schreibens (Bleistift, in deutscher Schrift; darunter, mit Tinte, von Schreiberhand: »J.F.d'Osterwald Voyage pittoresque en Sicile T.1.2. Paris 1822. u 1826«):
»Wie heist der Herausgeber des neuen großen Werkes über Sicilien?   G«

48d Johann Wolfgang von Goethe: Autographes Schreiben an »Hr. Dr. Eckermann nach Nordheim«.
(Ohne Abbildung). Stadtarchiv Hannover, Sammlung Culemann; Kestner 1950, 135d.

48e Johann Wolfgang von Goethe: Autographes Schreiben an Johann Peter Eckermann.
23. Juni 1831, ohne Ort. Nicht in WA. Stadtarchiv Hannover, Sammlung Culemann; Kestner 1950, 135e.

Wortlaut des bisher unpublizierten Schreibens (Tinte, in deutscher Schrift):

»Um halb eilf wünsche den geschickten Künstler zu sehen. Wollen Sie ihm ein Billet schreiben und es dem Überbringer mitgeben? Dank und guten Morgen!
Juni 23. 31.   G«

48f Johann Wolfgang von Goethe: Autographes Schreiben an Johann Peter Eckermann.
30. August 1824, ohne Ort. Nicht in WA. Stadtarchiv Hannover, Sammlung Culemann; Kestner 1950, 135f.

Wortlaut des Schreibens (Tinte, in lateinischer Schrift):
»Herrn Eckermann wünscht zu Tische zu sehen
d 30 Aug 1824   G.«

48g Johann Wolfgang von Goethe: Autographes Schreiben an Johann Peter Eckermann.
Ohne Datum, ohne Ort. Nicht in WA. Stadtarchiv Hannover, Sammlung Culemann; Kestner 1950, 135g.

Wortlaut des bisher unpublizierten Schreibens (Tinte, in deutscher Schrift):
»Bitte um die Moskauer Papiere wenn solche bey Ihnen sind   G«

48h Johann Wolfgang von Goethe: Autographes Schreiben an Johann Peter Eckermann.
Weimar, den 25. November 1826. WA IV, 41, S. 238. Stadtarchiv Hannover, Sammlung Culemann; Kestner 1950, 135h.

Wortlaut des Schreibens (Tinte, in deutscher Schrift):
»Die Fortsetzung der im letzten Stück von Kunst und Alterthum abgebrochenen französischen Rezension meiner dramatischen Werke vermisse ich unter meinen Papieren; hab' ich sie H. Dr. Eckermann geborgt, so bitte ich um deren Zurucksendung.
Weimar den 25. Nobr. 1826.   Goethe«

48i Johann Wolfgang von Goethe: Autographes Schreiben an Johann Peter Eckermann.
20. Juni 1823, ohne Ort (Weimar). Nicht in WA. Stadtarchiv Hannover, Sammlung Culemann; Kestner 1950, 135i.

Wortlaut des bisher unpublizierten Schreibens (Tinte, in deutscher und teilweise lateinischer Schrift; Briefumschlag, ursprünglich gefaltet):
Außen: »Herrn Eckermann im Alexander-Hof.«
Innen: »Herrn Eckermann, wünscht um 12. Uhr bey sich zu sehen
Weimar d. 20. Juny 1823.   Goethe«

48a

48b

48c

48e

48f

48g

48h

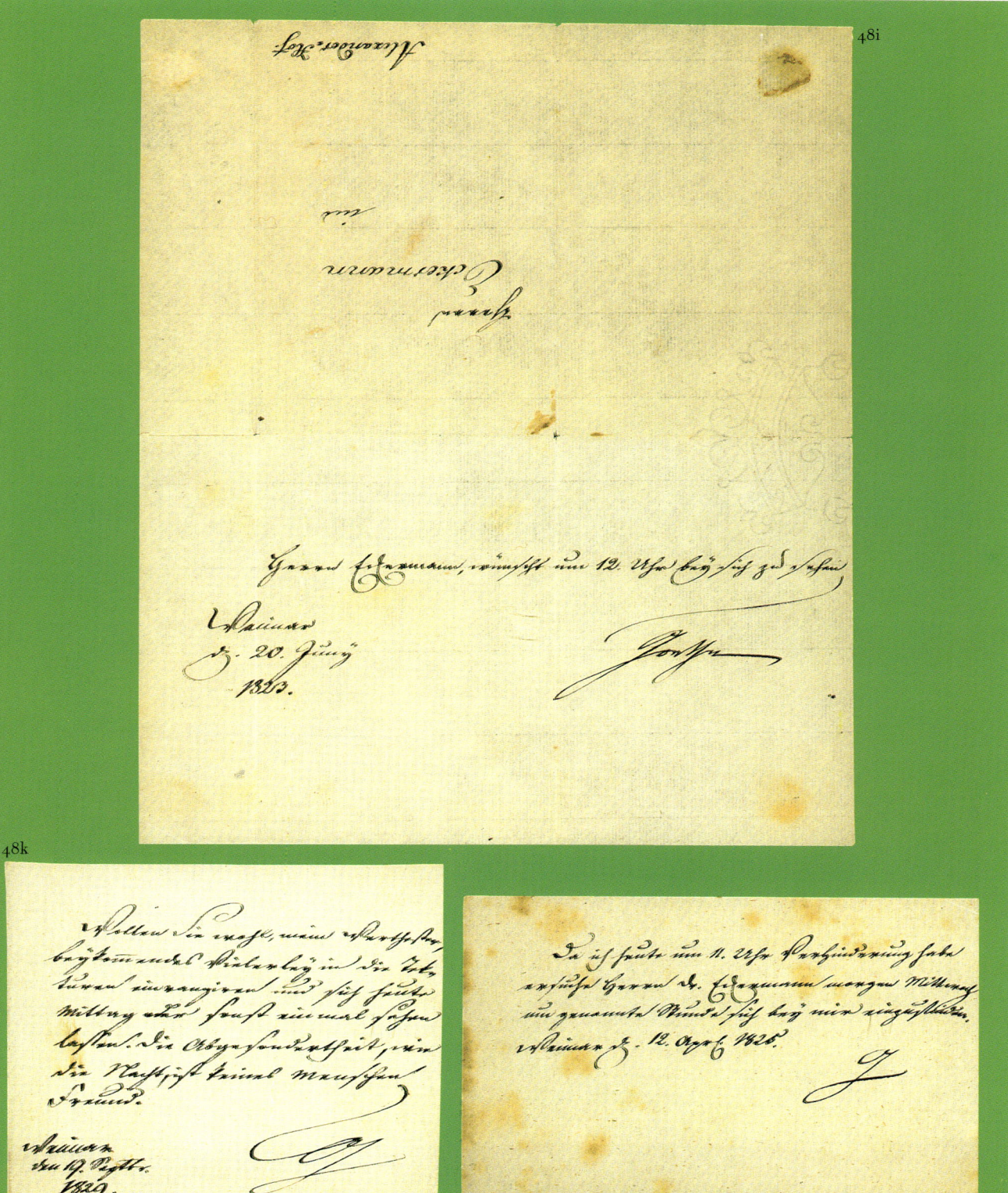

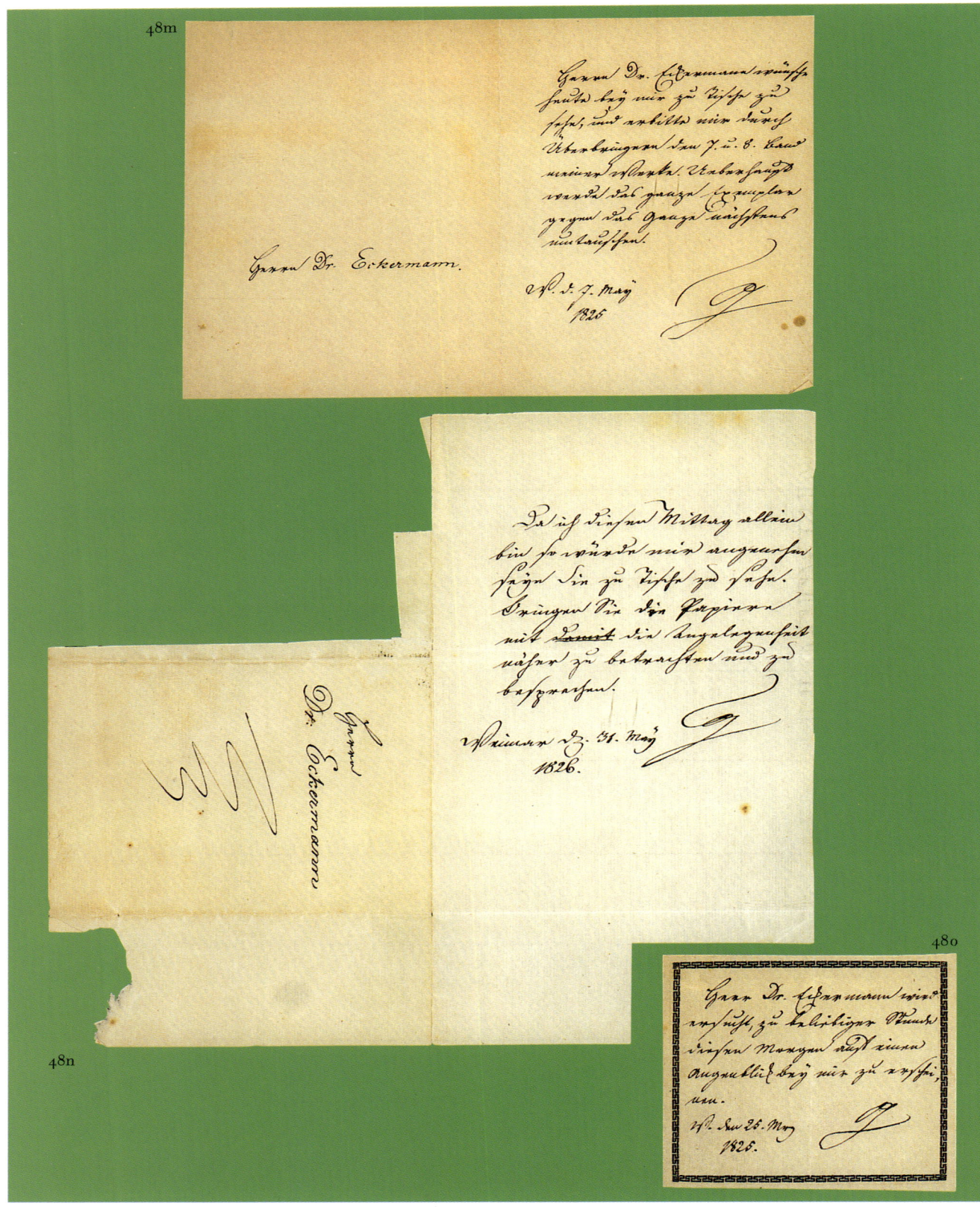

48k Johann Wolfgang von Goethe: Autographes Schreiben an Johann Peter Eckermann.
Weimar, den 19. September 1829. WA IV, 46, S. 82f.
Stadtarchiv Hannover, Sammlung Culemann; Kestner 1950, 135k.

Wortlaut des Schreibens (Tinte, in deutscher Schrift):
»Wollen Sie wohl, mein Werthester, beykommendes Vielerley in die Tekturen einrangiren und sich heute Mittag oder sonst einmal sehen lassen. Die Abgesondertheit, wie die Nacht, ist keines Menschen Freund.
Weimar
den 19. Septbr. 1829.   G«

48l Johann Wolfgang von Goethe: Autographes Schreiben an Johann Peter Eckermann.
Weimar, den 12. April 1825. Nicht in WA. Stadtarchiv Hannover, Sammlung Culemann; Kestner 1950, 135l.

Wortlaut des bisher unpublizierten Schreibens (Tinte, in deutscher Schrift):
»Da ich heute um 11. Uhr Verhinderung habe ersuche Herrn Dr. Eckermann morgen Mittwoch um genannte Stunde sich bey mir einzufinden.
Weimar d. 12. April. 1825.   G«

48m Johann Wolfgang von Goethe: Autographes Schreiben an Johann Peter Eckermann.
Weimar, den 7. Mai 1825. Nicht in WA. Stadtarchiv Hannover, Sammlung Culemann; Kestner 1950, 135m.

Wortlaut des bisher unpublizierten Schreibens (Tinte, in deutscher Schrift):
Links: »Herrn Dr. Eckermann.«
Rechts: »Herrn Dr. Eckermann wünsche heute bey mir zu Tische zu sehen, und erbitte mir durch Überbringern den 7. u. 8. Band meiner Werke. Ueberhaupt werde das ganze Exemplar gegen das Ganze nächstens umtauschen.
W. d. 7. May 1825   G«

48n Johann Wolfgang von Goethe: Autographes Schreiben an Johann Peter Eckermann.
Weimar, den 31. Mai 1826. Nicht in WA. Stadtarchiv Hannover, Sammlung Culemann; Kestner 1950, 135n.

Wortlaut des bisher unpublizierten Schreibens (Tinte, in deutscher Schrift; auf verschnittenem Briefbogen):

Links: »Herrn Dr. Eckermann«
Rechts: »Da ich diesen Mittag allein bin so würde mir angenehm seyn Sie zu Tische zu sehn. Bringen Sie die Papiere mit [damit] [handschriftlich gestrichen] die Angelegenheit näher zu betrachten und zu besprechen.
Weimar d. 31. May 1826.   G«

48o Johann Wolfgang von Goethe: Autographes Schreiben an Johann Peter Eckermann.
Weimar, den 25. Mai 1825. Nicht in WA. Stadtarchiv Hannover, Sammlung Culemann; Kestner 1950, 135o.

Wortlaut des bisher unpublizierten Schreibens (Tinte, in deutscher Schrift auf mäandriert umrahmtem Billett):
»Herr Dr. Eckermann wird ersucht, zu beliebiger Stunde diesen Morgen auf einen Augenblick bey mir zu erscheinen.
W. den 25. May 1825.   G«

Die vorliegenden, bislang weitgehend unbeachtet gebliebenen kleinen Billette von Goethes Hand werfen ein bezeichnendes Schlaglicht auf die Beziehung zwischen dem Dichter und seinem »Gehilfen« Eckermann; freilich aus Goethes Perspektive.

Besonders ist nicht nur der Ton, der in ihnen waltet und der Alltagshandlungen stilistisch emporhebt, sondern auch die Sprechweise des alten Goethe gegenüber dem – wirklich vertrauten? – Johann Peter Eckermann. Denn: Goethe bewahrt in allen seinen Worten, in den wenigen Zeilen Distanz, vielleicht die Distanz des Genies, die der wahren ursprünglichen Kreativität eigen ist? Aussagekräftig sind die Blätter auch in Hinblick auf die Art der Treffen: Goethe ist der Rufende, der Eckermann zu sich bittet, das beweisen die Billette ganz eindeutig. Darüber hinaus verknüpft der große Poet die Anschreiben immer mit einem ganz speziellen Anliegen, das er im Sinne hat. Das scharfe Wort des »Benutzens« mag zu herb sein, denn die Freundlichkeit, der Charme der Sprache läßt kaum auf die aufscheinenden Beweggründe achten. Nichtsdestoweniger ein merkwürdiges Verhältnis, das zwischen Goethe und Eckermann, das hier in seiner Substanz – gerade wegen der Alltäglichkeit der Quellen – ganz deutlich wird und plastisch vor Augen steht, seiner letztlichen Numinosität, wie das Phänomen Goethe selbst, darob aber kaum entkleidet wird. (C.J.)

IV.
Das Gespräch

1. Lebensstationen Johann Peter Eckermanns 1832 bis 1854

Von Egon Freitag

Goethes Tod hinterließ eine tiefe Lücke im Leben des treuen Mitarbeiters. Ende März 1832 widmete Eckermann ihm das Gedicht »Dem Andenken des Unvergeßlichen«. Eckermann war der Hauptzeuge beim Schaffensprozeß der letzten neun Jahre des Dichters gewesen und hatte es wie kaum ein anderer vermocht, in dessen Gedankenwelt einzudringen, diese schöpferisch zu verarbeiten und gewandelt wiederzugeben. Nun wurde er Goethes literarischer Testamentsvollstrecker, arbeitete mit Riemer und Kanzler von Müller jahrelang an der Sichtung und Ordnung des Goethe-Nachlasses und gab gemeinsam mit Riemer 1836/37 die sogenannte Quart-Ausgabe von Goethes Werken im Cotta-Verlag Stuttgart heraus. Auch an der Vorbereitung und Herausgabe der Ausgabe letzter Hand war Eckermann stark beteiligt; gemeinsam mit Riemer und dem Kanzler von Müller bearbeitete er 20 Nachtragsbände, die von 1832 bis 1842 erschienen.

In dieser Phase mühseliger, fast erdrückender Arbeit am Goethe-Nachlaß erhielt Eckermann anerkennende Worte von dem Schriftsteller Heinrich Stieglitz. Er bezeichnete dieses Engagement als »das Ausbeuten des köstlichen Schachts, dessen letzte Schätze Sie uns zu Tage fördern«: »Sie werden, wenn Sie aus den Goldminen und Demantgruben unseres verehrten Meisters hervorgegangen, auf dem eigenen Gebiete genug zu tun finden, wo dann die Frische und Gediegenheit Ihrer Ansichten, die Reinheit und Ehrenhaftigkeit Ihres Namens, selbst die Verbindung mit Cotta Ihnen einen sicheren und freudigen Erfolg gewähren. Glückauf denn für jetzt und künftig!« Aufmunternd meinte Stieglitz, wenn Eckermann auch jetzt nicht er selber sei, so werde er doch nach Vollendung dieser gegenwärtigen Arbeiten sicher wieder als der Alte »neu hervortreten«.[1] Dies entsprach tatsächlich Eckermanns Intentionen, dessen Wunsch nach einer selbständigen poetischen Existenz ungebrochen war. Doch zu sehr war er auf Goethe fixiert und an diesem orientiert, als

daß er es vermocht hätte, sich gänzlich diesem Magnetfeld zu entziehen und ein eigenständiges Leben zu führen.

Im persönlichen Bereich erlitt er schmerzliche Schicksalsschläge. 1833 hatte seine Frau eine Totgeburt, Ende März 1834 erblickte der Sohn Karl das Licht der Welt, doch einen Monat später verstarb sein Hannchen an den Folgen der Geburt. Eckermann erkrankte, war verzweifelt und depressiv, verlor seinen Lebensmut und war zu keiner Arbeit fähig. Großherzogin Maria Pawlowna, gerührt von Eckermanns Unglück, empfahl ihm einen Erholungsurlaub auf der Insel Helgoland und gewährte ihm 100 Taler Reisegeld. Das Nordseeklima wirkte sich sehr wohltuend auf seine Gesundheit aus. Hier, auf der Insel, entwarf er neue Zukunftspläne und Vorstellungen über sein literarisches Schaffen. Vor allem dachte er nun an die Herausgabe seiner »Gespräche mit Goethe«, deren Erscheinen sich der Dichter zu Lebzeiten verbeten hatte. Eckermann wertete diese Konversationen neben dem, was er sonst für Goethe getan hatte, »als die beste Frucht« seines Weimarer Aufenthalts.[2]

In der Hoffnung, sich damit einen guten Namen zu machen und etwas Geld zu verdienen, forcierte er die Bearbeitung seines Manuskripts. Hierbei mußten seine Tagebuchaufzeichnungen als wichtigste Gedankenstütze dienen, doch diese waren oft sehr dürftig. Vergleicht man die Daten seiner Gespräche mit Goethes Tagebüchern, die über Eckermanns Besuche Auskunft geben, so zeigt sich, daß achtzig Prozent seiner Besuche bei Goethe nicht verzeichnet sind; zudem verteilen sich die Unterredungen sehr ungleichmäßig auf die neun Jahre des Zusammenseins. Perioden intensiver Aufzeichnungen wechseln mit solchen geringer Schreibdichte ab, was sicherlich auch auf seine persönlichen Bedingungen und Stimmungen zurückzuführen ist. Eckermann meinte selbst, daß er sich angesichts der reichen Fülle von Goethes Äußerungen im Vergleich zu den wenigen Niederschriften vorkomme »wie ein

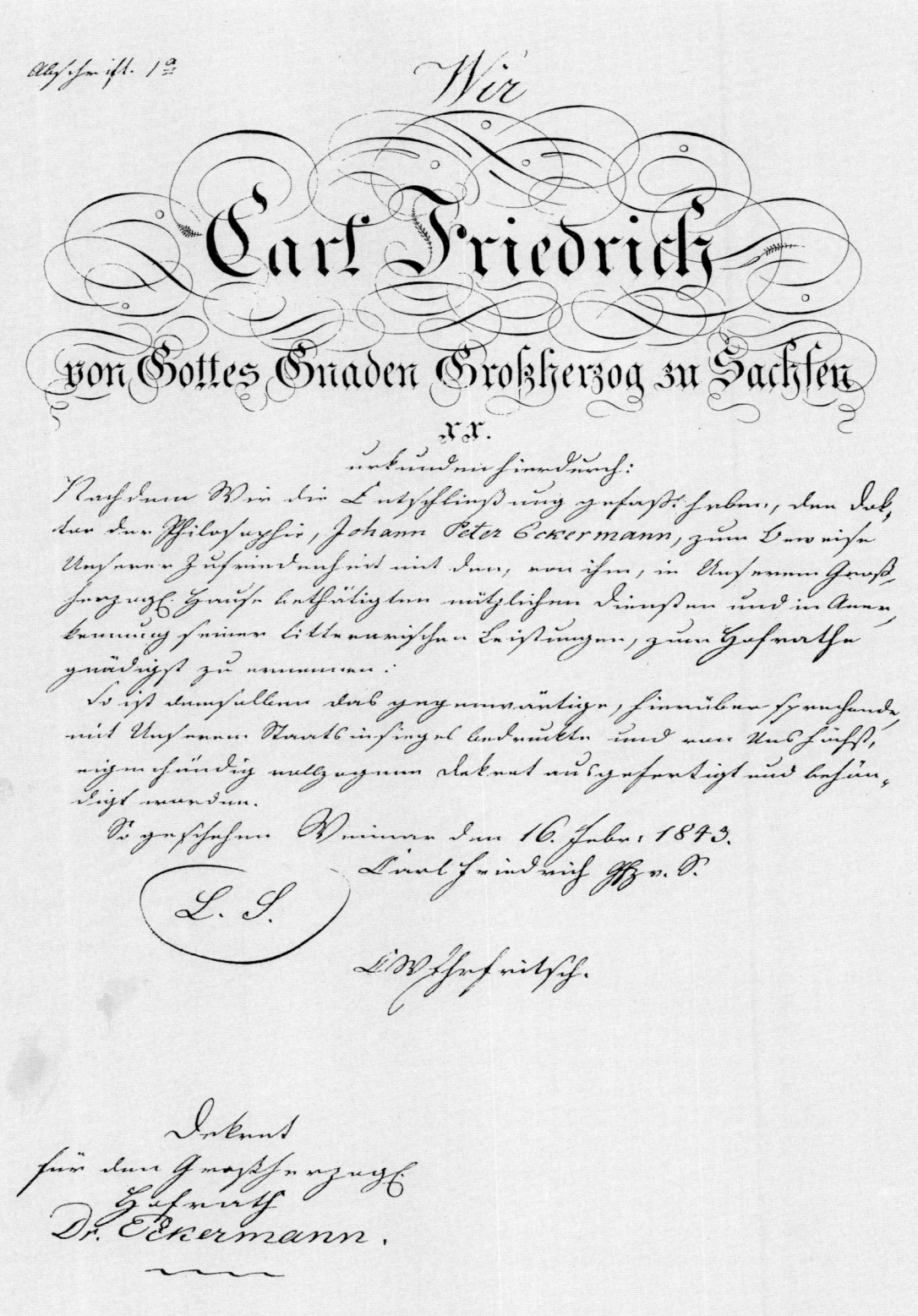

Ernennungsurkunde Eckermanns zum Hofrat. 1843. Thüringisches Hauptstaatsarchiv Weimar.

Kind, das den erquicklichen Frühlingsregen in offenen Händen aufzufangen bemüht ist, dem aber das meiste durch die Finger läuft«[3]. So »vergingen oft ganze halbe Jahre, wo ich keine Zeile niederschrieb, wodurch denn manches kostbare Wort in die leeren Lüfte gegangen ist«[4].

Johann Peter Eckermanns Prozeß des Hörens und Schreibens war gewissermaßen die Keimzelle für die »Gespräche«. Das Gehörte und kurz in Stichworten Notierte arbeitete er sorgfältig aus, verdichtete es, brachte seine subjektive Sicht dabei zur Geltung und schuf sozusagen eine neue Art von Dichtung und Wahrheit. Es ging ihm gar nicht um eine protokollarische Berichterstattung. Deshalb ist die Auflistung falscher Datierungen und Unstimmigkeiten, die immer wieder aufgeworfene Frage nach der Zuverlässigkeit und Echtheit der Gespräche im Grunde müßig. Wenn diese Konversationen dank der Auffassungsgabe und dem Einfühlungsvermögen Eckermanns auch durchaus »goethisch« sind, so stellen sie doch eine eigenschöpferische Leistung dar. Im letzten Lebensjahrzehnt Goethes war er am häufigsten, am längsten und am vertraulichsten mit ihm zusammen. Die »Unterhaltungen« des Kanzlers von Müller sind ein knappes Tagebuch, Riemers »Mitteilungen« eine methodisch nach Gruppen angeordnete Nachahmung von Goethes »Winckelmann«-Schrift. In Eckermanns »Gesprächen« können wir das Gefühl haben, als bewegten wir uns in Goethes Haus, in seinen Gemächern, aber auch in seinen Dichtungen, Entwürfen, Anschauungen und Gedanken. Gewiß hat er den Hausherrn idealisiert und uns ein geschmeicheltes und retuschiertes Bild geliefert. Von anderen Zeitgenossen wissen wir, daß der alte Goethe bisweilen mürrisch, gereizt, verstockt oder schweigsam war, doch bei Eckermann ist er meist gesprächig, aufmunternd, heiter und voller Harmonie.

Der Germanist Julius Petersen hat die »Zuverlässigkeitsschichten« in Eckermanns »Gesprächen mit Goethe« untersucht und kam zu einem verwirrenden Ergebnis: manches ist Wortlaut, manches ist zuverlässig nur im Hinblick auf Thema und Verlauf des Gesprächs. Daneben gibt es nachträgliche Zusammenstellungen, novellistische Ausdeutungen Goethescher Gedanken, ja Mitteilungen von Gesprächen, bei denen Eckermann überhaupt nicht anwesend war.[5] Wie frei Eckermann teilweise verfuhr, zeigt beispielsweise das Gespräch vom 11. März 1828. In Eckermanns Tagebuch stehen nur die Stichworte: »Abends bei Goethe, interessantes Gespräch, Produktivität, Genie, Napo-

Bernhard von Arnswald: Walther und Wolfgang von Goethe im Junozimmer. 1838. Goethe-Nationalmuseum.

leon, Preußen.« Aus diesen vier Stichworten machte Eckermann fast 14 Jahre später immerhin 17 Druckseiten! – »Leicht ward es mir freilich nicht«, gestand er stolz, »und ich habe mit diesem meinen Gespräch ganze vier Wochen zu tun gehabt.«

Doch je fragwürdiger der dokumentarische Wert dieser Gespräche erscheint, desto gewichtiger werden sie als Eckermanns eigene literarische Leistung, desto mehr kann er als wahrer »Gesprächskünstler« gelten.

Seine literarische Methode erläuterte Eckermann 1844 in einem Brief an Heinrich Laube. Darin heißt es: »Manche haben zwar geglaubt, meine Produktion sei ein bloßes Werk eines guten Gedächtnisses, das maschinenmäßig die empfangenen Eindrücke zurückspiegelt. Ich kann mich zwar rühmen, die erwähnte Gabe zu meiner völligen Zufriedenheit zu besitzen; allein besäße ich sie in dem Grade, wie man es mir zuzugestehen Neigung hat, und wäre bloß diese eine Fähigkeit bei der Hervorbringung des gedachten Buches wirksam gewesen, so würde etwas entstanden sein, ohne alle höhere Wirkung, ähnlich der ganz gemeinen Realität der Lichtbilder. Da wäre Großes und Kleines, Zulängliches und Unzulängliches, Gehö-

Bernhard von Arnswald: Weimarer Hofgesellschaft zur Zeit des Großherzogs Carl Friedrich. Um 1840. Goethe-Nationalmuseum.
1843 wurde Eckermann vom Weimarer Hof zum Hofrat ernannt.

riges und Ungehöriges, alles durcheinander, zufällig, wie der gewöhnliche Tag es gibt. Ich hatte aber höhere Zwecke im Auge, und wenn auch meinerseits nichts erfunden worden und alles vollkommen wahr ist, so ist es doch gewählt.«[6]

Den Leipziger Verleger Heinrich Brockhaus hatte Eckermann 1832 in Weimar kennengelernt; bei dieser Begegnung konnte er ihm viele interessante Goethe-ana zeigen. Im Oktober 1835 erklärte sich Brockhaus bereit, Eckermanns »Gespräche« zu verlegen. 1836 erschienen der erste und zweite Teil der »Gespräche mit Goethe« in seinem Verlag. Eckermann widmete sie »Ihrer Kaiserlichen Hoheit«, Großherzogin Maria Pawlowna. Auf ihren Rat arbeitete er an einem neuen

Gedichtband, der 1838 im selben Verlag erschien, doch ohne den erhofften Erfolg blieb.

Im Sommer 1839 begann die umfangreiche und schwierige Arbeit an einer Neuausgabe von Goethes sämtlichen Werken, die die Ausgabe letzter Hand ablöste und ab 1841 erschien. Im Zusammenhang damit wurden die bisherigen 15 Nachlaßbände um fünf erweitert. Goethes Œuvre umfaßte somit insgesamt 60 Bände. Gleichzeitig redigierte Eckermann eine Miniaturausgabe von Goethes Gedichten, die 1842 erschien.

Alle diese Arbeiten hatten seine Kräfte aufgezehrt. Außer den geringen Honoraren, die er für die Herausgabe von Goethes Werken und für seine »Gespräche«

Johann Christian Ernst Müller nach Ferdinand Jagemann: Maria Pawlowna. Goethe-National-museum. Ab 1836 war Eckermann als Privatbibliothekar für Großherzogin Maria Pawlowna tätig.

MARIA PAULOWNA

Erbprinzessin von Sachs: Weimar und Eisenach.
Großfürstin von Rußland Kaiserl: Hoheit.

22

erhielt, bekam er als Privatlehrer des Erbgroßherzogs vom Weimarer Hof ein Jahresgehalt von 300 Talern. Finanzielle Sorgen und Schulden belasteten immer mehr sein Leben. Eckermann lebte zunehmend isoliert mit seinem Sohn Karl zusammen, für dessen Ausbildung zum Maler er sorgen wollte, was aber nur durch finanzielle Unterstützung Dritter gelang. Karl bildete sich in Düsseldorf, Holland und Belgien zum Landschaftsmaler aus, was durch eine Zuwendung von 2350 Franken durch Espérance Sylvestre, eine Genfer Freundin Eckermanns, möglich wurde.

Auf gesellschaftlicher Ebene ergab sich für Eckermann eine äußerliche Veränderung: Er wurde am 16. Februar 1843 zum Hofrat ernannt, was jedoch keine finanzielle Aufbesserung bedeutete. Anfang Juli 1844 erwirkte er einen Urlaub auf unbestimmte Zeit und reiste in seine hannoversche Heimat, um den geplanten dritten Teil seiner »Gespräche mit Goethe« fertigzustellen. Bei der Arbeit daran erkannte er, wie wenig hilfreich seine knappen Notizen waren. Glücklicherweise stellte ihm Frédéric Soret seine französisch verfaßten Tagebuchnotizen über den Umgang mit Goethe zur Verfügung, die Eckermann ins Deutsche übertrug und seinem dritten Gesprächsband einverleibte.

Eckermanns sehnlicher Wunsch war, in der Heimat bleiben zu können, doch Großherzog Carl Alexander drängte auf seine Rückkehr nach Weimar. Bitter klingt der Antwortbrief auf diese Aufforderung, der uns über die wahre soziale Lage des Winsener Schriftstellers aufklärt: »Die täglichen Sorgen während der letzten Jahre in Weimar haben vieles in mir untergraben und zerstört. Nicht aus Übermut und auch nicht aus Unmut bin ich von Weimar weggegangen. Die bittere Not hat mich fortgetrieben, und ehe diese nicht beseitigt ist, kann ich an keine Rückkehr denken.«

Wie schwer er an Weimar litt, zeigen die Verse eines unvollendeten Gedichtes, das in seinem Nachlaß gefunden wurde:

> »O falscher Hof mit deinem Schimmer,
> Mit deinen Schranzen leer und hohl,
> Mit leichtem Herzen dir auf immer
> Sag ich ein freudig Lebewohl.«[7]

1846 kehrte Eckermann schweren Herzens an die Ilm zurück. 1848 erschien schließlich der dritte Teil seiner »Gespräche mit Goethe«, allerdings wegen Streitigkeiten und einem Prozeß mit Brockhaus, den Eckermann verloren hatte, nicht mehr in dessen Leipziger Verlag, sondern bei Heinrichshofen in Magdeburg.

Die letzten Lebensjahre Eckermanns waren von Krankheit, Isolation und einer gewissen Skurrilität gekennzeichnet. Etwas wehmütig und teilweise resignativ zog er in den folgenden Versen gewissermaßen die Bilanz seines Lebens:

> »So dacht' ich einst, an Kraft und Hoffnung voll,
> Als jugendfrisch mir Lied auf Lied entquoll,
> So schrieb ich einst vor mehr als dreizehn Jahren.
> Wie wenig, ach! hat sich seitdem erfüllt! –
> Wie blieb der Seele Durst mir ungestillt!
> Wie auch bescheiden meine Wünsche waren.
>
> Wonach ich strebte, ward mir nicht zuteil, –
> Mir aufgedrungen ward, was nicht zum Heil,
> Und was mit aller Macht ich wollte meiden.
> So schloß verdrießlich Jahr dem Jahr sich an,
> Mich schleppend fort auf unwillkommner Bahn,
> Bei wen'gem Glück und einem Heer von Leiden.
> …
>
> Wie träumt' ich kühn im Jugend-Hoffnungsschein
> Einst meinem Vaterlande viel zu sein, –
> Und ach, wie wenig nur ist mir gelungen!
> Dies Wenige, wie lange hält es Stand!
> Der Düne gleicht's am wilden Meeresstrand,
> Die bald von andern Dünen ist verschlungen.
>
> Doch muß ich weiter! – Hier ist keine Wahl!
> Den Dichter, sei's zum Glück ihm, sei's zur Qual,
> Treibt sein Talent, nach Weise der Dämonen,
> Tyrannisch; – es verscheucht den Schlaf bei Nacht,
> Und hält nicht Ruhe, bis ein Werk vollbracht,
> Ob's ihn zerstöre – da ist kein Verschonen.
>
> Drum immer weiter! – Wird im Vaterland
> Mein Name von den Besten nur genannt,
> Wenn auch zu Ruhmes-Gipfeln nicht erkoren;
> Bewirk' ich durch mein schlichtes Lied und Wort
> Ein freundlich Wiederklingen hier und dort,
> So halt' ich Müh' und Streben unverloren.«[8]

Am 3. Dezember 1854 starb Johann Peter Eckermann in Weimar und wurde unterhalb der Fürstengruft, gewissermaßen zu Füßen Goethes, beigesetzt.

Anmerkungen

1 Heinrich Stieglitz an Eckermann, 13 Oktober 1832. In: Tewes, Bd. 1, S. 202.
2 Eckermann an Frédéric Soret, 11. Juni 1834. Zitiert nach: Houben II, S. 93.
3 Gespräche, Vorrede zum ersten und zweiten Teil, S. 7.
4 Eckermann an Varnhagen von Ense, 14. Juni 1836. In: Ein Brief Eckermanns. Mitgeteilt von Heinrich Hubert Houben. In: Vossische Zeitung, 7. November 1908, Nr. 525.
5 Vgl. Julius Petersen, Die Entstehung der Eckermannschen Gespräche und ihre Glaubwürdigkeit, 1. Aufl. Frankfurt am Main

1924; 2. Aufl. Frankfurt am Main 1925; Reprint-Ausgabe, Hildesheim 1973.
6 Eckermann an Heinrich Laube, 5. März 1844. In: Zeitung für die elegante Welt, Nr. 15, 10. April 1844, S. 235 ff.
7 Zitiert nach: Paul Reimann, Hauptströmungen der deutschen Literatur 1750–1848. Beiträge zu ihrer Geschichte und Kritik, Berlin 1956, S. 584 f.
8 Eckermann, Wunsch und Erfüllung. In: Gedichte von J. P. Eckermann, Leipzig 1838, S. 273 und 275.

49

49 Johann Peter Eckermann: Gespräche mit Goethe in den letzten Jahren seines Lebens. 1823–1832.
Erster und Zweiter Teil. Leipzig, F. A. Brockhaus 1836.
Johann Peter Eckermann: Gespräche mit Goethe in den letzten Jahren seines Lebens.
Dritter Teil. Magdeburg, Heinrichshofen'sche Buchhandlung 1848. Herzogin Anna Amalia Bibliothek, Sign.: Goe 3810 ¹⁻².

Zwölf Jahre, nachdem er die erste Gesprächsniederschrift Goethe vorgelegt hatte, veröffentlichte Eckermann seine »Gespräche mit Goethe« und hoffte, damit ganz entschieden sein Leben zu verbessern. Die Arbeit daran war durchaus mühselig gewesen und konnte, immer wieder von redaktionellen »Pflichtaufgaben« unterbrochen und zurückgestellt, letztlich nur mit »Fleiß und Mühe« beendet werden. »Ich wählte die Stunden und schrieb nur daran, wenn es mir durchaus wohl war; denn ich hatte es mit einem Helden zu thun, den ich nicht durfte sinken lassen. In der ganzen Milde der Gesinnung, in der vollen Kraft und Klarheit des Geistes und in der gewohnten Würde einer hohen

Persönlichkeit mußte er erscheinen, um wahr zu sein, und das war keineswegs etwas Geringes. Ich stellte mir die Aufgabe alle Kunst zu verbergen und bloß den reinen Eindruck eines Naturwerkes hervorzubringen.«

Der buchhändlerische Erfolg und die damit verbundenen Einkünfte blieben weit hinter Eckermanns Erwartungen zurück. Konnten im Erscheinungsjahr 1836 noch 900 Exemplare verkauft werden, so waren es 1842 nur 42.

Schon 1837 informierte Eckermann seinen Verleger über einen geplanten dritten Teil seiner Gespräche. Dafür benutzte Eckermann nicht nur sein eigenes, bisher unveröffentlichtes Material, sondern stützte sich insbesondere auf die von Frédéric Soret übersandten Aufzeichnungen, die er 1841, zum Teil verklebt und gestrichen, über Großherzogin Maria Pawlowna erhielt. Siebzig der im dritten Teil enthaltenen Gespräche stammen von Soret und sind als solche gekennzeichnet; neunundvierzig, allerdings bedeutend umfangreichere, steuerte Eckermann selbst bei.

Aufgrund des Prozesses, den Eckermann 1845 wegen vermeintlichen Betruges gegen den Verleger angestrengt hatte, lehnte Brockhaus den Verlag des dritten Teiles ab. Da auch das Landes-Industrie-Comptoir Weimar kein Interesse zeigte, das angebotene Projekt zu realisieren, schloß Eckermann einen Vertrag mit dem Magdeburger Verleger Heinrichshofen. Nach ihrem Erscheinen im April 1848 fand die Publikation kaum öffentliche Beachtung und Würdigung. Der Absatz blieb noch hinter dem der ersten zwei Teile zurück. Nur 850 Exemplare wurden in den ersten beiden Jahren verkauft.

50 Friedrich Preller (1804–1878): J. P. Eckermann.

1851. Bleistiftzeichnung, 24,8 × 19,3 cm. Goethe-Nationalmuseum, Inv. Nr.: Gr 116/1992.

»Eckermann war eine kräftige Erscheinung, eher klein als groß, von ungewöhnlicher Breite und energischen Bewegungen, die eine bedeutende Muskelkraft verrieten. Sein stets glattrasiertes Gesicht hatte jenen eigentümlichen kühnen Ausdruck, wie man ihn im nordwestlichen Deutschland so häufig findet, und wie er namentlich den Seeleuten so oft eigen ist. Seine Stirn war breit und klug, und wenn auch die kräftige gebogene Nase und die scharfen hellen Augen an einen Raubvogel erinnerten, ... so war doch im Mund und grade in den Augen jener offene, ehrliche und zugleich wohlwollende Zug und Ausdruck, der ... als ›bieder‹ bezeichnet werden kann. Glattes, ziemlich langes Haar ... deckte ohne eine Spur des Defizits den runden Kopf. Charakteristische Bestandteile seiner Toilette ... waren ein Cylinderhut, der etwas nach hinten getragen wurde, ein weißes, ziemlich hoch hinauf gebundenes Halstuch, ein dunkelblauer spanischer Radmantel, sogen. Leporellomantel, sehr derbe doppelsohlige Stiefel und ein Hakenstock von Bambusrohr.«

51 James Marshall (1838–1902): Porträt Karl Eckermann.

1855. Öl auf Leinwand, 87,5 × 70 cm. Herzogin Anna Amalia Bibliothek, Inv. Nr.: Ge 10/1981.

Unter widrigsten Lebensumständen mußte Eckermanns Sohn Karl (1834–1891) aufwachsen, nachdem nur wenige Wochen nach seiner Geburt am 26. März 1834 die Mutter verstorben war. Trotz aller Hindernisse setzte sich bei Karl ein Talent für die bildende Kunst durch, so daß ihn der Vater zu Friedrich Preller in die Lehre gab. James Marshall, ein Studienkollege, porträtierte Eckermann 1855, vermutlich als dieser nach dem Tode seines Vaters im Dezember des davorliegenden Jahres in Weimar weilte und mit der Auflösung des Haushaltes und der Ordnung des Nachlasses beschäftigt war.

Karl Eckermann bedeutete aus der Sicht seines Vaters die Erfüllung des eigenen Traums von künstlerischer Kreativität und deren Umsetzung in die Wirklichkeit. In seinem Malerdasein schloß sich der Weg zur Ausübung der Kunst in der Welt, letztlich sogar in der Rückkehr in die erträumte, angestammte Heimat. (C.J.)

Weimar July 11.
1851

J. P. Eckermann

51

2. Der Streit um die »blauen Schatten im Schnee«.[1]
Goethe und Eckermann sprechen über Naturwissenschaften

Von Egon Freitag

Die erstaunliche geistige Entwicklung und die Bildungsbeflissenheit des Autodidakten Johann Peter Eckermann zeigt sich besonders auf dem Gebiet der Farbenlehre. Als ihm Goethe am 19. Oktober 1823 zum erstenmal Farbexperimente vorführte, verstand Eckermann nichts davon, wie er ehrlich bekannte.[2]

Sieben Jahre später vertraute Goethe gerade ihm die künftige Edition seiner naturwissenschaftlichen Schriften an. Am 15. Februar 1829 hatte der Dichter ihm sogar den Plan zu einem Abriß der Farbenlehre unterbreitet: »›Werfen Sie sich auf die Natur‹, sagte er, ›Sie sind dafür geboren, und schreiben Sie zunächst ein Kompendium der Farbenlehre‹«[3], d. h. eine gekürzte, leichter verständliche Fassung. Dies hat er zwar nicht ausgeführt, doch glaubte Eckermann durch intensive Beobachtung selbst etwas entdeckt zu haben, worin vielleicht Goethe irrte. Am 19. Februar 1829 erkundigte sich dieser, ob Eckermann über seinen Vorschlag, ein Kompendium der Farbenlehre zu schreiben, weiter nachgedacht habe.

»Ich sagte ihm, wie es damit stehe und so gerieten wir unvermutet in eine Differenz, die ich bei der Wichtigkeit des Gegenstandes mitteilen will. Wer es beobachtet hat, wird sich erinnern, daß bei heiteren Wintertagen und Sonnenschein, die Schatten auf dem Schnee häufig blau gesehen werden. Dieses Phänomen bringt Goethe in seiner Farbenlehre unter die subjektiven Erscheinungen, indem er als Grundlage annimmt, daß das Sonnenlicht zu uns, die wir nicht auf den Gipfeln hoher Berge wohnen, nicht durchaus weiß, sondern, durch eine mehr oder weniger dunstreiche Atmosphäre dringend, in einem gelblichen Schein herabkomme; und daß also der Schnee, von der Sonne beschienen, nicht durchaus weiß, sondern eine gelblich tingierte Fläche sei, die das Auge zum Gegensatz und also zur Hervorbringung der blauen Farbe anreize…

Als ich nun in diesen Tagen die ersten Kapitel der Farbenlehre abermals betrachtete, um mich zu prüfen, ob es mir gelingen möchte, Goethes freundlicher Aufforderung nachzukommen und ein Kompendium seiner Farbenlehre zu schreiben, war ich, durch Schnee und Sonnenschein begünstigt, in dem Fall, ebengedachtes Phänomen des blauen Schattens abermals näher in Augenschein zu nehmen, wo ich denn zu einiger Überraschung fand, daß Goethes Ableitung auf einem Irrtum beruhe. Wie ich aber zu diesem Aperçü gelangte, will ich sagen.

Aus den Fenstern meines Wohnzimmers sehe ich grade gegen Süden, und zwar auf einen Garten, der durch ein Gebäude begrenzt wird, das, bei dem niederen Stande der Sonne im Winter, mir entgegen einen so großen Schatten wirft, daß er über die halbe Fläche des Gartens reicht.

Auf diese Schattenfläche im Schnee blickte ich nun vor einigen Tagen, bei völlig blauem Himmel und Sonnenschein, und war überrascht, die ganze Masse vollkommen blau zu sehen. … Um aber durchaus sicher zu gehen und zu verhindern, daß der blendende Schein der benachbarten Dächer nicht etwa mein Auge berühre, rollte ich einen Bogen Papier zusammen, und blickte durch solche Röhre auf die schattige Fläche, wo denn das Blau unverändert zu sehen blieb.

Daß dieser blaue Schatten also nichts Subjektives sein konnte, darüber blieb mir nun weiter kein Zweifel.«

Eckermann gelang es, das Rätsel aufzulösen, und er gab folgende Begründung:

»Was kann es sein, sagte ich zu mir selber, als der Widerschein des blauen Himmels, den der Schatten herablockt, und der Neigung hat, im Schatten sich anzusiedeln? …

Die folgenden Tage gewährten Gelegenheit, meine Hypothese wahrzumachen.«[4]

Eckermann hatte die Überzeugung gewonnen, »daß Goethes Ableitung des … Phänomens von der Natur nicht als wahr bestätiget werde, und daß seine diesen Gegenstand behandelnden Paragraphen der Farbenlehre einer Umarbeitung dringend bedürften«. »Etwas Ähnliches begegnete mir mit den farbigen Doppelschatten, die mit Hülfe eines Kerzenlichtes morgens früh bei Tagesanbruch, sowie abends in der ersten Dämmerung, desgleichen bei hellem Mondschein, besonders schön gesehen werden.«

Daß hierbei der vom Kerzenlicht erleuchtete gelbe Schatten »objektiver Art sei und in die Lehre von den trüben Mitteln gehöre«, habe Goethe gleichfalls nicht gesehen.[5] Nicht ohne Stolz bemerkte Eckermann: »Das Resultat meiner Beobachtungen ging demnach dahin, daß auch Goethes Lehre von den farbigen Doppelschatten nicht durchaus richtig sei, daß bei diesem Phänomen mehr Objektives einwirke als von ihm beobachtet worden, und daß das Gesetz der subjektiven Forderung dabei nur als etwas Sekundäres in Betracht komme. ... Das eigentlich Charakteristische solcher subjektiven Erscheinungen, daß nämlich das Auge zu ihrer Hervorbringung gewissermaßen einen mächtigen Reiz verlangt, ... ist bei den blauen Schatten im Schnee, sowie bei den farbigen Doppelschatten, von Goethe zu sehr außer Acht gelassen. ... Aber Goethe, bei seinem Festhalten am einmal erkannten Gesetzlichen, und bei seiner Maxime, es selbst in solchen Fällen vorauszusetzen, wo es sich zu verbergen scheine, konnte sehr leicht verführt werden, eine Synthese zu weit greifen zu lassen, und ein liebgewonnenes Gesetz auch da zu erblicken, wo ein ganz anderes wirkte.«[6]

In dem Gespräch am 19. Februar 1829 über das Kompendium der Farbenlehre hätte er seine Differenzen gern verschwiegen, denn er war verlegen, wie er »ihm die Wahrheit sagen sollte, ohne ihn zu verletzen«. Da es Goethe jedoch mit dem Kompendium wirklich ernst war, so mußten, ehe er »in dem Unternehmen sicher vorschreiten konnte, zuvor alle Irrtümer beseitigt und alle Mißverständnisse besprochen und gehoben sein«.

Die Differenz mit Goethe schilderte Eckermann folgendermaßen: »Es blieb mir daher nichts übrig, als voll Vertrauen ihm zu bekennen, daß ich nach sorgfältigen Beobachtungen mich in dem Fall befinde, in einigen Punkten von ihm abweichen zu müssen, indem ich sowohl seine Ableitung der blauen Schatten im Schnee, als auch seine Lehre von den farbigen Doppelschatten, nicht durchaus bestätiget finde. Ich trug ihm meine Beobachtungen und Gedanken über diese Punkte vor; allein da es mir nicht gegeben ist, Gegenstände im mündlichen Gespräch mit einiger Klarheit umständlich zu entwickeln, so beschränkte ich mich darauf, bloß die Resultate meines Gewahrwerdens hinzustellen, ohne in eine nähere Erörterung des Einzelnen einzugehen, die ich mir schriftlich vorbehielt.

Ich hatte aber kaum zu reden angefangen, als Goethes erhaben-heiteres Wesen sich verfinsterte, und ich nur zu deutlich sah, daß er meine Einwendungen nicht billige.

Freilich, sagte ich, wer gegen Euer Exzellenz Recht haben will, muß früh aufstehen; allein doch kann es sich fügen, daß der Mündige sich übereilt und der Unmündige es findet.

›Als ob Ihr es gefunden hättet!‹, spottete Goethe ironisch. ›Mit Eurer Idee des farbigen Lichtes gehört Ihr in das vierzehnte Jahrhundert, und im übrigen steckt Ihr in der tiefsten Dialektik. Das Einzige, was an Euch Gutes ist, besteht darin, daß Ihr wenigstens ehrlich genug seid, um grade herauszusagen, wie Ihr denkt.‹ – Etwas heiterer und milder fuhr er fort: ›Es geht mir mit meiner Farbenlehre ... gerade wie mit der christlichen Religion. Man glaubt eine Weile treue Schüler zu haben, und ehe man es sich versieht, weichen sie ab und bilden eine Sekte.‹ ... ›Sie sind ein Ketzer wie die anderen auch, denn Sie sind der erste nicht, der von mir abgewichen ist. Mit den trefflichsten Menschen bin ich wegen bestrittener Punkte in der Farbenlehre auseinander gekommen.‹«

Nach dem Essen trat Eckermann »zu ihm und drückte ihm die Hand, denn, wie er auch schalt, ich liebte ihn, und dann hatte ich das Gefühl, daß das Recht auf meiner Seite sei und daß er der leidende Teil sei«.

Als Eckermann Goethe beim Abschied mitteilte, daß er seine »Widersprüche zu besserer Prüfung schriftlich haben sollte und daß bloß die Ungeschicklichkeit« seines mündlichen Vortrages Schuld sei, daß er ihm nicht recht gebe, rief er ihm noch in der Tür »einiges von Ketzern und Ketzerei« nach. Diesen Gefühlsausbruch begründete Eckermann damit, daß Goethe »bei der Farbenlehre, diesem größten und schwierigsten aller seiner Werke, nichts als Tadel und Mißbilligung ... erfahren hatte«. Deshalb befand »er sich immer in einer Art von gereiztem kriegerischem Zustand und zu leidenschaftlicher Opposition stets gerüstet«.[7]

Am 20. Februar 1829 vermerkte Eckermann, Goethe habe »hinsichtlich der blauen Schatten im Schnee« etwas nachgegeben.[8] Goethe schätzte den Wert seiner Farbenlehre sehr hoch ein und stellte sie über seine dichterischen Leistungen, ja er glaubte auf diesem Gebiet allein die Wahrheit zu besitzen.[9]

Noch während des Druckes begann Carl Friedrich von Reinhard einzelne Abschnitte der »Farbenlehre« ins Französische zu übersetzen, doch die Resonanz darauf war sehr spärlich. Eckermann berichtete Goethe am 14. September 1830 aus Genf, daß man hier von der Existenz seiner »Farbenlehre« nichts wisse: »Übrigens findet man hier in Genf an einer so großen Sache auch nicht die Spur einer Teilnahme. Nicht allein, daß man auf hiesiger Bibliothek Ihre Farbenlehre nicht hat, ja man weiß nicht einmal, daß so etwas in der Welt ist. Hieran mögen nun die Deutschen mehr Schuld sein als die Genfer, allein es verdrießt mich doch und reizt mich zu schalkhaften Bemerkungen.« Doch eine Genfer Freundin, Espérance Sylvestre, deren Bekanntschaft Eckermann in Weimar gemacht hatte, als sie sich einige Zeit dort als Hofdame aufhielt, war »eine wißbegierige Schülerin«. Und in Genua hatte Charles James Sterling, Sohn eines englischen Konsuls, für Goethes Farbenlehre »ein großes Interesse gezeigt«: »Was ihm von Newtons Theorie überliefert worden, hat ihm nicht genügt, und so hatte er denn offene Ohren für die Grundzüge, die ich ihm von Ihrer Lehre in wiederholten Gesprächen habe geben können.«[10]

Aus einer interessanten Beobachtung in Genf hätte Eckermann zu gern einen Scherz für Passanten abgeleitet: Die durch Genf fließende Rhone »teilt sich in zwei Arme, über welche vier Brücken führen, auf denen hin- und hergehend« Eckermann die Farbe des Wassers beobachtete. Dabei stellte er fest, daß das Wasser des einen Flußarmes blau war, wie es bereits vor ihm Lord Byron bemerkt hatte, das Wasser des anderen Armes aber eine grüne Färbung zeigte. »Der Arm, wo das Wasser blau erscheint, ist reißender, und hat den Grund so tief gehöhlt, daß kein Licht hinabdringen kann und also unter vollkommene Finsternis herrscht. Das sehr klare Wasser wirkt als ein trübes Mittel und es entsteht ... das schönste Blau. Das Wasser des anderen Armes geht nicht so tief, das Licht erreicht noch den Grund, so daß man Steine sieht, und da es unten nicht finster genug ist, um blau zu werden, aber nicht flach und der Boden nicht rein, weiß und glänzend genug, um gelb zu sein, so bleibt die Farbe in der Mitte und manifestiert sich als grün.« Bei diesem Anblick kam Eckermann auf eine originelle Idee: »Wäre ich nun, wie Byron, zu tollen Streichen aufgelegt, und hätte ich die Mittel, sie auszuführen, so würde ich folgendes Experiment machen. Ich würde in dem grünen Arm der Rhone, in der Nähe der Brücke, wo täglich Tausende von Menschen passieren, ein großes schwarzes Brett oder so etwas, so tief befestigen lassen, daß ein reines Blau entstände, und nicht weit davon ein

großes Stück weißes glänzendes Blech, in solcher Tiefe des Wassers, daß im Schein der Sonne ein entschiedenes Gelb erglänzte. Wenn nun die Menschen vorbeigingen und in dem grünen Wasser den gelben und blauen Fleck erblickten, so würde ihnen das ein Rätsel sein, das sie neckte, und das sie nicht lösen könnten.« Diese Idee rechtfertigte der sonst nicht gerade humorvolle Eckermann mit den Worten: »Man kommt auf Reisen zu allerlei Späßen; dieser aber scheint mir zu den guten zu gehören, worin einiger Sinn vorhanden ist und einiger Nutzen sein könnte.«[11]

Am 20. Februar 1831 berichtete Eckermann, daß Goethe seine »Beobachtung über die blauen Schatten im Schnee, daß sie nämlich aus dem Widerschein des blauen Himmels entstehen, geprüft habe und für richtig anerkenne«.

»›Es kann jedoch beides zugleich wirken‹, sagte er, ›und die durch das gelbliche Licht erregte Forderung kann die blaue Erscheinung verstärken.‹ Ich gebe dieses vollkommen zu, und freue mich, daß Goethe mir endlich beistimmt.

›Es ärgert mich nur‹, sagte ich, ›daß ich meine Farbenbeobachtungen am Monterosa und Montblanc nicht an Ort und Stelle im Detail niedergeschrieben habe. Das Hauptresultat jedoch war, daß in einer Entfernung von achtzehn bis zwanzig Stunden, Mittags bei der hellesten Sonne, der Schnee gelb, ja rötlich gelb erschien, während die schneefreien dunklen Teile des Gebirgs im entschiedensten Blau herübersahen. Das Phänomen überraschte mich nicht, indem ich mir hätte vorhersagen können, daß die gehörige Masse von zwischenliegender Trübe dem, die Mittagssonne reflektierenden, weißen Schnee einen tiefgelben Ton geben würde; aber das Phänomen freute mich besonders aus dem Grunde, weil es die irrige Ansicht einiger Naturforscher, daß die Luft eine blaufärbende Eigenschaft besitze, so ganz entschieden widerlegt. Denn wäre die Luft in sich bläulich, so hätte eine Masse von zwanzig Stunden, wie sie zwischen mir und dem Monterosa lag, den Schnee müssen helblau oder weißbläulich durchscheinen lassen, aber nicht gelb und gelbrötlich.‹

›Die Beobachtung‹, sagte Goethe, ›ist von Bedeutung und widerlegt jenen Irrtum durchaus.‹«[12]

Aus dieser intensiven Beschäftigung mit der Farbenlehre wird besonders deutlich, welchen Kenntniszuwachs der Jüngere dadurch erfuhr und wie er sich an Goethe heranbildete. So wirkt Eckermanns Erklärung überzeugend: »Mein Verhältnis zu ihm war eigentümlicher Art und sehr zarter Natur. Es war das des Schülers zum Meister, das des Sohnes zum Vater, das des Bildungsbedürftigen zum Bildungsreichen.«[13]

Nach Goethes Tod gehörte Eckermann zu denen, die Goethe als Naturwissenschaftler würdigen, und zwar in einem Artikel für das Brockhaussche »Conversations-Lexikon der Gegenwart«.[14] Darin resümierte er das breite Spektrum seiner Interessen: »Das Licht und die Farbe, die Wolke in ihrer Bildung und Umbildung, das starre Felsgestein der Gebirge, das Erdreich der Täler und Flächen, das Heer der Pflanzen, die es bekleiden und schmücken, die Geschlechter der Tiere vom Löwen herab bis zur seidespinnenden Raupe, und endlich der Mensch mit seiner Kunst, seinen Taten und Leidenschaften, und dieses alles bis auf Jahrtausende rückwärts: ein solches Universum war lebenslänglicher Gegenstand seines Forschens, seines Wissens und seiner Darstellung.«[15]

Eckermann verteidigte Goethes naturwissenschaftliche Bemühungen und schrieb, daß sich dieser nicht nur »als großer Dichter ... in der deutschen Nation eine bleibende Wirkung gesichert« habe, sondern nicht weniger auch »als großer Naturforscher; doch mit dem Unterschiede, daß, wenn ihm als Dichter schon bei seinem ersten Auftreten eine enthusiastische Verehrung zuteil ward, er als Naturforscher anfänglich mit völliger Mißachtung zu kämpfen hatte, und ihm nur erst spät und erst in der neuesten Zeit eine allgemeinere Anerkennung zuteil geworden« sei. Vor allem nennt Eckermann »zwei große Wissenschaften, als deren eigentlicher Schöpfer« Goethe anzusehen sei, »nämlich die Farbenlehre und Morphologie, während er in seinen mineralogischen und geologischen Bestrebungen weniger produktiv war und sein konnte und mehr als Mitarbeiter und großer Opponent gegen herrschende Irrtümer zu betrachten« sei.[16]

Anmerkungen

1 Für fachliche Beratung und Begutachtung danke ich Frau Marie-Luise Kahler, Kustodin für Goethes naturwissenschaftliche Sammlung im Goethe-Nationalmuseum Weimar.
2 Gespräche, 19. Oktober 1823, S. 43.
3 Gespräche, 15. Februar 1829, S. 251 f.
4 Gespräche, 19. Februar 1829, S. 255 f.
5 Ebenda, S. 257.
6 Ebenda, S. 258 f.
7 Ebenda, S. 259 f.
8 Gespräche, 20. Februar 1829, S. 261.
9 Vgl. Gespräche, 19. Februar 1829, S. 261.
10 Gespräche, 14. September 1830, S. 339.
11 Ebenda, S. 339 f.
12 Gespräche, 20. Februar 1831, S. 363 f.
13 Gespräche, Vorrede zum 3. Teil, S. 411.
14 Eckermann, Aufsatz über Goethe. In: Conversations-Lexikon der Gegenwart, Bd. 2, Leipzig 1839, S. 463. Vgl. auch Gespräche, S. 741–746.
15 Ebenda.
16 Ebenda.

52 Eckermanns »Luftpflanze«.

Anthericum comosum sternbergianum (auch Chlorophytum), Sternbergsche Grünlilie. Synonym. Kolorierte Lithographie von F. v. Fieber nach Joseph Glatz, 43 × 26 cm. In: Monatsschrift der Gesellschaft der Freunde des vaterländischen Museums in Böhmen, 1828. Aus Goethes Bibliothek, Goethe-Nationalmuseum, Rupp. Kat. 503d.

Goethe hatte diese Pflanze Kaspar Graf von Sternberg nach Böhmen zum Bestimmen zugeschickt, der über sie dann in der »Monatsschrift der Gesellschaft der Freunde des vaterländischen Museums in Böhmen« berichtete. Wegen ihrer besonderen Eigenschaft, an den Blütenstempeln, am Schopf sozusagen, neue Pflanzen mit Wurzeln auszubilden, gab er der zu

52

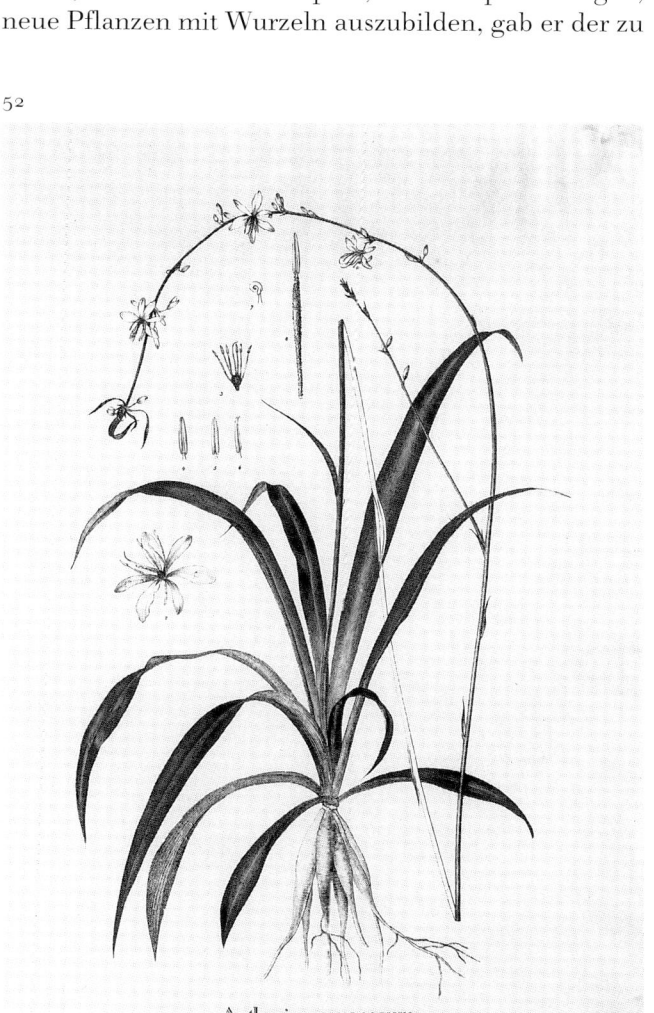

Anthericum comosum.

52

den Liliengewächsen gehörigen Gattung den Artnamen comosum (= schopfartig). Goethe nannte die sich bildenden Pflänzchen u. a. »Luftstolonen«. Daraus leitete Eckermann die Bezeichnung »Luftpflanze« ab. Am 21. Februar 1830 berichtete er:

»Mit Goethe zu Tisch. Er zeigt mir die Luftpflanze, die ich mit großem Interesse betrachte. Ich bemerke darin ein Bestreben, ihre Existenz so lange wie möglich fortzusetzen, ehe sie einem folgenden Individuum erlaubt, sich zu manifestieren …

Später, auf einem Spaziergange, kommt mir die Luftpflanze wieder vor die Seele, und ich habe den Gedanken, daß ein Wesen seine Existenz fortsetzt, so lange es geht, dann aber sich zusammennimmt, um wieder seinesgleichen hervorzubringen. Es erinnert mich dieses Naturgesetz an jene Legende, wo wir uns die Gottheit im Urbeginn der Dinge alleine denken, sodann aber den Sohn erschaffend, welcher ihr gleich ist.«

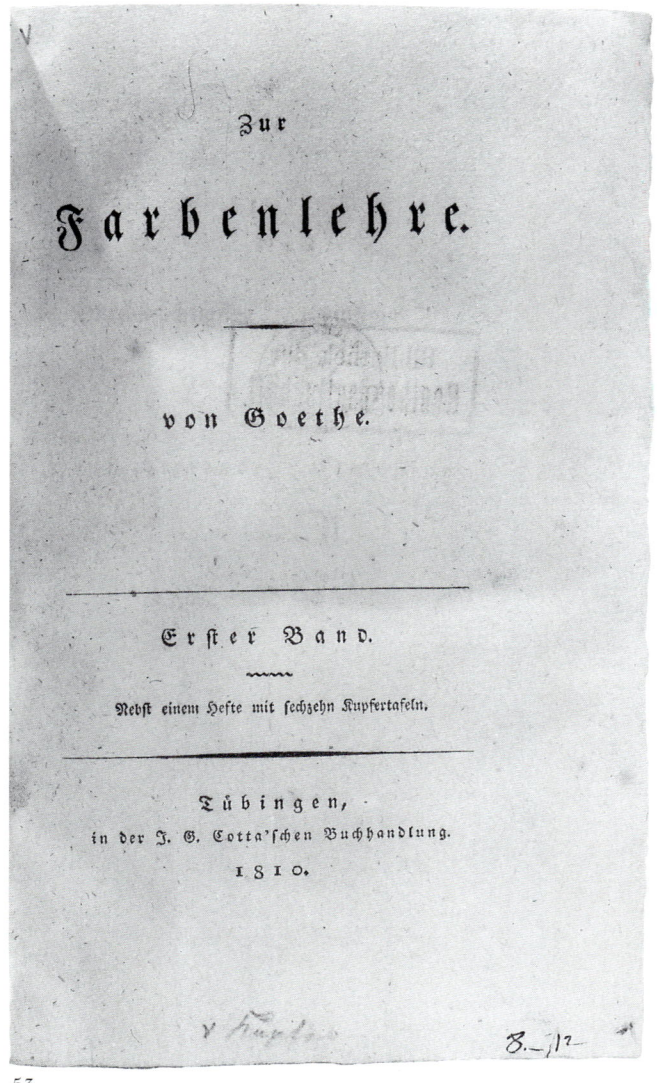

53

nicht ausgeführt, doch trug er während seiner Italienreise im Sommer 1830 mit zur Popularisierung der dort
völlig unbekannten Farbenlehre Goethes bei. So erläuterte Eckermann zum Beispiel in Genua Charles James
Sterling, dem Sohn eines englischen Konsuls, die
Grundzüge von Goethes Lehre.

　　Ende 1831 bis zu Beginn des Jahres 1832 redigierte
Goethe gemeinsam mit Eckermann den historischen
Teil der »Farbenlehre«. Auf Anregung des Dichters
bearbeitete Eckermann ein Kapitel über die Mischung
der Farben, das »in den theoretischen Band aufgenommen« werden sollte.

54 Mischkreisel.

Sogen. Dorl. Pappscheibe mit Farbsegmenten auf
handgeschmiedetem Nagel, Durchmesser 6,1 cm.
Aus Goethes naturwissenschaftlicher Sammlung
(Farbenlehre), Goethe-Nationalmuseum, Inv. Nr.:
GN 361 (F).

　　Ende April 1831 führten Goethe und Eckermann
gemeinsam Experimente zur Farbmischung durch.

53

53 Johann Wolfgang von Goethe: Zur Farben-
lehre.

Erster Band. Nebst einem Hefte mit sechzehn Kupfer-
tafeln. Tübingen, in der J. G. Cotta'schen Buchhandlung 1810. Titelblatt, aufgeschlagen. Herzogin Anna
Amalia Bibliothek, Sign.: V 588 a.

Tafel I zur Farbenlehre.

Mit dem sechsteiligen Farbenkreis. 1810. Kolorierte
Kupfertafel, 19,3 x 15,9 cm. Herzogin Anna Amalia
Bibliothek, Sign.: V 588 c.

　　Am 15. Februar 1829 hatte Goethe seinem Mitarbeiter Eckermann vorgeschlagen, »ein Kompendium der
Farbenlehre« zu schreiben. Diesen Plan hat er zwar

54

55

Auf der Rückreise aus Italien kam Eckermann am 27. September 1830 nach Straßburg.

»Hier, an dem Fenster eines Friseurs vorbeigehend, sah ich eine kleine Büste Napoleons, die, von der Straße zu gegen das Dunkel des Zimmers betrachtet, alle Abstufungen von Blau zeigte, vom milchigen Hellblau bis zum tiefen Violett. Ich hatte eine Ahnung, daß, vom Innern des Zimmers gegen das Licht angesehen, die Büste mir alle Abstufungen des Gelben gewähren würde, und so konnte ich einem augenblicklichen lebhaften Trieb nicht widerstehen, zu den mir ganz unbekannten Personen geradezu hineinzutreten.

Mein erster Blick war nach der Büste, wo mir denn die herrlichsten Farben der aktiven Seite, vom blassesten Gelb bis zum dunkeln Rubinrot, zu großer Freude

Goethe behandelte die Mischung von Farben im Abschnitt »Chemische Farben« der 3. Abteilung des »Didaktischen Teils« seiner »Farbenlehre« von 1810. Bei den Dorlversuchen handelte es sich um eine optische Mischung. Goethe bezeichnete sie als »scheinbare Mischung«.

Am 27. April vermerkte der Dichter im Tagebuch: »Mit Eckermann zu Tische, welcher die bunten Dorle brachte.« Am Tag darauf notierte er: »Mittag Dr. Eckermann. Verabredung wegen der Mischung des Hell und Dunkel der Farben durch Dorle.« Am 2. Mai wurden »nach Tische die Dorl-Versuche wiederholt und besprochen«. Die Arbeiten zur Farbenlehre wurden dann erst im Herbst 1831 fortgesetzt, wofür Eckermann ein Kapitel über die Farbenmischung beitragen sollte. Die letzten gemeinsamen Farbversuche mit den Dorlen unternahmen Goethe und Eckermann am 17. Februar 1832.

55 Flakon aus Opalglas mit einem Stöpsel in Form einer Napoleonbüste.
Geschenk von Eckermann an Goethe. 1830. Goethe-Nationalmuseum, Inv. Nr.: GN 88.

Der Dichter schätzte das Flakon außerordentlich als Demonstrationsobjekt für sein »Urphänomen«, das Erscheinen der Farben im trüben Mittel.

entgegenglänzten. Ich fragte lebhaft, ob man nicht geneigt sein wolle, mir dieses Brustbild des großen Helden zu überlassen? – Der Wirt erwiderte mir, daß er, aus gleicher Anhänglichkeit für den Kaiser, sich vor kurzem die Büste aus Paris mitgebracht habe; da jedoch meine Liebe die seinige noch um ein gutes Teil zu übertreffen scheine, wie er aus meiner enthusiastischen Freude schließe, so gebühre mir auch der Vorzug des Besitzes, und er wolle sie mir gerne überlassen.

In meinen Augen hatte dies gläserne Bild einen unschätzbaren Wert, und ich konnte daher nicht umhin, den guten Eigentümer mit einiger Verwunderung anzusehen, als er es für wenige Franken in meine Hände gab.

Ich schickte es ... als ein kleines Reisegeschenk an Goethe, der es denn nach Verdienst zu schätzen wußte.«

Goethe dankte Eckermann für diese willkommene »Reisegabe« und gab ihm zu verstehen, daß dessen Reaktion beim Anblick der Napoleon-Büste darauf hindeute, wie durchdrungen er »von dem herrlichen Urphänomen« sei, »welches hier in allen seinen Äußerungen« hervortrete. »Dieser Begriff, dieses Gefühl wird Sie mit seiner Fruchtbarkeit durch Ihr ganzes Leben begleiten, und sich noch auf manche produktive Weise bei Ihnen legitimieren.« Bei seiner Rückkehr nach Weimar werde Eckermann diese glänzende Napoleon-Büste »in der heftigen klaren Sonne stehen sehen, wo, unter dem ruhigen Blau des durchscheinenden Angesichts, die derbe Masse der Brust und der Epauletten von dem mächtigsten Rubinrot in allen Schattierungen auf- und abwärts leuchtet, und ... sich hier das trübe Glasbild in Farbenpracht manifestiert«: »Man sieht hier wirklich den Helden auch für die Farbenlehre sieghaft. Haben Sie den schönsten Dank für diese unerwartete Bekräftigung der mir so werten Lehre.«

Goethe hatte das Parfümfläschchen im Februar 1831 auf dem Schreibtisch an der Westseite seines Arbeitszimmers stehen, wie aus einem Brief an Carl Friedrich Zelter hervorgeht: »Eckermann, der als wahrhafter Ali durchdrungen ist von dem hohen Begriff, daß Licht und Dunkel im Trüben die Farben hervorbringen, hat mir eine kleine Büste Napoleons von Opalglas mitgebracht, die allein eine Reise um die Welt wert ist. Sie steht der aufgehenden Sonne entgegen: beim ersten Strahl derselben erklingt sie von allen allen, die sämtlichen Edelsteine.«

3. »So ist er vorzüglich Ursache, daß ich den Fausten fortsetze«.
Eckermann drängt zur Vollendung des »Faust«

Von Egon Freitag

Bis zu Eckermanns Eintreffen in Weimar war nur der Erste Teil der »Faust«-Dichtung ausgeführt und publiziert.[1] 1816 und 1820 hatte Goethe zwar über die Fortsetzung des Werkes und eine »zu wünschende Vollendung«[2] nachgedacht, erst Ende Februar 1825 jedoch nahm er die Arbeit daran wieder auf.[3]

Am 12. März 1826 vermerkte Goethe in seinem Tagebuch: »Abends Dr. Eckermann. Einiges im neuen Faust vorgelesen.«[4] Am 2. April las er »ihm ein Stück aus Helena vor«[5], ebenso am 23. April.[6] Am 5. Juni 1826 reiste Eckermann in seine hannoversche Heimat, um seine Verlobte Johanne Bertram wiederzusehen[7]. Von dieser Reise schrieb Eckermann am 22. Juni an Goethes Enkel »Wölfchen«: »Ich hoffe bei meiner Rückkunft die ›Helena‹ vollendet zu finden.«[8] Wieder wurde Goethe zur Vollendung seiner Tragödie gedrängt, an der er fast 60 Jahre lang – mit zahlreichen Unterbrechungen – arbeitete. Bereits Schiller hatte ihn während der letzten Arbeitsphase am ersten »Faust«-Teil dazu mit einer ähnlichen Aufforderung ermuntert: »Ich wünsche morgen von Ihnen zu hören, daß der ›Faust‹ vorgerückt ist.«[9]

Wie wichtig Schillers Drängen für Goethe gewesen war, erhellt der Umstand, daß der Dichter im Jahre 1790 »Faust. Ein Fragment« veröffentlicht und damit zunächst auf die Vollendung des Werkes verzichtet hatte. Wie seinerzeit Schiller die Vollendung des Ersten Teils bewirkt hatte, so beförderte nun Eckermann die Ausarbeitung des Zweiten Teils dieser Menschheitstragödie.

Als Eckermann aus dem Hannoverschen zurückkehrte, hatte sich seine Hoffnung erfüllt, denn Goethe überraschte seinen »geprüften Haus- und Seelenfreund«[10] mit der fertiggestellten Helena-Szene und versicherte ihm: »Ihrer Teilnahme kann ich doch verdanken, daß das Stück nun vollendet ist.«[11] Nachdem sich Eckermann am 14. Juli 1826 bei Goethe zurückgemeldet hatte, begann er sogleich, die fertiggestellte Szene zu lesen.[12] Goethe sprach mit ihm darüber, auch

bereits über »die Aufführbarkeit der Helena«.[13] Die Arbeit am Zweiten Teil des »Faust« wurde in den folgenden Jahren bestimmend, und wiederholt sprach Goethe vom »Hauptgeschäft«, »Hauptwerk« und »Hauptzweck«.[14] Mit Eckermann tauschte er sich dazu aus, der die neu entstandenen Szenen auch meist zuerst kennenlernte.[15]

»Heute nach Tisch las Goethe mir die erste Szene vom zweiten Akt des Faust. Der Eindruck war groß und verbreitete in meinem Innern ein hohes Glück. Wir sind wieder in Fausts Studierzimmer versetzt, und Mephistopheles findet noch alles am alten Platze, wie er es verlassen hat...

Goethe las die Szene bis zu Ende. Ich freute mich an der jugendlich produktiven Kraft, und wie alles so knapp beisammen war.«[16]

Am 15. Januar 1827 brachte Eckermann wieder »das Gespräch auf den Zweiten Teil des ›Faust‹, insbesondere auf die ›Klassische Walpurgisnacht‹, die nur noch in der Skizze dalag und wovon Goethe mir vor einiger Zeit gesagt hatte, daß er sie als Skizze wolle drucken lassen«: »Nun hatte ich mir vorgenommen, Goethen zu raten, dieses nicht zu tun, denn ich fürchtete, sie möchte, einmal gedruckt, für immer unausgeführt bleiben. Goethe mußte in der Zwischenzeit das bedacht haben, denn er kam mir sogleich entgegen, indem er sagte, daß er entschlossen sei, jene Skizze nicht drucken zu lassen. ›Das ist mir sehr lieb‹, sagte ich, ›denn nun habe ich doch die Hoffnung, daß Sie sie ausführen werden.‹«[17] Dagegen gab der Dichter die Helenaszene, also den 3. Akt des Zweiten Teiles, im Jahre 1827 in Druck.[18]

Am 24. Februar 1830 kam das Gespräch erneut auf diese Szene: »Goethe sagte mir..., daß er in die Erscheinung der Helena noch einen Zug hineingebracht, um ihre Schönheit zu erhöhen, welches durch eine Bemerkung von mir veranlaßt worden, und seinem Gefühl zur Ehre gereiche.«[19] Ein andermal bemerkte Goethe zu Eckermann, daß der Künstler der

Teilnahme und Anregung bedürfe, wenn etwas gelingen solle: »Ich verdanke Schillern die Achilleis und viele meiner Balladen, wozu er mich getrieben, und Sie können es sich zurechnen, wenn ich den zweiten Teil des Faust zustande bringe. Ich habe es Ihnen schon oft gesagt, aber ich muß es wiederholen, damit Sie es wissen.«[20]

Gegenüber Kanzler von Müller äußerte sich der Dichter lobend: »Eckermann versteht am besten, literarische Produktionen mir zu extorquieren durch den sensuellen Anteil, den er an dem bereits Geleisteten, bereits Begonnenen nimmt. So ist er vorzüglich Ursache, daß ich den Fausten fortsetze, daß die zwei ersten Akte des 2. Teils beinahe fertig sind.«[21] Am 14. April 1830 übergab Goethe Eckermann den »Faust«[22] und »rekapitulierte« vier Tage später mit ihm »die Klassische Walpurgisnacht«.[23]

Selbst während der Reise durch Italien, auf der Eckermann Goethes Sohn August begleitete, ließ der Dichter ihn an seinem Schaffensprozeß teilhaben. Ende Juni 1830 schrieb Goethe in einem Brief an seinen Sohn: »Wenn Eckermann bei so viel Lockungen und Verführungen noch beisammen und ein rückwärts blickender Mensch geblieben ist, so sag ihm: die Walpurgisnacht sei völlig abgeschlossen, und wegen des fernerhin und weiter Nötigen sei die beste Hoffnung.«[24]

Nachdem Eckermann im November 1830 von dieser Reise allein zurückgekehrt war – August von Goethe war am 27. Oktober in Rom gestorben –, erlitt der Dichter einen heftigen Blutsturz, wodurch er »nicht weit vom Tode war«.[25] Doch bald nach seiner Genesung setzte er seine Arbeit am »Hauptgeschäft« unvermindert fort, auch um sich von diesem Verlust abzulenken. Seine neuerlichen Gespräche mit Eckermann drehten sich auch wieder um den »Faust«, »das darin ihm Unbekannte wurde besprochen, die letzten Pinselzüge gebilligt«.[26]

Im folgenden Jahr 1831 hat Goethe »den Hauptzweck nicht außer Acht gelassen«[27], wobei er Eckermann wiederum »etwas frisch Produziertes lesen« ließ.[28]

Auch für Fausts kolonisatorische Tätigkeit, die Landgewinnung aus dem Meer, ist Eckermanns Einfluß nachweisbar: durch ihn, der die Gegend um Stade und Cuxhaven besucht hatte, erhielt Goethe ausführliche Kunde von den Sturmfluten und den Schutzdeichen an der deutschen Nordseeküste.[29]

Am 22. Juli 1831 hatte Goethe »das Hauptgeschäft zustande gebracht«.[30] Eckermann konnte notieren:

»Dieses Ziel, wonach er solange gestrebt, endlich erreicht zu haben, machte Goethe überaus glücklich. Mein ferneres Leben, sagte er, kann ich nunmehr als ein reines Geschenk ansehen, und es ist jetzt im Grunde ganz einerlei, ob und was ich noch etwa tue.«[31] Nicht ohne Stolz berichtete Eckermann später über seine Mitwirkung:

»Der zweite Teil von Goethes ›Faust‹ ist meistens zu einer Zeit geschrieben, in der ich selber in Weimar anwesend war und im täglichen Verkehr mit Goethe mich sehr wohl als Augenzeuge betrachten darf.

Die Periode des Niederschreibens dieser Dichtung fällt hauptsächlich in das Jahr 1823, in welchem ich nach Weimar kam, und setzt sich fort bis in den März 1832, wo der ›Faust‹ abgeschlossen dalag und Goethe ihn als vollendet ansehen konnte. Es war das letzte Werk, was Goethe geschrieben und das den Stempel der hohen Weisheit seines Alters trägt. Die Anfänge gehen noch bis zu Schillers Zeiten zurück und Goethe rühmte noch spät, daß ihm das Glück zuteil geworden, eine große Stelle der ›Helena‹ Schillern noch vorlesen zu können.«[32]

Die eigentliche Arbeit am Zweiten Teil des »Faust« dauerte sechs Jahre, vom Februar 1825 bis zum Juli 1831, und es war eine kreative Höchstleistung, wenn man bedenkt, daß sie Goethe zwischen dem 75. und 82. Jahr vollbrachte. Bereits während dieser Schaffensperiode dachte Eckermann an eine bühnengerechte Aufführung. So äußerte er zum Beispiel am 20. Dezember 1829: »Mir trat indes der ›Faust‹ wieder vor die Seele, und ich gedachte des Homunculus und wie man diese Figur auf der Bühne deutlich machen wolle. ›Wenn man auch das Persönchen selber nicht sähe‹, sagte ich, ›doch das Leuchtende in der Flasche müßte man sehen, und das Bedeutende, was er zu sagen hat, müßte doch so vorgetragen werden, wie es von einem Kinde nicht geschehen kann.‹« Auch über die Mummenschanz-Szene wurde gesprochen und wie diese »auf der Bühne zur Erscheinung zu bringen« sei. »Es wäre doch noch ein wenig mehr«, meinte Eckermann, »wie der Markt von Neapel.« Goethe wandte ein, daß es ein sehr großes Theater erfordern würde und »fast nicht denkbar« sei, doch Eckermann meinte zuversichtlich: »Ich hoffe es noch zu erleben.«[33]

Zwei Jahre nach Goethes Tod, im Jahre 1834, unternahm Eckermann eine Bühnenbearbeitung zum Zweiten Teil des »Faust« in drei Akten.[34] Diese Bearbeitung stellte den Anfang einer geplanten Faust-Trilogie dar, denn Eckermann wollte den Zweiten Teil der Tragödie an drei Abenden auf die Bühne bringen. Sie sollte folgendermaßen gegliedert sein: 1. Faust am Hofe des Kaisers, 2. Helena-Geschichte, 3. Fausts Tod.

Die von Eckermann ausgeführten Szenen umfassen nur den ersten Akt des zweiten »Faust«-Teils mit einer größeren Einschiebung, einem Gespräch zwischen Faust und Mephistopheles. Diese in geschickter Anlehnung an Goethes Dichtung von Eckermann hinzugefügte Szene schließt eine angebliche Lücke zwischen dem Faust-Monolog nach seinem von den Elfen bewachten Schlaf und seinem Erscheinen am Hofe des Kaisers. Eckermann läßt darin Faust seine Absicht bekunden, an diesem Schauplatz aufzutreten, und die Wege andeuten, auf denen er dorthin gelangen wollte.[35] Die knapp 2000 Verse des ersten Aktes von »Faust II«

hatte Eckermann in drei Teile gegliedert, deren zweiter den Mummenschanz umfaßt, während der erste und dritte die Partien vor und nach diesem Fest enthalten. Die Bearbeitung enthält wenig Änderungen und Zusätze, aber zahlreiche Auslassungen und ausführliche detaillierte Bühnenanweisungen. Inwieweit diese auf Goetheschen Intentionen beruhen und ob überhaupt, läßt sich nicht ermitteln.

Am 24. Juni 1856, zum Geburtstag von Großherzog Carl Alexander, gelangte Eckermanns Bearbeitung »Faust am Hofe des Kaisers« am Weimarer Hoftheater zur Aufführung.[36]

In den letzten Jahren seines Lebens beabsichtigte Eckermann, seine »Gespräche mit Goethe über den zweiten Teil des Faust« gesondert herauszugeben.[37]

Anmerkungen

1 Die Erstdrucke waren: Faust. Ein Fragment. Von Goethe. Echte Ausgabe, Leipzig, bei Georg Joachim Göschen 1790; Faust. Eine Tragödie von Goethe. Tübingen, in der J. G. Cotta'schen Buchhandlung 1808.

2 Goethe, Tagebuch, 16. Dezember 1816 (WA III, 5, S. 295) und 27. September 1820 (WA III, 7, S. 228).

3 Vgl. ebenda, 26.–28. Februar 1825. An fast allen Tagen im März bis Anfang April 1825 hat Goethe dann am »Faust« konzipiert und geschrieben. Vgl. WA III, 10, S. 23–39.

4 WA III, 10, S. 171.

5 WA III, 10, S. 180.

6 Vgl. WA III, 10, S. 185. Weitere Tagebuch-Eintragungen vom 14. Mai: »Dr. Eckermann, den ich den Anfang der Helena lesen ließ und mit ihm sprach.« (ebenda, S. 191) und vom 28. Mai: »Abends Dr. Eckermann, der Helena weiter las.« (ebenda, S. 197).

7 Eckermanns Verlobte hielt sich zu diesem Zeitpunkt bei ihrem Bruder in Bleckede auf, wohin Eckermann folgte. Von dort unternahm er mit ihr Ausflüge nach Hamburg und Stade.

8 Eckermann an Wolfgang von Goethe, 22. Juni 1826. Zitiert nach: Reise-Journal Herrn Doct. Eckermanns vom Jahr 1826, hg. von Anton Kippenberg, Leipzig 1941 (Schriften der Stadelmann-Gesellschaft, Bd. 21), S. 22 und 24. – Dieser Brief, den Eckermann in den Tagebuchaufzeichnungen unter dem 22. Juni 1826 vermerkt, ist nicht erhalten.

9 Schiller an Goethe, 4. Juli 1797. In: Schillers Werke. Nationalausgabe, Bd. 29, Weimar 1977, S. 95.

10 Goethe an Johann Jakob und Marianne von Willemer, 26. September 1830. In: WA IV, 47, S. 250.

11 Zitiert nach: Reise-Journal Herrn Doct. Eckermanns vom Jahr 1826 (Anm. 8), S. 24. Am 24. Juni 1826 hatte Goethe in seinem Tagebuch vermerkt: »Völliger Abschluß der Helena, durch Umschreiben einiger Bogen.« (WA III, 10, S. 208).

12 Vgl. Goethes Tagebuch-Eintragungen vom 16. Juli 1826: »Dr. Eckermann las die Helena hinaus.« (WA III, 10, S. 217), 30. Juli 1826: »Eckermann las in der Helena.« (WA III, 10, S. 223) und 3. August 1826: »Doktor Eckermann las die Helena zu Ende.« (WA III, 10, S. 225).

13 Goethe, Tagebuch, 12. August 1826 (WA III, 10, S. 229) und 22. September 1826 (ebenda, S. 247); ferner: 21. Dezember 1826 (ebenda, S. 284), 21. Mai 1827 (WA III, 11, S. 60), 1. Oktober 1827 (ebenda, S. 118) und 8. November 1827 (ebenda, S. 134).

14 Z. B. am 18. Mai, 25. Juli, 28. Juli, 30. Juli 1827 u. ö. (WA III, 11, S. 58, 90, 91, 92). – Am 26. November 1828 vermerkte Goethe: »Das Hauptgeschäft nicht aus [den] Augen gelassen.« (ebenda, S. 307).

15 So notierte Goethe z. B. am 18. November 1827 in sein Tagebuch »...vertraute ihm das Neuste vom Faust.« (WA III, 11, S. 138); ebenso am 6. Januar 1828 (ebenda, S. 160). – Auch mit Friedrich Wilhelm Riemer hat Goethe öfters über seine Arbeit am »Faust« gesprochen, und Zelter durfte während seines Besuches im Juli 1826 im »Faust«-Manuskript lesen.

16 Gespräche, 6. Dezember 1829, S. 295 f.

17 Ebenda, 15. Januar 1827, S. 161.

18 Helena – klassisch-romantische Phantasmagorie. Zwischenspiel zu Faust. (Zweiter Teil, 3. Akt). In: Goethes Werke. Vollständige Ausgabe letzter Hand, Bd. 4, Stuttgart und Tübingen 1827 (sogenannte »Taschenausgabe«), S. 229–307. – Die gleiche Szene erschien auch in der sogenannten »Oktavausgabe« von 1828 (S. 223–291).

19 Gespräche, 24. Februar 1830, S. 316.

20 Ebenda, 7. März 1830, S. 319.

21 Goethe zu Kanzler Friedrich von Müller, 8. Juni 1830. In: Kanzler von Müller, Unterhaltungen mit Goethe. Kleine Ausgabe, hg. von Ernst Grumach, Weimar 1959, S. 169.

22 Goethe, Tagebuch, 14. April 1830. In: WA III, 12, S. 226.

23 Goethe, Tagebuch, 18. April 1830. In: ebenda, S. 227.

24 Goethe an seinen Sohn August, 25. Juni 1830. In: WA IV, 47, S. 112.

25 Gespräche, 30. November 1830, S. 347. – Der Blutsturz ereignete sich in der Nacht zum 26. November 1830 und wiederholte sich am folgenden Abend (vgl. Goethe, Tagebuch, 25. und 26. November 1830. In: WA III, 12, S. 336).

26 Goethe, Tagebuch, 12. Dezember 1830. In: WA III, 12, S. 342.

27 Goethe, Tagebuch, 28. Juni 1831. In: WA III, 13, S. 101. – Vgl. auch Goethes Tagebuch-Eintragungen vom 29. Juni bis 11. Juli 1831 u.ö. (ebenda, S. 102–107).

28 Goethe, Tagebuch, 6. Juni 1831. In: ebenda, S. 86.

29 Vgl. dazu: Karl Lohmeyer, Das Meer und die Wolken in den beiden letzten Akten des ›Faust‹. In: Jahrbuch der Goethe-Gesellschaft 13/1927, S. 106–133; vgl. auch: Reinhard Buchwald, Führer durch Goethes Faustdichtung. Erklärung des Werkes und Geschichte seiner Entstehung, 4. neubearbeitete Aufl. Stuttgart 1955 (Kröners Taschenausgabe, Bd. 183), S. 311–313.

30 Goethe, Tagebuch, 22. Juli 1831. In: WA III, 13, S. 112.

31 Gespräche, 6. Juni 1831, S. 401.

32 Eckermann, Gespräche mit Goethe über den zweiten Teil des Faust. Einleitendes. In: Goethes Faust am Hofe des Kaisers. In drei Akten für die Bühne eingerichtet von Johann Peter Eckermann. Aus Eckermanns Nachlaß hg. von Friedrich Tewes, Berlin 1901, S. X. – An anderer Stelle rühmte sich Eckermann: »Es ist doch alles ... seit den sechs Jahren gemacht, die ich hier bin ...« (Gespräche, 17. Februar 1831, S. 361); vgl. auch: Goethes Faust, hg. von Georg Witkowski, Bd. 2: Kommentar und Erläuterungen, 4. verb. Aufl. Leipzig 1912, S. 99.

33 Gespräche, 20. Dezember 1829, S. 300f.

34 Vgl. Goethes Faust am Hofe des Kaisers (Anm. 32). Den Bearbeitungsplan faßte Eckermann am 24. Januar 1854 (ebenda, S. VI).

35 Diese Szene wurde zuerst 1881 veröffentlicht (vgl. Goethe-Jahrbuch 2/1881, S. 447–449).

36 Vgl. Goethes Faust am Hofe des Kaisers (Anm. 32), S. 128f. Diese Aufführung wurde lediglich einmal, am 28. September 1856, wiederholt. Vgl. Ein Faustregiebuch aus dem Nachlasse Johann Peter Eckermanns. In: Vossische Zeitung, Nr. 349, vom 28. Juli 1911 (der Autor ist mit »A.K.« bezeichnet).

37 Vgl. Goethes Faust am Hofe des Kaisers (Anm. 32), S. IX.

56a Josef Axmann (1793–1875) nach Johann Heinrich Ramberg (1763–1840): Illustration zu Faust I.

1. Blatt, Szene: Nacht. 1826. Geist: »Du gleichst dem Geist, den du begreifst, Nicht mir!« Kupferstich, 19,6 x 9,1 cm. Goethe-Nationalmuseum, Inv. Nr.: NE 30/1974a.

56b János Blaschke (1770–1833) nach Johann Heinrich Ramberg: Illustration zu Faust I.

2. Blatt, Szene: Studierzimmer I (Pudelbeschwörung). Um 1828. Faust: »Aber was muß ich sehen! Kann das natürlich geschehen?« Kupferstich, 13,5 x 9 cm. Goethe-Nationalmuseum, Inv. Nr.: NE 30/1974b.

56b

56c Wilhelm Jury (1763–1829) nach Johann Heinrich Ramberg: Illustration zu Faust I.

3. Blatt, Szene: Studierzimmer I (Faust und Mephistopheles). Um 1828. Mephistopheles: »...fanget an!« Kupferstich, 13,5 x 9 cm. Goethe-Nationalmuseum, Inv. Nr.: NE 562/1974.

Der Maler, Radierer und Zeichner Johann Heinrich Ramberg war im Jahre 1809 Mitbegründer des jährlich erscheinenden Taschenbuches »Minerva«. Für die Jahrgänge 1828 und 1829 schuf er Federzeichnungen zum Ersten Teil des »Faust«, die von verschiedenen Künstlern gestochen wurden. Ramberg, der zunächst von der künstlerischen Auffassung des Rokoko beeinflußt war, wandte sich in seinen späteren Werken einer klassizistisch-antikisierenden Malweise zu. Er gilt als bedeutender Illustrator der Weimarer Klassik und

56a

56c

3. Faust II. Rittersaal (Paris und Helena erscheinen vor Kaiser und Hof). 1836. Radierung (Umrißstich), 18,5 x 23 cm. Goethe-Nationalmuseum, Inv. Nr.: Gr 567/1982e.

4. Faust II. Klassische Walpurgisnacht: Pharsalische Felder. 1836. Radierung (Umrißstich), 18,5 x 23 cm. Goethe-Nationalmuseum, Inv. Nr.: Gr 567/1982f.

5. Faust II. Innerer Burghof (Faust und Helena auf dem Thron). 1836. Radierung (Umrißstich), 18,5 x 23 cm. Goethe-Nationalmuseum, Inv. Nr.: Gr 567/1982g.

6. Faust II. Arkadien. Schattiger Hain (Euphorion, Helena, Faust). 1836. Radierung (Umrißstich), 18,5 x 23 cm. Goethe-Nationalmuseum, Inv. Nr.: Gr 567/1982h.

57,3

57,4

schuf auch Arbeiten zu Werken von Wieland, Bürger, Iffland, Kleist und Clemens Brentano. In den Faust-Illustrationen zeigt sich auch Rambergs lebhafter Sinn für Ironie und eine teilweise burleske, noch dem Rokoko verhaftete Darstellungsweise, die zugleich Einflüsse der englischen Karikatur erkennen läßt. Zahlreiche Kupferstecher – unter ihnen Josef Axmann, János Blaschke und Wilhelm Jury – arbeiteten für ihn.

57 Friedrich August Moritz Retzsch (1779–1857): Illustrationen zu »Faust« I und II.

1. Faust I. Studierzimmer (Teufelspakt). 1816. Radierung (Umrißstich), 16 x 19 cm. Goethe-Nationalmuseum, Inv. Nr.: Gr 567/1982a. (Ohne Abbildung)

2. Faust I. Walpurgisnacht (Aufstieg zum Brocken). 1816. Radierung (Umrißstich), 16 x 20,5 cm. Goethe-Nationalmuseum, Inv. Nr.: Gr 567/1982b. (Ohne Abb.)

Der Maler, Zeichner und Illustrator Moritz Retzsch stach in der Zeit zwischen 1810 und 1815 29 Blätter zum Ersten Teil des »Faust« (1816 veröffentlicht) und Anfang der dreißiger Jahre 11 Blätter zum Zweiten Teil des »Faust«, die im Jahre 1836 publiziert wurden. Eckermann schätzte die Auffassung und Art der künstlerischen Wiedergabe hoch ein und schrieb der Weimarer Schauspielerin Auguste Kladzig: »Der Darstellung des Faust kommt es sehr zugute, daß die bildende Kunst dem Theater vorgearbeitet hat. Fast alle Szenen des Faust sind durch geschickte Maler dargestellt worden, wodurch denn das Körperliche der Hauptcharaktere sowie ihre Anzüge und der umgebende Ort und Hintergrund speziell und deutlich vor die Sinne gebracht ist, so daß vom Dekorationsmaler bis zum Theaterschneider niemand sich in Ungewißheit befin-

57,5

57,6

58

den kann, was er zu tun habe. Die Umrisse von Retzsch sind weltberühmt ... und vielleicht das Edelste und Sicherste, woran man sich zu halten hätte. Ich will suchen, sie zu bekommen und Sie Ihnen zur Ansicht senden.«

58 Johann Peter Eckermann: Faust am Hofe des Kaisers.
Theaterzettel der Erstaufführung am Weimarer Hoftheater vom 28. Oktober 1852. Herzogin Anna Amalia Bibliothek, Sign.: ZC 120.

Ende des Jahres 1833 begann Eckermann mit der Ausführung einer langgehegten Idee, der Bühnenbearbeitung von Goethes »Faust II«. Nach seinen Intentionen konnte der Zweite Teil der Tragödie »nur auf die Bühne gebracht werden, wenn man das umfangreiche Werk als Trilogie behandelt«. Die Bearbeitung des ersten Teils der Trilogie, drei Akte enthaltend, übergab er bis zum September 1834 an den Komponisten und Weimarer Musikdirektor Karl Eberwein: »Wenn wie zu erwarten, die Musik vollkommen gelingt, eine einsichtsvolle Regie wie kunstreiche Maschinisten … auch alle übrigen … in Anspruch genommenen Personen mit der Ausführung ihrer Teile nicht zurückbleiben, so kann etwas entstehen, was an Bedeutung und Wirkung auf keiner Bühne der Welt bis jetzt seines Gleichen hat.«

Doch der Weimarer Intendant von Spiegel bezeichnete Eckermanns Bühneneinrichtung als unbrauchbar und lehnte die Aufführung an seiner Bühne ab. Auch die Theater in Berlin, Dresden und Hamburg zeigten kein Interesse. Der Komponist sah daraufhin keine Veranlassung, die musikalische Umsetzung zu beschleunigen – erst im Juni 1845 meldete er ihren Abschluß.

Im Rahmen eines Festkonzertes anläßlich des fünfzigjährigen Dienstjubiläums von Karl Eberwein wurde der erste Akt der Bühnenbearbeitung »Faust am Hofe des Kaisers« am 23. Oktober 1852 endlich erstaufgeführt. Eine vollständige Aufführung des ersten Teils der Trilogie kam erst zwei Jahre nach Eckermanns Tod am 24. Juni 1856 zustande.

4. Kunstbetrachtungen in Goethes Haus

Von Viola Geyersbach

Kunstbetrachtungen als genußvolle Unterhaltung und Erkenntnisgewinn wurden in den mit Gegenständen der Kunst wohlausgestatteten Räumlichkeiten am Frauenplan oft gepflegt. Bis ins hohe Alter wußte der Kunstsammler und -kenner Goethe Besucher – auf Teilnahme und Anregung hoffend – für seine verschiedenen Teilsammlungen zu begeistern. Nach allgemeinen Unterhaltungen oder Tischgesellschaften öffnete der Hausherr die zahlreichen Portefeuilles und Schränke, um Zeichnungen, Kupferstiche, Majoliken, Münzen und Medaillen seinen Gästen zur geselligen und belehrenden Betrachtung vorzuweisen.[1] War Goethe »der Besitz nötig, um den richtigen Begriff der Objekte zu bekommen«[2], so bedurfte er gleichermaßen des Gesprächs, des Gedankenaustausches und »Ideenwechsels« mit Fremden und Bekannten. Kompetentester Gesprächspartner war der von Goethe hochgeschätzte Kunstgelehrte Johann Heinrich Meyer.

Doch auch auf dem Gebiet der Kunstgeschichte weniger kenntnisreiche Besucher zeigten Interesse und Freude an Goethes Sammlungen. Eckermann lernte am 2. Oktober 1823 den preußischen Staatsrat Christoph Friedrich Ludwig Schultz im Haus am Frauenplan kennen, als dieser »mit Betrachtung von Kunstwerken« beschäftigt war, und den Direktor der Berliner Singakademie, Carl Friedrich Zelter, fand er bei »Goethe sitzen und Kupferstiche italienischer Gegenden betrachten«. Junge Leute, die sich auf dem Gebiet der bildenden Kunst um »geziehmende Kenntnisse« bemühten, erfreuten Goethe von jeher, und er brachte ihnen Wohlwollen und Aufmerksamkeit entgegen. »Es ist immer gut, ja notwendig, eine solche Baumschule von Kunstfreunden zu erhalten«[3], äußerte er 1819. Mit Eckermann gewann Goethe einen äußerst kunstinteressierten Gesprächspartner, der neben Intelligenz und natürlichem Empfinden vor allem auch über zeichnerische Begabung und eine theoretische Vorbildung verfügte. Voraussetzungen, die Goethe zu schätzen wußte und auszubauen suchte. Die nach den Intentionen

des Kunstsammlers Goethe aufgebaute, auf Kunstgeschichte ausgerichtete, die wichtigsten Kunst- und Stilepochen umfassende Kunstsammlung bot hervorragende Voraussetzungen, Eckermann weiterreichende Einsichten und Erkenntnisse zu vermitteln. Sorgfältig wählte Goethe aus seinen Beständen. Nur »das in seiner Art durchaus Vollendete« zeigte er Eckermann, um daran »Interesse und Verdienst« der besten Künstler zu verdeutlichen. Am »Allervorzüglichsten« einer jeden Gattung schulte er Eckermanns Geschmack und half ihm damit, einen Maßstab für die allgemeine Kunstaneignung und -bewertung zu entwickeln.

In einer Vielzahl von Gesprächen wurden Kunstwerke ausführlich behandelt und im Zusammenhang damit ästhetische Grundsätze und Wirkungen, wie z.B. anhand der mehrfach erwähnten »Landschaft mit dem doppelten Schatten« von Peter Paul Rubens, erörtert und nachgewiesen.

Ausgangspunkt und Maxime ihrer gemeinsamen Kunstbetrachtungen war die Stellung der Künstlerpersönlichkeit in der Zeitgeschichte und damit verbunden eine Wertung des jeweiligen individuellen Talents und Vermögens. Ein weiteres wiederkehrendes Gesprächsthema war beispielsweise der Gebrauch der unterschiedlichen Techniken. Typische Merkmale wurden herausgestellt, man ging der Frage nach, inwieweit die gewählte Technik dem Beschauer die Intuition des Künstlers vermitteln könne, wie etwa bei der Gegenüberstellung von Kupferstich und Handzeichnung in der Unterhaltung vom 5. Juli 1827.

Vergleichende Kunstbetrachtungen schulten Eckermanns Fähigkeit, kunsttheoretische Zusammenhänge zu begreifen und sich eine historische Sichtweise anzueignen. Zuweilen zog Goethe dabei Künstlerlexika zu Rate, ohne jedoch kritiklos die vorgegebene – meist kaum individualisierende – Kommentierung zu übernehmen. So notierte Eckermann beispielsweise am 21. Dezember 1831, daß Goethe ihm eine Landschaft von Hermann van Svanefeld vorgelegt habe, daß sie danach in einem Künstlerlexikon nachschlugen und erfuhren, Svanefeld hätte seinen Meister Claude Lorrain nicht erreicht. »Diese Narren!« reagierte Goethe auf dieses Urteil, das mit seiner historischen Betrachtungsweise nicht übereinstimmte. Vorzugsweise betrachtete man Blätter aus der umfangreichen grafischen Sammlung – so Arbeiten von Nicolas Poussin, Hermann van Svanefeld, Peter Paul Rubens, Johann Heinrich Ramberg, Eugen Napoleon Neureuther – einschließlich der Handzeichnungen berühmter Meister. Aber auch andere Kunstgenres, wie geschnittene Steine, Medaillen, Plastiken, Malerei, insbesondere Landschaftsmalerei, waren für die Gesprächspartner gleichermaßen interessant und wurden ausführlich besprochen und erläutert. Einbezogen wurden nicht nur Goethes eigene Bestände, sondern auch Kunstwerke, die ihm zum Begutachten oder zum Kauf angeboten wurden. So besah man etwa am 22. Februar 1824 eine Folge von Kupferstichen der »Galerie de S. A. Mme. la Duchesse de Berry, École française. Peintres modernes«, die Goethe im zweiten Heft des fünften Bandes der von Eckermann redigierten Zeitschrift »Ueber Kunst und Alterthum« ankündigte.

Eckermann, der sein Verhältnis zu Goethe als »das des Schülers zum Meister …, das des Bildungsbedürftigen zum Bildungsreichen« bezeichnete, empfand die Erörterungen als geistigen Genuß und war für die Erweiterung seiner Kenntnisse dankbar. Er blieb weitestgehend der Zuhörer und Lernende, der zwar gezielte Fragen stellte und Schlußfolgerungen notierte, doch nur gelegentlich durch eigenes Gedankengut den Verlauf der Gespräche bestimmte. Zu den wenigen Ausnahmen gehörte die Unterhaltung vom 13. Februar 1831, in die Eckermann seine in den Gemäldegalerien Italiens gewonnenen Einsichten über die Persönlichkeit des Künstlers einbrachte.

Eckermann verdankte Goethe einen umfassenden Überblick über ein weites und vielfältiges Spektrum von Kunstwerken. Der »Meister« führte seinen »Schüler« von der bloßen Betrachtung und dem intuitiven Empfinden zur anschauenden Kenntnis und entwickelte in ihm die Fähigkeit, Kunstwerke unterschiedlicher Gattungen treffend zu beschreiben und Zusammenhänge zwischen Wesen und Wirkung der Kunst zu erkennen.

Später nutzte Eckermann seine Erfahrungen und sein erworbenes Wissen für eine im »Conversations-Lexikon der Gegenwart« (Leipzig 1839, Bd. 2, S. 463) veröffentlichte Würdigung des Kunstsammlers Goethe, die gleichzeitig ausweist, wie gut er Goethes Positionen erfaßt und sich dessen Gedankengut zu eigen gemacht hatte.

Anmerkungen

1 Vgl. Friedrich Wilhelm Riemer, Mitteilungen über Goethe. Auf Grund der Ausgabe von 1841 und des handschriftlichen Nachlasses hg. von Arthur Pollmer, Leipzig 1921, S. 197.

2 Vgl. Goethes Gespräche. Gesamtausgabe. Neu hg. von Flodoard Frh. von Biedermann, Leipzig 1909–1911, Bd. 2, S. 158.

3 Goethe an J. A. G. Weigel, 13. Oktober 1819. In: WA IV, 32, S. 69.

I. van Ruysdael invent.   *Begraef-plaets der Joden, buyten Amsteldam.*   A. Blotelingh fecit et exc. 1670

59

59 Abraham Blooteling (1640–1690) nach Jacob Isaackszoon Ruysdael (um 1625–1682): Jüdischer Begräbnisplatz bei Amsterdam.
1670. Kupferstich, 21,2 × 28,1 cm Blattgröße. *Bez. unten links:* »J. van Ruysdael invent.« *Blattmitte unten:* »Begraef-plaets der Joden, buyten Amsteldam.« *Unten rechts:* »A. Blotelingh fecit et exc. 1670«. Provenienz nicht ermittelt. Aus Goethes Kunstsammlung, Goethe-Nationalmuseum, Schuch. Kat. I, 183, 386a.

60 Johannes Lingelbach (?) (1622–1674): Seehafen.
1671. Feder und Pinsel in Grau. Vermutlich Kopie, 19,7 × 31,8 cm. *Bez. unten Mitte:* »LINGELBACH 1671«. Provenienz nicht ermittelt (Sammlerstempel u. l.). Aus Goethes Kunstsammlung, Goethe-Nationalmuseum, Schuch. Kat. I, 275, 434.

Nach Tisch sahen Goethe und Eckermann am 17. Februar 1830 »ein Portefeuille der niederländischen Schule« durch. In seinen Aufzeichnungen hielt Eckermann fest: »Ein Hafenstück, wo Männer auf der einen Seite frisches Wasser einnehmen und auf der andern Würfel auf einer Tonne spielen, gab Anlaß zu schönen Betrachtungen, wie das Reale vermieden, um der Wirkung der Kunst nicht zu schaden. Der Deckel der Tonne hat das Hauptlicht; die Würfel sind geworfen, wie man an den Geberden der Männer sieht, aber sie sind auf der Fläche des Deckels nicht gezeichnet, weil sie das Licht unterbrochen und also nachtheilig gewirkt haben würden. – Sodann die Studien von Ruysdael zu einem Kirchhof betrachtet, woraus man sah, welche Mühe sich ein solcher Meister gegeben.«

61 Claude le Lorrain Gellée (1600–1682): Der Hafen mit dem alten Turm.
1637. Radierung (vgl. Handzeichnung von 1637), 12,7 × 19,1 cm Plattenrand. *Bez.: links im Plattenrand Ziffer* »9«. Geschenk von J. Fr. Reiffenstein, 1788 (?). Aus Goethes Kunstsammlung, Goethe-Nationalmuseum, Schuch. Kat. I, 202, 80.

60

61

62

62   Claude le Lorrain Gellée: Pastorale mit ruhender Ziegenherde und Hirt unter Bäumen.

1663. Radierung, 16,8 × 22,5 cm Plattenrand. *Bez. unten links am Rand:* »Fc. 1663 A. G.« Geschenk von J. Fr. Reiffenstein, 1788 (?). Aus Goethes Kunstsammlung, Goethe-Nationalmuseum, Schuch. Kat. I, 202, 86.

In dem Band »Liber veritas« mit 200 getuschten Federzeichnungen Claude Lorrains sah Eckermann am 10. April 1829 erstmals Werke »von diesem großen Meister«.

»Der Eindruck war außerordentlich, und mein Erstaunen und Entzücken stieg, so wie ich ein folgendes und abermals ein folgendes Blatt umwendete. Die Gewalt der schattigen Massen hüben und drüben, nicht weniger das mächtige Sonnenlicht aus dem Hintergrunde hervor in der Luft und dessen Wiederglanz im Wasser, woraus denn immer die große Klarheit und Entschiedenheit des Eindrucks hervorging, empfand ich als stets wiederkehrende Kunstmaxime des großen Meisters. So auch hatte ich mit Freude zu bewundern, wie jedes Bild durch und durch eine kleine Welt für sich ausmachte, in der nichts existierte was nicht der herrschenden Stimmung gemäß war und sie beförderte. War es ein Seehafen mit ruhenden Schiffen, thätigen Fischern und dem Wasser angrenzenden Prachtgebäuden; war es eine einsame dürftige Hügelgegend mit naschenden Ziegen, kleinem Bach und Brücke, etwas Buschwerk und schattigem Baum, worunter ein ruhender Hirte die Schalmei bläst; oder war es eine tieferliegende Bruchgegend mit stagnierendem Wasser, das bei mächtiger Sommerwärme die Empfindung behaglicher Kühle giebt, immer war das Bild durch und durch nur Eins, nirgends die Spur von etwas Fremdem, das nicht zu diesem Element gehörte.

›Da sehen Sie einmal einen vollkommenen Menschen‹, sagte Goethe, ›der schön gedacht und empfunden hat, und in dessen Gemüth eine Welt lag, wie man sie nicht leicht irgendwo draußen antrifft. – Die Bilder haben die höchste Wahrheit, aber keine Spur von Wirklichkeit. Claude Lorrain kannte die reale Welt bis ins kleinste Detail auswendig und er gebrauchte sie als Mittel, um die Welt seiner schönen Seele auszudrükken. Und das ist eben die wahre Idealität, die sich realer Mittel so zu bedienen weiß, daß das erscheinende Wahre eine Täuschung hervorbringt, als sei es wirklich.«

63 Johann Heinrich Füßli (1741–1825): Zwei Männer an einem Seil vor einer Mauer.

Ungedeutete Szene, um 1780. Feder in Braun, über Bleistift, 12,7 x 9,1 cm. Vermutlich Geschenk des Künstlers. Aus Goethes Kunstsammlung, Goethe-Nationalmuseum, Schuch. Kat. I, 264, 318e.

64

63

Am Silvestertag 1823 wurde ein »Portefeuille mit Handzeichnungen« betrachtet, »unter denen besonders die Anfänge von Heinrich Füßli merkwürdig« erschienen.

64 Johann Heinrich Roos (1631–1685): Schafe.

Studienblatt, undatiert. Schwarze Kreide auf vergilbtem Papier, 30 x 20,7 cm. Provenienz nicht ermittelt. Aus Goethes Kunstsammlung, Goethe-Nationalmuseum, Schuch. Kat. I, 282, 514.

Am 26. Februar 1824 beschäftigten sich Eckermann und Goethe mit Arbeiten »des berühmten Tiermalers Roos«; »lauter Schafe, und diese Thiere in allen ihren Lagen und Zuständen«:

»Das Einfältige der Physiognomien, das Häßliche, Struppige der Haare, alles mit der äußersten Wahrheit, als wäre es die Natur selber.

›Mir wird immer bange‹, sagte Goethe, ›wenn ich diese Thiere ansehe. Das Beschränkte, Dumpfe, Träumende, Gähnende ihres Zustandes zieht mich in das Mitgefühl desselben hinein; man fürchtet zum Thier zu

65

werden, und möchte fast glauben, der Künstler sey selber eins gewesen. Auf jeden Fall bleibt es in hohem Grade erstaunenswürdig, wie er sich in die Seele dieser Geschöpfe hat hineindenken und hineinempfinden können, um den innern Character in der äußern Hülle mit solcher Wahrheit durchblicken zu lassen. Man sieht aber, was ein großes Talent machen kann, wenn es bey Gegenständen bleibt, die seiner Natur analog sind.‹

›Hat denn dieser Künstler‹, sagte ich, ›nicht auch Hunde, Katzen und Raubthiere mit einer ähnlichen Wahrheit gebildet? ja hat er, bey der großen Gabe sich in einen fremden Zustand hineinzufühlen, nicht auch menschliche Charactere mit einer gleichen Treue behandelt?‹

›Nein‹, sagte Goethe, ›alles das lag außer seinem Kreise; dagegen die frommen, grasfressenden Thiere, wie Schafe, Ziegen, Kühe und dergleichen, wird er nicht müde ewig zu wiederholen; dieß war seines

Talentes eigentliche Region, aus der er auch zeitlebens nicht herausging. Und daran that er wohl! Das Mitgefühl der Zustände dieser Thiere war ihm angeboren, die Kenntniß ihres Psychologischen war ihm gegeben, und so hatte er denn auch für deren Körperliches ein so glückliches Auge. Andere Geschöpfe dagegen waren ihm vielleicht nicht so durchsichtig, und es fehlte ihm daher zu deren Darstellung sowohl Beruf als Trieb.‹«

65 Schelte Adams Bolswert (1586–1659) nach Peter Paul Rubens (1577–1640): Ländliche Umgebung von Mecheln.
Undatiert. Aus der Folge der sechs großen Landschaften. 45,6 × 63,2 cm Blattgröße. *Bez. unten links:* »Pet. Paul Rubbens pinxit. S.a. Bolswert sculpsit.« *Unten rechts:* »Gillis Hendricx excudit Antuerpiae.« Provenienz nicht ermittelt. Aus Goethes Kunstsammlung, Goethe-Nationalmuseum, Schuch. Kat. I, 182, 370.

»Ich will Sie doch zum Nachtisch noch mit etwas Gutem tractieren«, leitete Goethe am 18. April 1827 eine Kunstbetrachtung ein, die in exemplarischer Weise Eckermanns produktive Aneignung eines Kunstwerkes unter Goethes Anleitung demonstriert. Nach Goethes Aufforderung beschrieb Eckermann zunächst das Bild exakt in all seinen Einzelheiten.

»›Gut‹, sagte Goethe, ›das wäre wohl alles. Aber die Hauptsache fehlt noch. Alle diese Dinge die wir dargestellt sehen, die Herde Schafe, der Wagen mit Heu, die Pferde, die nach Hause gehenden Feldarbeiter, von welcher Seite sind sie beleuchtet?‹

›Sie haben das Licht‹, sagte ich, ›auf der uns zugekehrten Seite und werfen die Schatten in das Bild hinein. Besonders die nach Hause gehenden Feldarbeiter im Vordergrunde sind sehr im Hellen, welches einen trefflichen Effect thut.‹

›Wodurch hat aber Rubens diese schöne Wirkung hervorgebracht?‹

›Dadurch‹, antwortete ich, ›daß er diese hellen Figuren auf einem dunklen Grunde erscheinen läßt.‹

›Aber dieser dunkele Grund‹, erwiderte Goethe, ›wodurch entsteht er?‹

66

›Es ist der mächtige Schatten‹, sagte ich, ›den die Baumgruppe den Figuren entgegen wirft.‹ – ›Aber wie?‹ fuhr ich mit Überraschung fort, ›die Figuren werfen den Schatten ins Bild hinein? Die Baumgruppe wirft dagegen den Schatten dem Beschauer entgegen? – Da haben wir ja das Licht von zwei entgegengesetzten Seiten, welches ja aber gegen alle Natur ist!‹ –

›Das ist eben der Punkt‹, erwiderte Goethe mit einigem Lächeln. ›Das ist es wodurch Rubens sich groß erweiset und an den Tag legt, daß er mit freiem Geiste über der Natur steht und sie seinen höheren Zwecken gemäß traktirt. Das doppelte Licht ist allerdings gewaltsam, und Sie können immerhin sagen, es sey gegen die Natur. – Allein wenn es gegen die Natur ist, so sage ich zugleich es sey höher als die Natur, so sage ich, es sey der kühne Griff des Meisters, wodurch er auf geniale Weise an den Tag legt, daß die Kunst der natürlichen Nothwendigkeit nicht durchaus unterworfen ist, sondern ihre eigenen Gesetze hat.‹

›Der Künstler‹, fuhr Goethe fort, ›muß freilich die Natur im Einzelnen treu und fromm nachbilden, er darf in dem Knochenbau und der Lage von Sehnen und Muskeln eines Thiers nichts willkürlich ändern, so daß dadurch der eigenthümliche Character verletzt würde. – Denn das hieße die Natur vernichten. – Allein in den höheren Regionen des künstlerischen Verfahrens, wodurch ein Bild zum eigentlichen Bilde wird, hat er ein freieres Spiel, und er darf hier sogar zu Fictionen schreiten, wie Rubens in dieser Landschaft mit dem doppelten Lichte gethan.‹«

66 Gerhard Wilhelm von Reutern (1794–1865): Kirchenruine bei Bacharach.

1828. Radierung, 17,3 x 14 cm Plattenrand, achteckig. *Sign. unten rechts:* »28 Nov 1828 G v R«. Provenienz: Geschenk des Künstlers, 1829. Aus Goethes Kunstsammlung, Goethe-Nationalmuseum, Schuch. Kat. I, 135, 308.

»Goethe zeigt uns abermals die Bilder von Herrn von Reutern«, notierte Eckermann unter dem 11. Februar 1829.

67 Jacques Firmin Beauvarlet (1731–1797) nach Charles André Van Loo (1705–1765): Spanische Konversation.

Undatiert. Kupferstich, 51 x 40 cm Blattgröße. *Bezeichnung:* »CONVERSATION ESPAGNOLE./Dessiné et

Gravé par J. Beauvarlet Graveur du Roy d'après le
Tableau peint/par Carle Vanloo Chevalier de L'ordre
du Roy et son premier Peintre/A Paris chez l'Auteur,
Rue du Petit Bourbon allemant la Foire St. Germain.«
Provenienz: Erworben durch J. A. G. Weigel, Leipzig,
1818. Aus Goethes Kunstsammlung, Goethe-Nationalmuseum, Schuch. Kat. I, 212, 180.

Die Vielseitigkeit seiner Kupferstichsammlung
demonstrierte Goethe an ausgewählten Beispielen, die
er mit erläuternden Hinweisen interpretierte. Unter
dem 26. Februar 1824 hielt Eckermann fest: »Dieses
Bild eines französischen Künstlers z. B. ist galant wie
kein anderes und daher ein Musterstück seiner Art.‹
Goethe reichte mir das Blatt und ich sah es mit Freu-
den. In einem reizenden Zimmer eines Sommerpalais,
wo man durch offene Fenster und Thüren die Aussicht
in den Garten hat, sieht man eine Gruppe der anmu-
thigsten Personen. Eine sitzende schöne Frau von etwa
dreißig Jahren hält ein Notenbuch, woraus sie so eben
gesungen zu haben scheint. Etwas tiefer, an ihrer Seite
sitzend, lehnt sich ein junges Mädchen von etwa fünf-
zehn. Rückwärts am offenen Fenster steht eine andere
junge Dame; sie hält eine Laute und scheint noch Töne
zu greifen. In diesem Augenblick ist ein junger Herr
hereingetreten, auf den die Blicke der Frauen sich
richten; er scheint die musikalische Unterhaltung
unterbrochen zu haben, und, indem er mit einer leichten Verbeugung vor ihnen steht, macht er den Eindruck, als sagte er entschuldigende Worte, die von den
Frauen mit Wohlgefallen gehört werden.«

67

68 Jan de Visscher (1636–1692) nach Adriaen van Ostade (1610–1684): Bauernfamilie zu Hause.

Undatiert. Kupferstich, 29,7 × 24 cm Blattgröße. *Bezeichnung:* »Siet ons werck met soetheyt spillen./In
schyn van zulcke wondere grillen./Doch honden echter
met de sin/Ons kidtje soet, en niet te min/Soo honden‹
wij ons slechte kuys/Voor't prachte von een prachtich
huys.« *Unten links:* »A. v. Ostade Pinxit. J. de Visscher
fecit.« *Unten rechts:* »Jan Cralinge excudit.« Provenienz nicht ermittelt. Aus Goethes Kunstsammlung,
Goethe-Nationalmuseum, Schuch. Kat. I, 175, 297.

Nach der Durchsicht eines Portefeuilles mit Handzeichnungen und Kupferstichen reichte Goethe Ecker-

mann am 4. Februar 1829 »einen schönen Stich nach
einem Gemälde von Ostade«: ›Hier‹, sagte er, ›haben
Sie die Scene zu unserm Good man und good wife.‹ –
Ich betrachtete das Blatt mit großer Freude. Ich sah das
Innere einer Bauernwohnung vorgestellt, wo Küche,
Wohn- und Schlafzimmer alles in Einem und nur ein
Raum war. Mann und Frau saßen sich nahe gegen-
über; die Frau spinnend, der Mann Garn windend, ein
Bube zu ihren Füßen. Im Hintergrunde sah man ein
Bette, so wie überall nur das allernothwendigste rohe
Hausgeräthe; die Thür ging unmittelbar ins Freye. Den
Begriff beschränkten ehelichen Glückes gab dieses
Blatt vollkommen; Zufriedenheit, Behagen und ein
gewisses Schwelgen in liebenden ehelichen Empfin-
dungen lag auf den Gesichtern vom Manne und der
Frau wie sie sich einander anblickten. Es wird einem
wohler zu Muthe, sagte ich, je länger man dieses Blatt
ansieht; es hat einen Reiz ganz eigener Art. ›Es ist der

Siet ons werck met soetheÿt snillen.　　　Doch houden echter met de sin
In schyn van zulcke wondere grillen.　　　Ons kindtje soet, en niet te min
　　　　　　　　　Soo houden wy ons slechte kluvs
　　　　　　　　　Voor 't prachte van een prachtich huys.

A. v. Ostade Pinxit
J. de Visscher Scut.

Jan Cralinge
excudit:

69

Reiz der Sinnlichkeit«, sagte Goethe, ›den keine Kunst entbehren kann; und der in Gegenständen solcher Art in seiner ganzen Fülle herrscht. Bey Darstellungen höherer Richtung dagegen, wo der Künstler ins Ideelle geht, ist es schwer, daß die gehörige Sinnlichkeit mitgehe, und daß er nicht trocken und kalt werde.‹«

69 Johann Heinrich Ramberg (1763–1840): Agamemnon und Klytaimnestra.
1790. Feder in Grau, 34.9 × 40,8 cm. Sign.: »JH Ramberg 1790«. Provenienz nicht ermittelt. Aus Goethes Kunstsammlung, Goethe-Nationalmuseum, Schuch. Kat. I, 280, 502.

In dem Gespräch am 28. Februar 1824 interessierte Eckermann die Meinung Goethes über die künstleri-

schen Qualitäten des von ihm geschätzten Malers Ramberg.

»Das ist freilich … ein höchst erfreuliches Talent, und zwar ein improvisierendes, das nicht seines Gleichen hat. Er verlangte einst in Dresden von mir eine Aufgabe. Ich gab ihm den Agamemnon, wie er, von Troja in seine Heimath zurückkehrend, vom Wagen steigt, und wie es ihm unheimlich wird, die Schwelle seines Hauses zu betreten. Sie werden zugeben, daß dieß ein Gegenstand der allerschwierigsten Sorte ist, der bey einem anderen Künstler die reiflichste Überlegung würde erfordert haben. Ich hatte aber kaum das Wort ausgesprochen, als Ramberg schon an zu zeichnen fing, und zwar mußte ich bewundern, wie er den Gegenstand sogleich richtig auffaßte. Ich kann nicht läugnen, ich möchte einige Blätter von Rambergs Hand besitzen.«

L'ENTRÉE DE HENRI IV À PARIS

70

70 François Pascal, Baron de Gérard (1770–1857): Der Einzug Heinrichs IV. in Paris am 22. März 1514.

1796. Kupferstich, 48,5 x 90,5 cm Plattenrand. *Bezeichnung links unten:* »1826« und Blindstempel: Palette mit Jahreszahl »1796«. *Auf dem unteren Plattenrand:* »F: Gérard, pins:t/L'ENTRÉE DE HENRI IV À PARIS/ Dédiée à Sa Majesté Charles X./Par son très humble & très obéissant serviteur P. Toschi. Impermé par Chardon fils.« Provenienz: Geschenk des Künstlers mit handschriftlicher Widmung in Bleistift: »Offert a Monsieur Goethe/comme un faible hommage de respect/et d'adoration F. Gerard.« über S. Boisserée, 1827. Aus Goethes Kunstsammlung, Goethe-Nationalmuseum, Schuch. Kat. I, 200, 58.

Im Deckenzimmer des Goetheschen Hauses bewunderte am 17. Januar 1827 die zu Tisch geladene Gesell-schaft den am 4. Januar als Geschenk des Künstlers eingetroffenen Kupferstich von Gérard. »Gehen Sie geschwind hin und nehmen Sie noch ein paar Augen voll, ehe die Suppe kommt«, forderte Goethe den zur Tafel erscheinenden Eckermann auf. »Ich tat nach seinem Wunsche und meiner Neigung; ich freute mich an dem Anblick des bewundernswürdigen Werkes, nicht weniger an der Unterschrift des Malers, wodurch er es Goethen als einen Beweis seiner Achtung zueignet. ... ›Nicht wahr‹, sagte Goethe, ›das ist etwas Großes! Man kann es tage- und wochenlang studieren, ehe man die reichen Gedanken und Vollkommenheiten alle herausfindet.‹«

In einem Brief an Carl Friedrich Zelter vom 9. Januar 1827 bezeichnete Goethe das »große Kupfer« als »Gipfel dessen was Malerey und Stichkunst in unsern Tagen vereinigt unternehmen und leisten«.

ZWEITER TEIL

Annäherungen an Eckermann

I.

Weimar-Verneinung und Weimar-Bejahung. Eckermann auf Reisen

Von Egon Freitag

Eckermanns Erfahrungswelt und Welterfahrung war keineswegs provinziell, sondern reichte von der Insel Helgoland bis nach Venedig, von Flandern und Brabant bis nach Dresden. Nicht Abenteuerlust und bloße Neugier oder die Suche nach Unterhaltung trieben ihn in die Ferne, sondern vor allem sein Drang nach Kenntniserweiterung und empirischer Naturbeobachtung.

Bereits als Knabe begleitete Eckermann seinen Vater, der einen Hausierhandel unterhielt, auf seinen Wanderungen durch die Lüneburger Heide und die Marsch. In dieser Naturfülle entkeimte die tiefe Liebe zu seiner Heimat, die ihm zeit seines Lebens teuer war. Später dachte er mit Freude an jene Jahre zurück: »Diese Zeit gehört zu den liebsten Erinnerungen meiner Jugend.«[1]

1813 bis 1814 zog er als Freiwilliger im Kielmanseggschen Jägerkorps gegen die bereits geschlagene und auf dem Rückzug befindliche Napoleonische Armee. Der Feldzug führte Eckermann durch Mecklenburg und Holstein sowie durch Flandern und Brabant, wo er »ganze Tage in Kirchen und Museen« zubrachte.[2] Nach seiner Rückkehr unternahm er ganz allein mitten im Winter 1815 bei tiefem Schnee eine fast vierzigstündige Fußwanderung von Winsen nach Hannover, um sich bei dem Maler Johann Heinrich Ramberg heranzubilden.

Anfang September 1819 reiste er nach Pyrmont, promenierte in der Wandelhalle des Brunnenhauses und labte sich an dem heilenden Mineralwasser. Auch das Schloß besichtigte er. Wanderungen und kleinere Ausflüge dienten Eckermann zur produktiven Zwiesprache mit der Natur. So bemerkte er, »daß eine schöne Gegend uns nur dann schön erscheint, wenn wir sie mit einem beruhigten. heitern Gemüt betrachten können«[3]. Als Student in Göttingen spazierte er »gern des Abends in den Kornfeldern die Gegend nach Hannover hin«, hörte »den Wachtelschlag« und gedachte seiner Geliebten.[4]

Größere Reisen sollten ihm Bildung und Belehrung vermitteln und seinen Wissensdurst stillen. Von einer Reise nach Dresden im September 1821 versprach er sich die »besten Folgen«, da er hoffte, dort in wenigen Tagen »von der Malerei und Bildhauerkunst der Alten so viele und gute Begriffe« zu erhalten wie in Göttingen »nicht in den ganzen 5 Jahren durch alles Studium«. »Wer nicht nach Italien gehen kann, dem ist Dresden einigermaßen Ersatz, denn er findet dort alles Bedeutende der Kunst konzentriert. – Die Dresdener Galerie hat außer echten Gemälden von Raphael auch 7 Original-Gemälde von Corregio ... Daß also diese Reise für mich von Wichtigkeit und von den besten Folgen sein würde, bedarf keines weiteren Beweises.«[5] Von einem Aufenthalt in dieser Kunstmetropole versprach er sich neue Ansichten und Gewinn für seine weiteren Lebenspläne. Unterwegs wollte er sein Trauerspiel »Graf Eduard« und sein Werk über Poesie völlig ausarbeiten, »und beides wird durch die Ansichten in Dresden äußerst gewinnen, ja es werden mir dort über beides vielleicht ganz neue Ideen aufgehen«[6]. Vom 9. bis 14. September 1821 weilte Eckermann am ersehnten Ort der Künste und hatte »in den 5 Tagen bereits alle Herrlichkeit Dresdens gesehen«. »Alle die Tage sind unter Gemälden und Antiken hingegangen. ... Ich bin zu den herrlichsten Ansichten gekommen, der Raphael alleine wäre die große Reise wert.«[7] Seinen Rückweg wählte Eckermann über Weimar, in der leisen Hoffnung, seinen Leitstern Goethe anzutreffen, doch dieser weilte zum Badeaufenthalt in Böhmen.

Um sich diesen sehnlichen Wunsch doch noch zu erfüllen, brach Eckermann Ende Mai 1823 von Göttingen auf und wanderte bei großer Hitze rund 150 Kilometer auf mühsamen Wegen durch das Werratal nach Weimar. Diese Reise hat sein Leben entscheidend verändert. Dabei lag es nicht in seiner Absicht, an den Ufern der Ilm zu bleiben. »Ich wollte vielmehr bloß Goethes persönliche Bekanntschaft machen und dann an den Rhein gehen, wo ich an einem passenden Ort

Friedrich Wilhelm Delkeskamp: Ansicht des Römerbergs mit der Nicolaikirche zu Frankfurt am Main. Goethe-Nationalmuseum. Eckermann besuchte Frankfurt mehrmals auf der Durchreise in seine hannoversche Heimat bzw. 1830 nach Italien.

längere Zeit zu verweilen gedachte. …Jener Vorsatz, den Rhein zu sehen, war indes in mir beständig wach geblieben, und damit ich nicht ferner den Stachel einer unbefriedigten Sehnsucht in mir tragen möchte, so riet Goethe selber dazu, einige Monate dieses Sommers [1824] auf einen Besuch jener Gegenden zu verwenden.«[8] Goethe verband damit jedoch den Wunsch, Eckermann möge anschließend nach Weimar zurückkehren, da »es nicht gut sei, kaum geknüpfte Verhältnisse wieder zu zerreißen«. Goethe hatte ihn dazu auserkoren, gemeinsam mit Riemer eine neue Ausgabe seiner Werke redaktionell zu betreuen.

Obwohl ihm der Abschied von Goethe schwer wurde, war Eckermann doch sehr glücklich, als ihn der Wagen

Ende Mai 1824 seiner lieben hannoverschen Heimat entgegenführte, nach der seine innigste Sehnsucht fortwährend gerichtet war.[9] Vor allem wollte er seine Verlobte Johanne Bertram wiedersehen. Bei ihr blieb er drei Wochen. Anschließend reiste er nach Frankfurt, wo es ihm »ganz außerordentlich« gefiel. Die Schiffe auf dem Main vermittelten ihm den Eindruck, als wäre er in Hamburg. Am 26. Juni 1824 berichtete er: »Es ist heute Markttag und die Straßen sind voller Menschen. Die Dienstmädchen, welche vom Markt kommen, tragen das gekaufte Gemüse in Körben auf dem Kopf.« Er sah »an beiden Seiten der Straße vor den Häusern so viel Gemüsekörbe, daß man kaum hindurch kommen kann. Erbsen, gelbe Wurzeln und Blumenkohl in großer Menge. Erdbeeren und Kirschen, unzählige Körbe in der schönsten Reife. Ganze Schiffsladungen von Kirschen gehen von hier an den Rhein hinunter bis Düsseldorf.«[10] Die weitere Reise führte Eckermann nach Heidelberg, Speyer, Neustadt, Mainz, Bieberich, Bingen, Koblenz, Bonn und Köln. Am 1. August 1824 kehrte er nach Weimar zurück.

Es folgten zwei weitere Jahre der Trennung von seinem geliebten Hannchen, in denen nur die Korrespondenz einigen Trost brachte. Als er einmal acht Wochen lang keinen Brief von ihr erhielt, meinte er, dieses Schweigen würde ihn »gänzlich unglücklich machen und ... zu aller Arbeit Lust und Ruhe nehmen«, wenn er »nicht durch Goethes gesteigerte Liebe einigen Ersatz, und in dem geistreich heiteren Umgang mit ihm einige Zerstreuung fände«.[11] Eckermanns Existenz in Weimar war keineswegs gesichert, so daß er an eine baldige Heirat und Familiengründung nicht

denken konnte. Verlockend erschien ihm deshalb das Angebot einer Archivarstelle in Hannover, doch Goethe riet ab, denn es würde ihm »da der Umgang geistreicher und gelehrter Männer fehlen ... und um ein besseres Glück abzuwarten«, sei Weimar »immer noch der beste Ort«.[12] Eckermann wägte das Für und Wider ab und schrieb seinem Hannchen am 18. August 1825: »Ich will also die Sache hier noch zwei, drei Monate ansehen ... und sehen, wie die Sachen in Hannover stehen. ... Wenn Goethe und einzelne höchst geistreiche Männer nicht meine Freunde und mein täglicher Umgang wären, und wenn ich hier nicht von allen Seiten die große Achtung genösse, ich möchte hier keinen Tag bleiben. Denn die hiesige Natur, die Stadt und das Volk bietet wenig Anziehendes. Du wirst es wissen, es war so das vorige Jahr in mir, daß ich von meiner Reise mit Widerwillen wieder hier herkam. Die Tage in dortiger Natur und in Deiner

Unbekannter Künstler: Stadtansicht von Hamburg. Goethe-Nationalmuseum.
Hamburg war für Eckermann stets ein beliebtes Reise- und Ausflugsziel.

VEDUTA DELLA FACCIATA E FIANCO DESTRO DEL DUOMO DI MILANO

Carolina Lose nach Federico Lose: Mailänder Dom. 1816. Goethe-Nationalmuseum.
In Mailand beeindruckten Eckermann die Bühnen der Stadt besonders stark.

Nähe machten mich höchst glücklich. Du weißt noch, wie ich mich freute und wie ich von der langentbehrten Schönheit der dortigen heimatlichen Natur gerührt war.«[13] Für immer in Weimar zu bleiben, diesen Gedanken mochte Eckermann sich doch nicht vorstellen. Die innere Zerrissenheit zwischen Weimar-Verneinung und Weimar-Bejahung spricht vor allem aus folgenden Zeilen an Hannchen vom 3. März 1826: »Zu den Festtagen kommen zu können, welche schon so nahe liegen, zweifle ich sehr, denn ich möchte die große Reise nicht gerne umsonst machen. ... Ob ich mich Ostern aus meinen Verhältnissen losreiße und

schnell auf einige Tage zu Dir komme und dann wieder zurückkomme und hier meine Sachen betreibe? Ob ich auf längere Zeit komme und dort meine Manuskripte der ›Gespräche‹ vollende? Ob ich zu Dir komme, – Dich dort heirate und Dich mit mir zurücknehme? Oder ob ich ganz und gar von hier abgehe und dort bleibe? Dieses alles geht mir im Kopfe herum, es wird sich aber wohl sehr bald aufklären und zu einer oder der anderen Entscheidung kommen.«[14]

    Im April 1826 unternahm Eckermann in Begleitung seiner Engländer, denen er Unterricht erteilte, eine Fahrt zur Leipziger Messe. Endlich, am 5. Juni, konnte er in seine hannoversche Heimat abreisen, um sein Hannchen wiederzusehen. Am 6. Juni besuchte Eckermann die Wartburg in Eisenach, doch er genoß bloß die schöne Aussicht. »Die Rüstkammer und Dr. Luthers Zimmer zu sehen, hatte ich kein Interesse.« Am folgenden Morgen, vor 6 Uhr ging die Reise weiter nach Kassel. Es »war kein eigentlicher Eilwagen, sondern eine zu einer Postkutsche eingerichtete Briefpost, und aus diesem Grunde noch schneller als der Eilwagen. ... An der Natur hatte ich zu bemerken, daß jetzt die schönste Zeit zum Reisen sei, indem der Roggen in jungen Ähren stehe und der Hafer und Gerste das übrige Erdreich mit jungem Grün bedecke.«[15]

Auf seinen Reisen und Wanderungen zeigte sich Eckermanns produktive Sicht auf die Natur, die ihm als Normativ seines Lebensgefühls galt. Diese Seelenverwandtschaft kennzeichnete er so: »Der höchste Grad des bewußten Sehens findet dann statt, wenn wir bei Erzeugnissen der Natur aus dem Charakter der Teile den Charakter des Ganzen finden, dergestalt, daß es sich unsern Augen als ein in sich abgeschlossenes, beseeltes, eigentümliches Wesen darstellet. Haben wir ein Erzeugnis der Natur so durchdrungen und seinen

Charakter, seine Seele, so erkannt, so können wir sagen, wir sehen es mit Bewußtsein.«[16]

Doch auf der Reise nach Hannover im Frühsommer 1826 bemerkte er zu seiner eigenen Überraschung, daß sich seine Sicht auf die Natur verändert hatte. Das Fluidum und die Aura Goethes sowie der Umgang mit anderen gelehrten Geistern in Weimar zeigten bereits ihre Wirkung. So schrieb Eckermann: »Übrigens bemerkte ich, daß durch die beiden Jahre in Weimar mein früheres Verhältnis zur Natur ein anderes geworden, und daß sie nicht mehr mit der früheren Herzlichkeit zu mir spreche. Wir fuhren durch die schönsten Gegenden, allein sobald man sieht, daß sich alles wiederholt, daß, wenn der und der Boden wiederkehrt, auch die und die Bäume und Pflanzen immer wieder da sind, so kann das auf die Länge nicht unterhalten. Ich bin jetzt mehr auf die Menschen und Kunstbestrebungen gerichtet als auf die Natur. Auch habe ich nicht mehr den früheren Hang zur Einsamkeit; ich verkehre jetzt gern und bequem mit Menschen.«[17]

Am 7. Juni erreichte Eckermann »das schöne Kassel«, wo er im »Gasthof zum Kronprinzen von Preußen« logierte.[18] Gegen Abend unternahm er mit einem

Georg Melchior Kraus: Ansicht von Maynz. 1795. Goethe-Nationalmuseum.
Eckermann besuchte die Stadt am Main im Sommer 1824.

Johann Ziegler nach Lorenz Janscha: Ansicht von Speyer. Um 1800. Goethe-Nationalmuseum.
Eckermann besuchte während seiner Rheinreise 1824 Speyer.

Reisegefährten einen Spaziergang durch die Stadt. Am nächsten Tag ging Eckermann zur Wilhelmshöhe, doch da sich ein Gewitter zusammenzog, kehrte er wieder um. Die Reise ging weiter über München und Göttingen, Northeim und Einbeck nach Hannover. Im »Postwagen reiset jeder Inkognito«, bemerkte er. »Jeder ist dem anderen ein Rätsel, das er zu lösen sucht.«[19] Eckermann freute sich über das Hornblasen. »Der Postillion des Beiwagens blies die zweite Stimme und beide trafen immer sehr gut zusammen. Der Jungfernkranz aus dem ›Freischütz‹ schien ihre Lieblingsmelodie zu sein. Und so wäre denn Weber popular genug, da ihn sogar die Postillione blasen.«[20]

Am 10. Juni erreichte er Hannover, doch sein Hannchen traf er dort nicht an, weil sie nach dem Tod ihrer Mutter bei ihrem Bruder in Bleckede wohnte, wohin ihr Eckermann folgte. Gemeinsam mit Hannchen unternahm er Ausflüge nach Hamburg und Stade. Hamburg hatte damals 130 000 Einwohner. In seinem Gedicht »Die Heimat« vermittelt Eckermann einen anschaulichen Eindruck von dieser Stadt:

»Dort Hamburg liegt vor meinem Blick verbreitet,
Ein Meer von Giebeln! Mit Türmen himmelan,
So weit man sieht, mit Dünsten überbreitet;
Aus vielen tausend Küchen steigt der Rauch,
Tee, Beefsteak liebt man wie in London auch.

Im lauten Hafen seh' ich Mast an Mast,
Und den Matrosen, der im Tauwerk klettert;
Vorüber gleitet jetzt ein Schiff in Hast,
Ein andres streifend, daß die Mannschaft wettert;
Der kecke Steurer aber sieht sich um,
Und tut, als scher' er sich den Teufel drum.

Grob ist das Schiffervolk, wie's wen'ge sind,
In Seegefahren kühn und unerschüttert;
Braun von der Sonne, stark von Regen und Wind,
Frisch wie die Meeresluft, die sie umwittert;
Gewandt, verwegen, sicher, frei und froh,
Bald rasch zu Werk, bald faul und immer roh.

Hier sieht man sie in Gondeln, auf Verdecken,
Engländer, Portugiesen und Franzosen,
Amerikaner, Schiffer von allen Ecken,
In runden Hüten, in Schuhn und Pluderhosen
Gestreift die Länge, hellrot oder blau;
Halstücher leicht geknüpft; – so ganz genau.

Die brachten Kaffee der Levante her;
Ihr Glück im Walfischfange machten die;
Aus Stürmen die von dem atlant'schen Meer
Mit Rum, Baumwolle, Zucker kehrten sie;
Die hatten Wein geladen von Bordeaux,
Madeira, Malaga und weiter so.

Und neben diesen Großen welch Gedränge
Von klein'ren Schiffen deutscher Nachbar-
    grenzen!
Noch naß von wind'ger See, allwo in Menge
Sie hatten Raum zu kühnen Fischertänzen.
Hier liegen friedlich bunt sie aneinander,
Ostfriesen, Blankeneser, Helgolander.

Sodann von offnen Ewern ganze Scharen,
Drin hochgeschichtet Eimer, Körbe, Fässer,
Mit täglichem Bedarf an frischen Waren
Für Hamburgs hundertdreißigtausend Esser;
Von Obst und Früchten Schiffe schwer zum
    Sinken,
Und frische Milch in Eimern, welche blinken.

Hier junges Hühnervolk, in Körben flatternd,
Dort Kälber, tief ein Schiff zum Rand erfüllend;
Langhälsige Gänse schreiend, Enten schnatternd,
Und dort am Strande schweres Mastvieh brüllend:
Das wandert allzumal in Hamburgs Küche,
Man wittert schon vom Braten die Gerüche.

Mit Strom und Ebbe seid ihr hergeschwommen,
Ihr Schiffe von Curslack und Neuengamme;
Ihr näheren Vierlander seid gekommen,
Und so auch ihr vom Wilhelmburger Damme.
Von Moorburg, Finkenwerder, Twielenfleth,
Ihr alle kommt, woher der Wind auch weht.

Vom Hafen nun stadteinwärts, welch ein Leben!
Welch drängendes Getöse, Rufen, Schreien!
Man fühlt bei jedem Schritte, daß man eben
In einer Seestadt ist, in einer freien.
Die Straßen sind zu eng bei dem Gedränge
Von solcher Käufer und Verkäufer Menge.

Die rufen Milch, die Schellfisch, jene frischen
Lebend'gen Stint, die Erdbeeren und Marellen;
Kohl, Blumenkohl, Radieschen und dazwischen
Aal, grüne Aal, daß dir die Ohren gellen.
Kreidweißen Sand, Bickbeeren, Elfbütt, Sturen,
Und würz'gen Honig aus der Heide Fluren.

Und durch dies wechselnd Schreien, dieses Bieten,
Der frachtbeladnen Karren schwer Geprassel,
In schmalen Gassen und in engen Twieten,
Und leichter Stadtkarossen hell Gerassel,
Tönt Lustgesang halbtrunkener Matrosen,
Und Glockenspiel von Petri Turm, dem großen.

Das drängt und treibt! – Hier lachende Gesichter,
Dort junge Herrn mit ernsten Kaufmannsmienen;
Arbeiter hier vom kräftigsten Gelichter,
Die schwer am Tag den Tagsbedarf verdienen;
Geputzte Jungfern, wert sie zu beachten,
Und muntres Landvolk in verschiednen Trachten.
…

Die Luft ist schwül in dieser Straße Enge,
Geschwängert mit unsäglichen Gerüchen;
Hier aus der Waren aufgehäufter Menge,
Dort strömen sie aus unterird'schen Küchen;
Aus Kellern und Tavernen dringt es hier,
Ein Dunstgemeng von Tabak, Rum und Bier.

Dann aus den Fleeten, bei verlaufner Flut,
Wenn warm entgegen dir die Lüfte streichen,
Vom Schlamm herauf, der in der Sonne ruht,
Erleidest du Gerüche sondergleichen;
Wie wenn sich Dünste widerwärtig mischen
Von Teer und Tran und halbverfaulten
    Fischen …«[21]

Von Hamburg aus besuchten Eckermann und Hannchen Stade, den durch wiederholte Sturmfluten unrühmlich bekannt gewordenen Hauptort des niederelbischen Überschwemmungsgebietes. Von »den dortigen Anschwemmungen, Eindeichungen« und »Ansiedelungen«[22] berichtete Eckermann nach seiner Rückkehr Goethe, der dies für Fausts kolonisatorische Tätigkeit, für seine geplante Landgewinnung aus dem Meer künstlerisch adaptierte.[23]

Die Reisen in seine norddeutsche Heimat waren das Medium seiner Sehnsüchte.

> »Des Schilfs, der Weiden Grün, das Weiß der
>   Segel,
> Der Wimpel Rot, das reine Blau der Luft;
> Hoch überhin das Schrein der Meeresvögel,
> Und unten her des Wassers eigner Duft;
> Des Sommers Glanz, die Lust nach allen Seiten,
> Sind Wonnen, die so heitre Fahrt begleiten.«[24]

Trotz des großen Glücksgefühls, das er in der geistigen Nähe Goethes genoß, bekannte er freimütig: »Die liebe zu meiner Heimat und ein sehnliches Verlangen, dahin zurückzukehren, war indes oft zu nicht geringer Qual in mir lebendig gewesen, allein ich suchte mich zu beschwichtigen, indem ich die Überzeugung in mir weckte, daß ich hier in besonderem Grade nützlich sei, und ich tröstete mich mit dem Wahlspruch: Wo ich wirke, ist mein Vaterland.«[25]

Von Weimar aus unternahm er zahlreiche Spazierfahrten mit Goethe, aber auch allein durchstreifte er gern das Thüringer Land. Über den Zweck solcher Ausflüge schrieb er zum Beispiel am 24. September 1828 aus Gotha: »Ich hatte diese kleine Fahrt absichtlich unternommen, um mich einmal zu besinnen; seit zwei Jahren war ich nicht aus Weimar gekommen und in der letzten Zeit in mannigfaltige Verwirrungen geraten, aus welchen durch ein klares Umherschauen mich zu befreien mir zum dringenden Bedürfnis geworden war.«[26]

Nach seiner großen Fußwanderung Anfang Juni 1823 von Göttingen nach Weimar hat er auch später zahlreiche Ausflüge auf Schusters Rappen, meist in die Umgebung Weimars, unternommen. Über diese Art des Reisens bemerkte er: »Das Eigentümliche alles Wanderlebens ist aber ja nichts anderes, als ein ewiges Sehen und Beobachten, als ein ruhiges Aufsichwirkenlassen und besonnenes Auffassen aller äußeren Erscheinungen und Begegnisse.«[27] Dabei beobachtete er gern seine gefiederten Freunde in Feld und Wald.

Bei Krankheit und Unpäßlichkeit suchte er Linderung und Heilung durch die Natur. So berichtete er am 13. Juli 1829 an Goethe: »Ich kann den heutigen Tag nicht beschließen, ohne Euer Exzellenz zu sagen, daß es anfängt, mir wieder etwas erträglich zu gehen. ...Die viele freie Luft und Bewegung machen mich produktiv, und so fühle ich denn, daß ich anfange, geistig und körperlich wieder zu genesen. ... Die Dörfer Grunstedt, Gaberndorf, Tröbsdorf, Ulla habe ich in den Nachmittagen dieser Woche zum Teil wiederholt besucht, morgen nachmittag gedenke ich nach Hopfgarten [zu gehen], denn meine Füße werden mit jedem Tage leichter.«[28]

Die weiteste Reise seines Lebens konnte Eckermann im Frühjahr 1830 als Begleiter von Goethes Sohn August antreten. Bereits 1828 hatte Eckermann im Zusammenhang mit der redaktionellen Arbeit für die »Ausgabe letzter Hand« Kenntnis von Goethes »Italienischer Reise« erhalten. Am 8. Oktober 1828 wurde Goethe von Professor Göttling besucht, der »von seiner italienischen Reise ganz frisch zurückgekehrt« war. Eckermann berichtet: »Ich hatte große Freude ihn wieder zu sehen und zog ihn an ein Fenster, daß er mir erzählen möchte. ›Nach Rom! sagte er, nach Rom müssen Sie, um etwas zu werden! Das ist eine Stadt! das ist ein Leben! das ist eine Welt! – Alles was in unserer Natur Kleines ist, kann in Deutschland nicht herausgebracht werden. Aber sobald wir in Rom eintreten, geht eine Umwandlung mit uns vor und wir fühlen uns groß wie die Umgebung.‹«[29] Am 22. April 1830 begann die Reise, die über Frankfurt, Basel und Genf führte. Etwa am 10. Mai erreichten die beiden Reisegefährten Mailand, wo Eckermann das Marionetten-Theater besuchte. Die Scala war wegen Reparaturarbeiten geschlossen. Im Juni waren sie in Venedig. Für den Hütejungen und Kätnersohn aus Winsen war es ein überwältigendes Bildungserlebnis. An die Verlobte im fernen Northeim schrieb er: »Übrigens bin ich in dem schönen Lande Italien sehr glücklich und lerne und sehe täglich viel Großes und Neues. Ich habe mir keinen Begriff gemacht, wie viel Gutes hier für mich wäre, und sehe jeden Tag, daß ich durchaus herkommen mußte, um meine Kultur in gewissem Sinne zu vollenden und mich zu beruhigen. ...Von dieser großen Stadt Venedig, die mitten im Wasser am Meere liegt, könnte ich Dir viel erzählen, allein ich wüßte nicht, wo ich anfangen und wo ich endigen sollte, so viel wäre zu sagen. Willst Du aber mich auf meiner Reise begleiten, so nimm eine gute Reisebeschrei-

Regatta in volta del Canal Grande ‖ Course de barques au tour du Grand Canal

A. Lazzari: Venedig – Canalé Grande. Goethe-Nationalmuseum. Eckermann besuchte 1830 Venedig.

bung von Italien, die Du gewiß in Northeim finden wirst und lies über alle die Städte nach, wo Du weißt, daß ich gehe. ... Ich bin oft Italienerinnen begegnet, die Dir ein wenig ähnlich sahen, sie sind fast alle schön und die Männer noch mehr. ... Es sind hier über 50 Kirchen und fast in jeder vortreffliche Gemälde großer Meister. Ich bin oft ganz müde von vielem sehen. Es sind 7 Theater hier, aber nur in dreien wird jetzt gespielt.«[30]

Am 25. Juli 1830 nahm Eckermann von August von Goethe Abschied und verließ Italien. Er sollte den Reisegefährten nicht wiedersehen. August von Goethe starb am 26. Oktober in Rom und wurde an der Cestius-Pyramide beigesetzt. Auf der Rückreise nach Deutschland blieb Eckermann noch einige Tage in

Genf und schrieb am 12. September 1830 einen bedeutungsschweren Brief an Goethe. Dieser habe »oft im Scherz gesagt, daß das Fortreisen eine recht gute Sache sei, wenn nur das Wiederkommen nicht wäre«. Eckermann findet dies zu seiner Qual bestätigt, denn er ist an einem Scheideweg seines Lebens angekommen und weiß nicht, welchen Weg er einschlagen soll. Sein Italien-Aufenthalt war »nicht ohne große Wirkung« für ihn geblieben, denn »eine reiche Natur hat mit ihren Wundern zu mir gesprochen und mich gefragt, wie weit ich denn gekommen, um solche Sprache zu vernehmen«.[31] Auch hier, unter südlicher Sonne, galt ihm die Natur als Normativ seines Lebensgefühls, der er sich im Gefühl einer Seelenverwandtschaft hingab. Hier in der reichen Vegetation Italiens begann er über

Johann Ziegler nach Lorenz Janscha: Ansicht der Churkölnischen Residenzstadt Bonn. Um 1800. Goethe-Nationalmuseum.
Eckermann besuchte im Sommer 1824 die Stadt.

sein bisheriges Leben nachzudenken. Er war jetzt 38 Jahre alt und zog eine erste Bilanz seines Selbstfindungsprozesses. Deutlich fühlte er den Widerspruch seines Lebens zwischen Anspruch und Können, zwischen Leistung und Versagen. Was hatte er bisher erreicht? Gewiß, ihm war der Sprung vom Leben des einfachen Volkes in ein Zentrum bürgerlicher Kultur, in die Nähe geistiger Größe gelungen, doch sein eigenes Schaffen war doch nur Kreativität aus zweiter Hand. Dies wurde ihm schmerzlich bewußt: »Große Werke der Menschen, große Tätigkeiten, haben mich angeregt und mich auf meine eigenen Hände blicken lassen, um zu sehen, was denn ich selbst vermöge. Existenzen tausendfacher Art haben mich berührt und mich gefragt, wie denn die meinige beschaffen. Und so

sind drei große Bedürfnisse in mir lebendig: Mein Wissen zu vermehren, meine Existenz zu verbessern, und, daß beides möglich sei, vor allen Dingen etwas zu tun.« Was das Tun betrifft, so liege ihm seit langem ein Werk am Herzen, mit dem er sich seit Jahren in freien Stunden beschäftigt habe. »Es sind dies jene Gespräche über große Maximen in allen Fächern des Wissens und der Kunst, sowie Aufschlüsse über höhere menschliche Interessen, Werke des Geistes und vorzügliche Personen des Jahrhunderts, wozu sich im Laufe der sechs Jahre, die ich in Ihrer Nähe zu sein das Glück hatte, die häufigsten Anlässe fanden. Es sind diese Gespräche für mich ein Fundament von unendlicher Kultur geworden, und wie ich im höchsten Grade beglückt war, sie zu hören und in mich aufzunehmen,

so wollte ich auch anderen Guten dieses Glück berei-
ten, indem ich sie niederschrieb und sie der besseren
Menschheit bewahrte.«³²

Als Eckermann nach dem Besuch in Venedig
erkrankt war, hatte er an die in Weimar zurückgelasse-
nen und Soret zur Aufbewahrung anvertrauten
Gesprächsaufzeichnungen gedacht. Höchst beunru-
higt über das Schicksal dieser apostrophierten Manuskripte, die »häufig nur mit der Bleifeder geschrieben«
waren, teilweise undeutlich und nicht ausformuliert,
spürte er das dringende Verlangen nach diesen Papieren. Eine Besessenheit, wie sie vor allem kreativen
Künstlern, Schriftstellern und Gelehrten eigen ist,
erfaßte ihn, so daß er darüber sogar Neapel und Rom
aufgab: »Die Freude, Neapel und Rom zu sehen,
verschwand, und eine Sehnsucht ergriff mich, nach
Deutschland zurückzukehren, um. von allem zurückgezogen, einsam, jenes Manuskript zu vollenden.«³³
Man beachte die prononcierte Formulierung: »einsam« und »von allem zurückgezogen«, also auch von
Goethe. Es war das lange unterdrückte bzw. verdrängte
Verlangen nach schriftstellerischer Arbeit, das während der Italienreise bei Eckermann neu entflammte.
An Goethe schreibt er:

»Ich wollte [Sie] ferner ersuchen, ob es mir nicht
vergönnt sein wolle, jenes Manuskript, das mir so sehr
am Herzen liegt, von Weimar entfernt, in stiller
Zurückgezogenheit zu vollenden; indem ich nicht eher
völlig frei und froh zu werden glaube, als bis ich Ihnen
jenes lange gehegte Werk in deutlicher Reinschrift,
geheftet, zur Genehmigung der Publikation vorlegen
könne.

Nun aber erhalte ich Briefe aus Weimar, woraus ich
sehe, daß meine baldige Zurückkunft erwartet wird,
und daß man die Absicht hat, mir eine Stelle zu geben.
Solches Wohlwollen habe ich zwar mit Dank zu erkennen, allein es durchkreuzt meine jetzigen Pläne, und
bringt mich in einen wunderlichen Zwiespalt mit mir
selber.«³⁴

Welchen Weg sollte, welchen würde Eckermann
einschlagen? Sollte er weiter ein freier, aber auch
unbesoldeter Mitarbeiter Goethes bleiben, unter stän-
diger Hintansetzung eigener schöpferischer Arbeit und
Selbstentfaltung – oder den Beruf eines freien Schriftstellers wählen, die »Gespräche mit Goethe« publizieren und sich davon Erfolg erhoffen, dabei immer
eingedenk der Maxime, daß die Kunst nach Brot gehe,
wie er es bereits in jungen Jahren von Ramberg in
Hannover gehört hatte?

So überlegte er: »Käme ich jetzt nach Weimar
zurück, so wäre an eine schnelle Vollendung meiner
nächsten literarischen Vorsätze gar nicht zu denken.
Ich käme dort sogleich wieder in die alte Zerstreuung;
ich wäre in der kleinen Stadt, wo einer dem andern auf
dem Halse liegt, sogleich wieder von verschiedenen
kleinen Verhältnissen hin und hergezerrt, die mich
zerstören, ohne mir und andern entschieden zu nutzen.
– Zwar enthält sie viel Gutes und Treffliches, das ich
seit lange[m] geliebt habe und das ich ewig lieben
werde; denke ich aber daran zurück, so ist es mir, als
sähe ich vor den Toren der Stadt einen Engel mit einem
feurigen Schwert, um mir den Eingang zu wehren und
mich davon hinwegzutreiben.«³⁵

Hier, am Scheideweg, schweifte sein Blick auf sein
bisheriges Leben zurück, das »höchst bunt und ver-
schieden« verlaufen sei; »blicke ich aber tiefer, so sehe
ich ... einen gewissen einfachen Zug eines höheren
Hinaufstrebens hindurchgehen, so daß es mir denn
auch gelungen ist, von Stufe zu Stufe mich zu veredeln
und zu verbessern. ... – Eine Stelle anzunehmen, ist
mit meinen so lange zurückgedrängten literarischen
Zwecken jetzt nicht zu vereinigen. Stunden an junge
Engländer zu geben, ist nicht ferner meine Absicht. Ich
habe die Sprache gewonnen, und das ist alles, was mir
fehlte und worüber ich nun froh bin. Ich verkenne nicht
das Gute, das mir aus dem langen Verkehr mit den
jungen Fremdlingen erwachsen ist, allein jedes Ding
hat seine Zeit und seinen Wechsel.« Überdies sei »das
mündliche Lehren und Wirken gar nicht« seine Sache,
»das schriftliche Entwickeln« seiner Gedanken dagegen seine eigentliche Lust und sein eigentliches Leben.
Zugespitzt heißt es:

»Ich halte jeden Tag für verloren, an dem ich nicht
einige Stellen geschrieben habe, die mir Freude
machen. Meine ganze Natur drängt mich jetzt, aus mir
selber heraus auf einen größeren Kreis zu wirken, in
der Literatur Einfluß zu gewinnen, und zu weiterem
Glück mir endlich einigen Namen zu machen.

Zwar ist der literarische Ruhm, an sich betrachtet,
kaum der Mühe wert; ja, ich habe gesehen, daß er
etwas sehr Lästiges und Störendes sein kann; allein
doch hat er das Gute, daß er den Tätig-Strebenden
gewahr werden läßt, daß seine Wirkungen einen
Boden gefunden, und dies ist ein Gefühl göttlicher Art,
welches erhebt und Gedanken und Kräfte gibt, wozu
man sonst nicht gekommen wäre.

Wenn man sich dagegen zu lange in engen kleinen
Verhältnissen herumdrückt, so leidet der Geist und

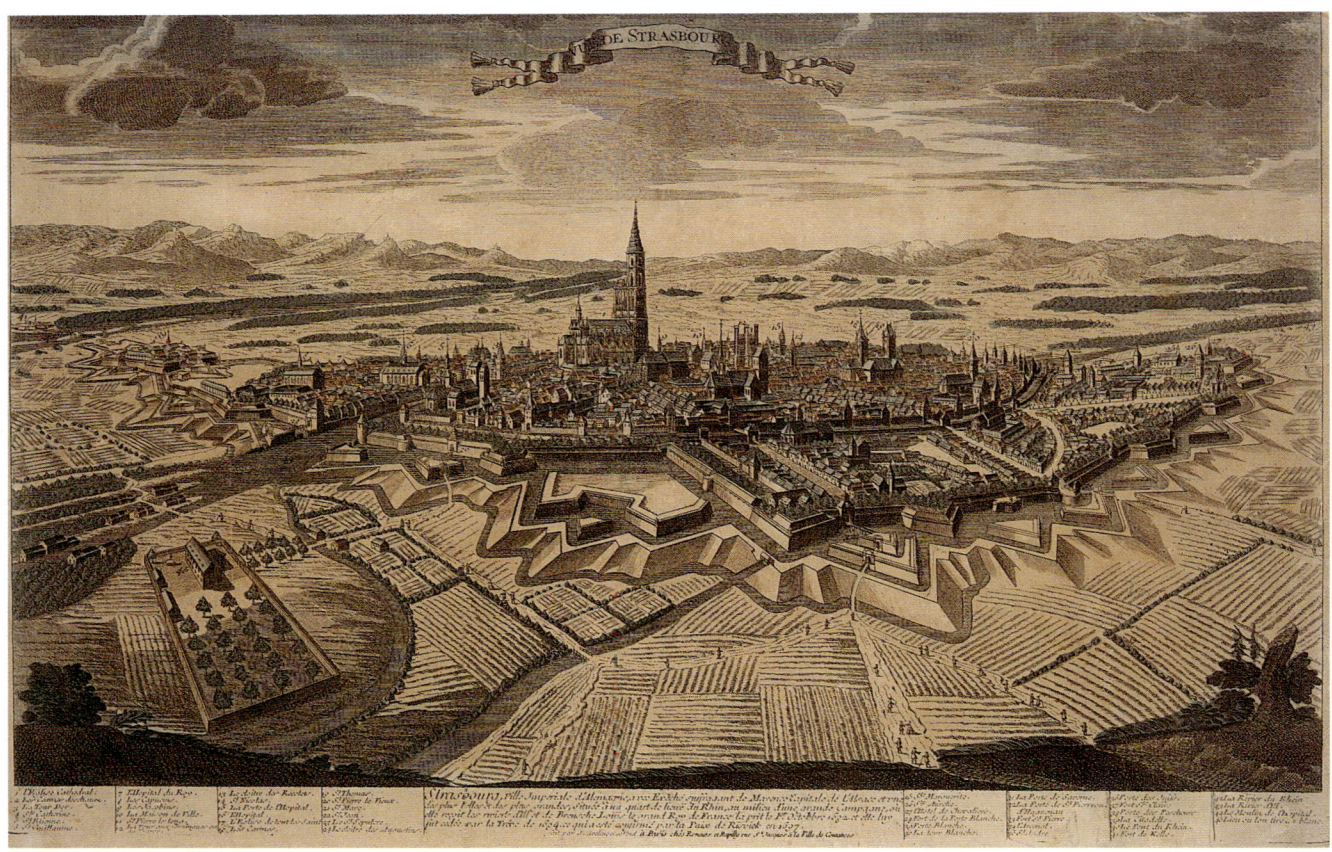

Vend nach A. Avoline: Vue de Strasbourg. Goethe-Nationalmuseum.
Die Rückreise aus Italien führte Eckermann im September 1830 über Straßburg.

Charakter, man wird zuletzt großer Dinge unfähig, und hat Mühe, sich zu erheben.«[36]

»Ich möchte einige Monate in stiller Zurückgezogenheit, bei meiner Geliebten und deren Verwandten in der Nähe von Göttingen, mich dieser Sache [der Ausarbeitung der Gespräche mit Goethe – E.F.] widmen, damit ich, von einer alten Bürde mich befreiend, zu künftigen neuen mich wieder geneigt und bereit machte. Mein Leben ist seit einigen Jahren in Stocken geraten, und ich möchte gern, daß es noch einmal einigen frischen Kurs bekäme.«

Eckermann klagte über eine labile Gesundheit und bekundete, daß er als sein Lebensziel gern etwas Gutes zurücklassen möchte, das seinen »Namen in dem Andenken der Menschen eine Weile erhielte«. Am Schlusse dieses inhaltsschweren Briefes schrieb Eckermann erleichtert: »Ich bin nun froh, daß ich diese schwere Beichte von der Seele habe…«[37]

Zwei Tage später teilte er Goethe mit: »Seitdem ich den langen Brief von vorgestern von der Seele habe, fühle ich mich heiter und frei, wie nicht seit Jahren, und ich möchte immer schreiben und reden. Es ist mir wirklich das höchste Bedürfnis, mich wenigstens vorderhand von Weimar entfernt zu halten; ich hoffe, daß Sie es billigen, und sehe schon die Zeit, wo Sie sagen werden, daß ich recht getan.«[38]

Goethe lenkte ein und ließ seinen Mitarbeiter wissen, daß er nichts dagegen einzuwenden hätte, wenn er für einige Zeit nach Northeim gehen und sich »in stiller Zeit mit dem Manuskripte beschäftigen« wolle. Zugleich wies er jedoch ausdrücklich darauf hin, daß er »keine baldige Publikation desselben wünsche, es aber gern mit« ihm »durchgehen und rektifizieren möchte«. Und er fügte beschwichtigend hinzu: »Es wird seinen Wert erhöhen, wenn ich bezeugen kann, daß es ganz in meinem Sinne aufgefaßt sei.«[39]

Resignierend klagte Eckermann: »Die baldige Herausgabe meiner Konversationen hatte Goethe nicht gebilligt, und somit war denn an eine erfolgreiche Eröffnung einer rein literarischen Laufbahn nicht mehr zu denken.«[40]

Inzwischen hatte Eckermann ein Schreiben von Soret erhalten mit dem Angebot eines fixen Gehaltes von seiten der Großherzogin, wenn er zurückkomme und seinen Unterricht für Erbprinz Carl Alexander fortsetze. So ließ Eckermann schließlich die Gelegenheit, aus dem Magnetfeld Weimar loszukommen, verstreichen. Diese Gesinneswandlung liest sich bei ihm so: »Der Mensch denkt und Gott lenkt, und ehe man eine Hand umwendet, sind unsere Zustände und Wünsche anders, als wir es vorausdachten. – Vor einigen Wochen hatte ich eine gewisse Furcht, nach Weimar zurückzukehren, und jetzt stehen die Sachen so, daß ich nicht allein bald und gerne zurückkomme, sondern auch mit Gedanken umgehe, mich dort häuslich einzurichten und für immer zu befestigen.«[41]

Seine drei großen Bedürfnisse: sein »Wissen zu vermehren«, seine »Existenz zu verbessern, und, daß beides möglich sei, vor allen Dingen etwas zu tun«, blieben seine ganz persönliche Lebensaufgabe, die Maxime seiner Lebensbewältigung. Während sich ersteres im Umgang mit Goethe und anderen Persönlichkeiten erfüllte, hatte er mit der Existenzsicherung nur geringen Erfolg, und die von ihm erwünschte Tätigkeit blieb der Dienst an Goethe als Mitarbeiter an dessen Gesamtausgabe, als Hüter und Nachlaßverwalter seines riesigen Gesamtwerkes.

Eckermanns Reisen, ob zu Fuß, per Kutsche, mit dem Segel- oder Dampfschiff, dienten nicht nur der Kenntniserweiterung und Naturbeobachtung, sondern auch der Selbstbesinnung. Seine schöpferische Rastlosigkeit und seine Sehnsucht nach Anerkennung erhielten auf Reisen neue Nahrung:

»Mich trieb mein Stern voll Unruh weit umher,
Von Weisen lernt' ich, war am Fürstenthrone;
Ich stand am Po, am mittelländ'schen Meer,
Am See Venedigs, trank die Flut der Rhone;
Ich sah den Rhein, die Maas, der Nordsee Welle, –
Du flossest ruhig fort an kleiner Stelle.«[42]

Anmerkungen

1 Gespräche, S. 12.

2 Ebenda, S. 15.

3 Eckermann an Johanne Bertram, 5. September 1819. In: Tewes, Bd. 1, S. 8.

4 Eckermann an Johanne Bertram, 31. Mai 1821. In: ebenda, S. 13.

5 Eckermann an Johanne Bertram, 26. August 1821. In: ebenda, S. 16.

6 Ebenda, S. 17.

7 Eckermann an Johanne Bertram, 13. September 1821. In: ebenda, S. 19.

8 Gespräche, 6. Mai 1824, S. 92 f.

9 Gespräche, 26. Mai 1824, S. 441.

10 Eckermann an Johanne Bertram, 26. Juni 1824. In: Tewes, Bd. 1, S. 32 f.

11 Eckermann an Johanne Bertram, 13. August 1824. In: ebenda, S. 37.

12 Eckermann an Johanne Bertram, 18. August 1825. In: ebenda, S. 47.

13 Ebenda, S. 47 f.

14 Eckermann an Johanne Bertram, 3. März 1826. In: ebenda, S. 56.

15 Reise-Journal Herrn Doct. Eckermanns vom Jahr 1826, hg. von Anton Kippenberg, Leipzig 1941 (Schriften der Stadelmann-Gesellschaft, Bd. 21), S. 9 f.

16 Eckermann, Beiträge zur Poesie mit besonderer Hinweisung auf Goethe, Stuttgart 1824, S. 15.

17 Reise-Journal Herrn Doct. Eckermanns vom Jahr 1826 (Anm. 15), S. 10.

18 Ebenda, S. 11.

19 Ebenda, S. 16.

20 Ebenda, S. 19.

21 Eckermann, Die Heimat. In: Gedichte von J. P. Eckermann, Leipzig 1838, S. 279–286.

22 Goethe, Tagebuch, 14. Juli 1826. In: WA III, 10, S. 217. – Goethe schreibt »Einrichtungen« statt »Eindeichungen«; über die Textrevision s. Julius Petersen, Die Entstehung der Eckermannschen Gespräche und ihre Glaubwürdigkeit, 2. Aufl. Frankfurt am Main 1925, S. 84, Anm. 36.

23 Vgl. dazu Karl Lohmeyer, Das Meer und die Wolken in den beiden letzten Akten des ›Faust‹. In: Jahrbuch der Goethe-Gesellschaft 13/1927, S. 106–133; vgl. auch Reinhard Buchwald, Führer durch Goethes Faustdichtung. Erklärung des Werkes und Geschichte seiner Entstehung, 4. neube-

arb. Aufl. Stuttgart 1955 (Kröners Taschenausgabe, Bd. 183), S. 311–313.

24 Eckermann, Die Heimat. In: Gedichte von J. P. Eckermann (Anm. 21), S. 287.

25 Eckermann über seine Beziehungen zu Goethe. In: Tewes, Bd. 1, S. 254.

26 Eckermann über ein Gespräch mit Cowley, 24. September 1828. In: ebenda, S. 326 f.

27 Eckermann, Beiträge zur Poesie mit besonderer Hinweisung auf Goethe (Anm. 16), S. 13.

28 Eckermann an Goethe, 13. Juli 1829. Handschrift: GSA, Sign. 68/723 (ungedruckt).

29 Gespräche, 8. Oktober 1828, S. 228.

30 Eckermann an Johanne Bertram, 21. Juni 1830. In: Tewes, Bd. 1, S. 99.

31 Gespräche, 12. September 1830, S. 331.

32 Ebenda.

33 Ebenda, S. 332.

34 Ebenda, S. 334.

35 Ebenda, S. 334 f.

36 Ebenda, S. 335 f.

37 Ebenda, S. 336 f.

38 Eckermann an Goethe, 14. September 1830. In: ebenda, S. 341.

39 Goethe an Eckermann, 12. Oktober 1830. In: ebenda, S. 343.

40 Gespräche, S. 345.

41 Eckermann an Goethe, 6. November 1830. In: ebenda, S. 345.

42 Eckermann, Die Heimat. In: Gedichte von J. P. Eckermann (Anm. 21), S. 290. – Im letzten Vers ist der heimatliche Fluß, die Luhe gemeint.

II.

»Für eine Wohnung in meiner Nähe werde ich sorgen«.
Eckermanns Weimarer Wohnungen

Von Viola Geyersbach

Am 15. September 1823 sprach Goethe bei einem Treffen mit Eckermann in Jena den Wunsch aus, dieser möge den Winter über in Weimar bleiben. »›Sie sollen den ganzen Winter keinen unbedeutenden Moment haben. Es ist in Weimar noch viel Gutes beisammen, und Sie werden nach und nach in den höhren Kreisen eine Gesellschaft finden, die den besten aller großen Städte gleichkommt. Auch sind mit mir persönlich ganz vorzügliche Männer verbunden, deren Bekanntschaft Sie nach und nach machen werden und deren Umgang Ihnen im hohen Grade lehrreich und nützlich sein wird.‹ ›Wo finden Sie‹, fuhr er fort, ›auf einem so engen Fleck noch so viel Gutes! Auch besitzen wir eine ausgesuchte Bibliothek und ein Theater, was den besten anderer deutscher Städte in den Hauptsachen keineswegs nachsteht. Ich wiederhole daher: bleiben Sie bei uns, und nicht bloß diesen Winter, wählen Sie Weimar zu Ihrem Wohnort. Es gehen von dort die Tore und Straßen nach allen Enden der Welt. Im Sommer machen Sie Reisen und sehen nach und nach, was Sie zu sehen wünschen. Ich bin seit fünfzig Jahren dort, und wo bin ich nicht überall gewesen! – Aber ich bin immer gerne nach Weimar zurückgekehrt.‹«[1]

Für eine Wohnung in seiner Nähe wollte Goethe sorgen. Eckermann war höchst erfreut über diese Vorschläge und nahm das Angebot dankend an. Er folgte am 29. September Goethe nach Weimar und nutzte, wie aus der Gesprächsnotiz ersichtlich, den 1. Oktober für seine »häusliche Einrichtung«.

Zehn Monate später, als Eckermann von seiner Rheinreise zurückkam, sorgte, wie aus einer Tagebucheintragung Goethes vom 2. August 1824 hervorgeht, »Secretär Kräuter« für dessen »Einrichtung«. Zwei Tage danach hielt Goethe in seinen Aufzeichnungen fest: »Mittag Eckermann, von seinem Quartier sprechend.«[2] Es ist anzunehmen, daß Eckermann damals eine Wohnung in einem Haus in der Deinhardtsgasse bezog. Das heute als Eckermann-Haus bekannte Gebäude befand sich in einer für Eckermanns Bedürfnisse günstigen Lage. Der Frauenplan war nur wenige Meter entfernt und das Theater ebenfalls schnell zu erreichen.

In dieser Junggesellenwohnung erledigte Eckermann die von Goethe erteilten Aufträge. Er ordnete und systematisierte Goethes Papiere und redigierte Manuskripte, auch die Beiträge für die Zeitschrift »Ueber Kunst und Alterthum«. Hier schrieb er Gelegenheitsgedichte und Artikel, bereitete sich auf seinen Unterricht mit den Engländern vor. Vor allem aber begann er in diesen Räumen sein Tagebuch zu führen und erste Unterredungen mit Goethe zu skizzieren. Über die Wohnungseinrichtung ist nichts bekannt, doch war sie sicher »honorig«[3] genug, um auch hin und wieder Gäste zu empfangen. So besuchten ihn beispielsweise Frau Melos mit ihren Töchtern, die Engländer Doolan, Plunkett und Candler wie auch Carl Friedrich Zelter, Eckermanns Freund Stieglitz und, wie er am 18. September 1826 Johanne mitteilte, zweimal »Frau von Arnim aus Berlin … die genialste, geistreichste, interessanteste Frau in ganz Deutschland«[4] in seiner Wohnung. Wohl in Erinnerung an seinen angenehmen, naturverbundenen, aber auch arbeitsintensiven Aufenthalt in Empelde mietete Eckermann im Juli 1828 neben »seiner Wohnung in der Stadt« eine »stille Gartenwohnung«, wo er »etwas gutes zu schreiben hoffte«.[5] Sein Optimismus erfüllte sich nicht, und im Herbst mußte er konstatieren: »Ich hatte diesen Herbst vor etwas Größeres zu schreiben, ich bezog eine Gartenwohnung, es kamen mir aber bald so viele Leute nach, daß ich es aufgab und wieder in die Stadt ging.«[6]

Die Umgebung seiner Weimarer Wohnung beschrieb er im Zusammenhang mit Farbbeobachtungen in einem Gespräch vom 19. Februar 1829: »Aus den Fenstern meines Wohnzimmers sehe ich grade gegen Süden, und zwar auf einen Garten, der durch ein Gebäude begrenzt wird, das bei dem niederen Stande

Louis Held: Eckermann-Haus in der Brauhausgasse. In diesem Haus in der ehemaligen Deinhardtsgasse
wohnte Eckermann vermutlich bis zu seiner Verheiratung im November 1831 zur Miete.

der Sonne im Winter mir entgegen einen so großen Schatten wirft, daß er über die halbe Fläche des Gartens reicht.«[7]

Unter dem 30. März 1831 notierte Eckermann in seinem Tagebuch: »Ich gehe morgens auf den Markt um mir einen Vogel zu kaufen, damit ich in meinem Zimmer etwas Lebendiges um mich habe.«[8] Im August lebten bei ihm schon vierzig dieser gefiederten Freunde, und seine Braut, die damals Pläne für eine gemeinsame Wohnung entwickelte, äußerte im Frühjahr ihre Bedenken: »Ich habe mich gefreut, daß Du die eine Landschaft in Rahmen hast machen lassen, es wird mir lieb seyn, wenn Du nach und nach auch den anderen ausgezeichneten Sachen auch diese Ehre erweisest. Alle diese Bilder in Rahmen zu sehen würde mir angenehmer, als Deine vielen Vögel seyn. Ich habe darüber das Lachen nicht lassen können. Ein Vogel ist mir hinreichend, und wo willst Du denn diese große Familie im Winter lassen, und wer bemüht sich um sie?

Ich habe dagegen eine Passion für hübsche Blumen, die mir keinen Lärm machen, sondern, wie nicht die vielen Vögel, einen angenehmen Wohlgeruch im Zimmer verbreiten.«[9]

Die bevorstehende Hochzeit (9. November 1831) und der damit zu gründende Familien- und Hausstand erforderten den neuen Bedürfnissen angemessene Wohnverhältnisse. Erkundigungen im Dezember 1830 hatten ergeben, daß eine entsprechende Wohnung in Weimar problemlos zu mieten wäre.[10]

Unterschiedliche Auffassungen über die Einrichtung der Wohnung sind aus dem Briefwechsel der Verlobten ersichtlich. Schien Eckermann betrübt, auf einen Auktionsverkauf nichts Passendes erstanden zu haben, war es Johanne »im Ganzen lieb, daß es dabei geblieben ist, wenn man sich einrichtet nimmt man doch am liebsten ganz neue Sachen, die nach eigenem Gefallen und woran man stets seine Freude hat. Betten zu kaufen war auch gar mein Wille nicht, die hat man doch vor Allen andern am liebsten ganz neue.«[11] Der »Idee auf die ersten Monate eine Wohnung mit Meublen zu miethen«, stimmte Johanne zu: »...dies wird wohl am besten seyn, wir sind dadurch an keinen Termin gebunden, und können dann unsere Sachen nach beyderseitigem Wunsch und Gefallen einrichten.«[12]

Schließlich mietete das Ehepaar Eckermann eine Wohnung im Ulmannschen Haus (Werthers Garten) am Theaterplatz G 29. Hannchen verfügte über einige Ersparnisse, die für notwendige Einrichtungsgegenstände verbraucht wurden, Geschenke der Großherzogin ergänzten Vorhandenes. Ein guter Anfang – doch das Familienglück währte nicht lange. Nach der Geburt ihres Sohnes Karl am 26. März 1834 starb Hannchen einen Monat später, am 30. April. Die Auflistung des Nachlasses von Johanne Eckermann läßt auf eine behagliche Wohnatmosphäre schließen und spiegelt ziemlich genau den Ausstattungsgrad des Haushalts wider. Neben Küchengeschirr, Kleidungsstücken, Silber- und Linnenzeug werden »verschiedene Mobilien« aufgeführt:

> »Ein schwarzes Sopha von Nußbaum mit Moiree
> überzogen
> 6 Stühle dazu
> Ein mit grünem Moiree überzogenes Sopha von
> Nußbaum
> 6 Stühle dazu
> 2 grüne Lehnstühle
> 3 Rohrstühle
> 2 große Spiegel
> 1 kleiner Spiegel
> 1 Nähtisch
> 1 Secretär
> 1 Wäsche-Schrank
> 2 Kleiderschränke
> 1 runder Tisch
> 3 grün lackierte Tische
> 2 braun lackierte Tische
> 1 Küchentisch
> 1 Tisch in der Mädchenkammer
> 1 Anrichte
> 3 Bettstellen«[13]

Die Weimarer Adreßbücher von 1839 und 1840 weisen Eckermann noch unter der Anschrift Theaterplatz G 29 aus. Um 1843 wechselte er sein Logis und lebte mit Sohn und Haushälterin in der Kaufstra-

ße E 36/Ecke Breitenstraße, 1 Treppe hoch, bei dem Hauswirt und Tuchmacher Zünckel. »...höchst wenige Wohnungen in Weimar paßen so für meinen Zustand wie diese. Ich habe mich daran einmal gewöhnt und bin gern dort und alles steht an dem Fleck wie ich es wünsche. Auch verlangt meine ganze Stellung, daß ich eine einigermaßen anständige Wohnung habe, indem mich nicht allein sehr häufig durchreisende Fremde von Bedeutung besuchen, sondern ich auch mitunter das Glück habe mit der Gegenwart Sr. Königl. Hoheit des Erbgroßherzogs beehrt zu werden.«[14]

Während seiner zweijährigen Abwesenheit von Weimar – von Juli 1844 bis Mai 1846 – bat er mehrmals brieflich den Rendat Schrickel um den »Freundschaftsdienst«, ab und zu nach seiner Wohnung zu schauen. »Wenn Sie gelegentlich in meiner Wohnung vorbeigehen und Herrn Zünkel von mir grüßen wollen, auch ihm etwa 20 Sgr. für das Mädchen zu geben die Güte hätten damit die beabsichtigte Reinigung und Lüftung der Zimmer, Betten und Kleidungsstücke vorgenommen würde, so würden Sie mich zu neuem Dank verpflichten. Hielten Sie für gut einige Groschen mehr zu geben, so würde es mir auch ganz recht seyn. Daß Sie in meinem Zimmer alles ordlich gefunden ist mir ein rechter Trost.«[15] Im Juni 1845 bat er aus Linden bei Hannover Schrickel, zu veranlassen, »daß die Rouleaux wieder aufgezogen werden«: »Es wird in den Zimmern leicht dämpfig wenn sie der wohlthätigen Einwirkung des Lichtes und der Sonne entbehren. Die Meublen sind daran gewöhnt auch nicht der Art, daß viel daran zu verderben wäre.«[16]

Kündigungsabsichten wirkte er sofort entgegen, wie er Schrickel im November 1845 mitteilte: »Ich habe daher sogleich an meinen Wirth Herrn Zünkel geschrieben und ihn benachrichtigt, daß ich meine Wohnung behalten will, wodurch große Unruhe und Beschädigung erspart wird. Auch ist ja die aus hoher Vorsorge gemachte Kündigung in der Voraussetzung geschehen, daß ich noch so bald nicht zurück kommen würde. Und wenn nun auch, in Erwägung daß ich zur Vollendung eines höchst wichtigen Werkes noch einiger Ruhe bedarf, Ihro Kaiserl. Hoheit die Gnade gehabt meinen Urlaub noch um einige Monate zu verlängern, so ist das ja kein Gegenstand, und ich würde die hieraus erwachsenen Kosten weit lieber tragen als die Kosten eines höchst unangenehmen Umzugs.«[17]

Die Lebens- und Wohnverhältnisse in diesem Haus wurden mehrfach von Zeitgenossen beschrieben. Der

Schriftsteller Adolf Stahr lernte während eines längeren Aufenthalts in Weimar 1851 den alten Eckermann kennen und veröffentlichte 1854 in der »Kölnischen Zeitung« folgende Milieustudie:

»Dem Sohn zu Liebe hatte nun aber auch der Vater die ganze Wohnung zu einer Art von Vogelhaus gemacht. Gleich das Wohnzimmer, das ihm zum Studierzimmer und dem Sohne als Atelier diente, war an allen Fenstern und Wänden mit zahlreichen Vogelkäfigen besetzt, und vollends in der anstoßenden Schlafstube zirpte, zwitscherte, schrie und krähte Groß und Klein, wohin man sah und hörte. Die Fenster beider Stuben waren fast stets geöffnet, damit die Vögel der frischen Luft nicht entbehrten, gegen deren Zug sich der dafür überaus empfindliche alte Herr dadurch zu schützen suchte, daß er stets in doppelter Kleidung, und Paletot und Mantel und mit dem Hut auf dem Kopfe, am Schreibtische oder auf dem Sopha saß. Zwischen den Hecken der kleineren Vögel thronte als gegenwärtiges Hauptstück der gefiederten Menagerie in einem geräumigen Rundkorbe, mitten auf dem Fußboden des Schlafzimmers, ein junger Falke, den Eckermann aus einem Ei, welches ihm Knaben gebracht, aufgezogen hatte. Damals galt es, den mühsam aufgezogenen jungen Falken mit ihm gemäßer Nahrung zu versehen, und so waren denn Eckermann's Myrmidonen unermüdlich, ihm an Mäusen und Wieseln, kleinen Vögeln, Maulwürfen und dergleichen das Nöthige herbeizubringen, wobei es denn nicht fehlen konnte, daß die durch Ansammlung solcher Vorräthe verursachten Gerüche ihn mit Hausgenossen und Nachbarn in allerhand Collisionen brachten. Rührend aber war es zu sehen, mit welcher Treue er den Vogel beobachtete, während Eckermann junior eifrig bestrebt war, den Falken in allen seinen Entwicklungsstufen, in den verschiedenartigsten Stellungen, Stimmungen und Aeußerungen seines Naturells zu zeichnen und zu malen. Besondere Festtage pflegte er dadurch zu feiern, daß er einige seiner Vögel fliegen ließ, und man erzählte uns, daß er an dem letzten Geburtstage der von ihm hochverehrten Großherzogin drei Dompfaffen in Freiheit gesetzt habe.«[18]

Ein besonders plastisches Bild von Eckermanns Wohnambiente vermittelten die mit Karl Eckermann befreundeten Söhne des Hofrats Marshall. John Marshall hinterließ folgende Beschreibung:

»Eckermann, mit dem ich in meiner Jugend, in Folge seiner Verbindung mit meinem Vater, bekannt wurde, wohnte damals (Anfang der vierziger Jahre), im Zünkelschen Hause.

Zu Hause stets im sammtgrauen Rock, auf dem Sopha zwei Kissen (von seiner Frau gestickt), die er sehr hoch hielt und die deshalb stets mit einer Schürze zugedeckt waren. Hier verzehrte er seine immer zuvor besehenen Mahlzeiten: früh Kaffee mit etwas Salz. Der Wein lag unter einem Tisch, an dem er sich rasirte, wobei er sich nicht gerne stören ließ. Bei einem Besuche der Familie litt er nie das Anklopfen; war es geschehen, so sagte er: Ich denke Wunder, wer gekommen ist. Brennende Cigarren, Tabak waren verpönt, dagegen genirten ihn nicht die Excremente seiner zahlreichen Vögel.

Ich sah nur zwei Zimmer, obschon das Logis groß sein mußte. Das erste geräumige war das Arbeitszimmer; linker Hand Sopha, davor Spinettisch, an derselben Seite nach dem Fenster zu Commode mit Stellage. Eine Schublade barg zwei große Reiterpuffer, die ihn stets an die Freiwilligenzeit und an die Schlacht bei Hanau erinnerten. Gewaltige Kraft in den Händen. Im rechten Winkel der Stube mannhafte Vogelbauer, Fledermäuse oft frei umherfliegend. In der Mitte Arbeitstisch, an der Wand Tische, ein kleines Bücherpult mit wenigen, aber guten Büchern. Der Tisch rechts am Ofen für Briefe und Bücher. Große Hitze hat er nie geliebt. Barometer und Thermometer fehlten nicht. Im Schlafzimmer standen zwei ungewöhnlich große Betten für Vater und Sohn. Gegenüber ein Bücherbrett mit Gypssachen, unterhalb desselben die Stiefel von sehr breiter Form, die er sich nie anmessen ließ. Der obere Theil der Stiefel war zum Zuschnüren. Er setzte, wenn er solche brauchte, den Fuß auf einen Bogen Papier und riß ihn mit Bleistift ab. Ein Nest im Zimmer, um die Schleuderkraft der Vögel zu bemessen, wenn sie sich des Ueberflüssigen entledigten, ohne das Nest zu beschmutzen. Unten zum Schutz waren Zeitungen ausgebreitet. Strandläufer frei im Zimmer. Großer Jammer, als er echappirt war. Im Zimmer Stehpult (nun in meinem Besitz). Schmuck des Hauses bei einem Feste durch ein Transparent seines Hauswirthes:

Hier wohnt der biedere Eckermann,
den Goethe gern und oft empfahn.

Als er aus dem Theater kam, stieß er das Transparent hinab.«[19]

Der 1845 geborene William Marshall bestätigte in seinen Schilderungen die Angaben des Bruders und stellte das Liebenswürdig-Menschliche der Eckermannschen Skurrilität dar:

Kaiserin Augusta Straße 18/20, vordem Brauhausgasse, heute Steubenstraße, 1878.
In einem der Nachbarhäuser befand sich Eckermanns letzte Wohnung.

»Die Wohnung Eckermanns, die schwerlich dem Ideal einer echten Hausfrau entsprochen haben würde, war für uns Jungen ein Eldorado. Ich rieche noch im Geiste den Menagerieduft, der alle Räume durchzog; wimmelte es doch an allen Ecken und Enden von behaarten und befiederten Hausgenossen, die teils in Käfigen untergebracht waren, teils frei umherliefen und ihrem Naturtrieb, allerdings nicht zur Erhöhung der Reinlichkeit und Vermehrung der guten Luft, nirgends Zwang antaten und anzutun brauchten. Von einem seiner Hauswirte, der sich einmal über diese Zustände beschwerte und dabei vielleicht über Ecker-manns Lieblinge etwas starke Ausdrücke gebraucht hatte, behauptete er, das sei ein ganz gefährlicher Kerl, von dem man sich jeder Bosheit versehen könne.

Die Perlen dieser Menagerie, soweit sie mir noch gegenwärtig sind, waren ein Marder, Ratz genannt, der als besondere Leckerei Honig erhielt, und ein ganz zahmer, überaus drolliger Wiedehopf, welcher frei umherflog und auf den Namen Up hörte, zwei Reprä-sentanten der Tierwelt, denen der Volksmund bekanntlich eine andere Eigenschaft als den Rosen und Veilchen beilegt, was Eckermann freilich entrüstet als böswillige Verleumdung erklärte. Abgesehen von diesen gefangenen Kindern der Wildniß, wurde auch mit den Autochthonen des Hauses, den Mäusen, intimste Freundschaft unterhalten; besonders eine semmelblonde Spielart, die Isabelle genannt, war der erklärte Liebling, und als sie einestags, nachdem sie schon längere Zeit vermißt war, als eingetrocknete Mumie hinter einem Stoß Bücher gefunden wurde, war die Trauer groß. Einmal, ich weiß es noch wie heute, sagte der Alte zu mir: ›Komm min Jong, wir wollen einen Spaziergang machen!‹

Dabei griff er nach einem im Schrank befindlichen Paar Stiefeln, das eine Weile außer Gebrauch gewesen war; da stellte es sich heraus, daß inzwischen eine Mäusemutter in dem einen ihr Wochenbett abgehalten hatte. Pietätvoll stellte Eckermann den Stiefel mit seinem zarten Inhalt auf den alten Fleck und suchte ein anderes Paar hervor.«[20]

Nach 1851 wohnte Eckermann im Raumerschen Haus am Markt A 53. Zuletzt, um 1854, logierte er in einer Erdgeschoßwohnung Brauhausgasse G 91 bei Kammermusikus Klemm. Neben einfachen Möbelstücken bestimmten Bücher und Vogelbauer die Einrichtung dieses geräumigen Zimmers. In einem Nebenraum lagerte er eine Vielzahl meist selbst gefertigter Bogen. Nach Eckermanns Tod wohnte sein Sohn Karl noch einige Zeit in dieser Wohnung. Das Weimarer Adreßbuch von 1855 registriert den jungen Maler unter dieser Anschrift.

Anmerkungen

1 Gespräche, 15. September 1823, S. 35 f.
2 Goethes Tagebuch, 2. und 4. August 1824. In: WA III, 9, S. 252.
3 Vgl. den Brief Eckermanns an Johanne Bertram vom 19. Mai 1821 (Tewes, Bd. 1, S. 11): »Es ist doch ganz gut, daß ich ein wenig honorig wohne, auch der Besuche wegen …«
4 Eckermann an Johanne Bertram, 18. September 1826. In: ebenda, S. 64.
5 Eckermann an Johanne Bertram, 24. Juli 1828. In: ebenda, S. 85.
6 Eckermann an Johanne Bertram, 18. Oktober 1828. In: ebenda, S. 87.
7 Gespräche, 19. Februar 1829, S. 256.
8 Eckermann, Tagebucheintrag vom 30. März 1831. In: Houben I, S. 559.
9 Johanne Bertram an Eckermann, 24. Mai 1831. In: Tewes, Bd. 1, S. 118.
10 Eckermann an Johanne Bertram, 21. Oktober 1830. In: ebenda, S. 109.
11 Johanne Bertram an Eckermann, 6. April 1831. In: ebenda, S. 116 f.
12 Johanne Bertram an Eckermann, 13. Juli 1831. In: ebenda, S. 118 f.
13 Eckermann, Verzeichnis des Nachlasses meiner am 30. April d. J. hier verstorbenen Ehegattin, Johanna, geb. Bertram aus Hannover, eigenhändige Handschrift. Original: Freies Deutsches Hochstift, Frankfurter Goethe-Museum, Inv. Nr. 8446.
14 Eckermann an Ludwig Theodor Heinrich Schrickel, 9. November 1845. Original: Thüringisches Hauptstaatsarchiv Weimar.
15 Eckermann an Schrickel, 6. April 1845. Original: Thüringisches Hauptstaatsarchiv Weimar.
16 Eckermann an Schrickel, 4. Juni 1845. Original: Thüringisches Hauptstaatsarchiv Weimar.
17 Eckermann an Schrickel, 9. November 1845. Original: Thüringisches Hauptstaatsarchiv Weimar.
18 Houben II, S. 740 f.
19 Ebenda, S. 802 f. Vgl. Hoffmann von Fallersleben, Findlinge (»Der illuminierte Eckermann«), Bd. 1, Leipzig 1860, S. 189.
20 William Marshall in: Illustrierte Zeitung, 1883, S. 513 f. Houben II, S. 375.

III.

»Gar zu sehr der Liebe zur Einsamkeit überlassen«?
Freundschaften Johann Peter Eckermanns

Von Heike Scholz

Einsamkeit und Vögel – zwei scheinbar zusammenhanglose Vokabeln, die jedoch für das Leben Eckermanns Ausgangs- und Endpunkte markieren...

Einsam, meist ohne Spielkameraden, wuchs er als Zuletztgeborener einer zweiten Ehe auf. Er kannte seine Eltern nur, »wie sie schon im vorgerückten Alter standen«[1]. (Seine Mutter war bei der Geburt 41 Jahre, sein Vater 50 Jahre alt.) Einsam war Johann Peter auch, wenn er seinen Vater begleitete, der als Hausierer in der Elbmarsch von Dorf zu Dorf zog und Waren feilbot. Erste »Spielgefährten« in den Kindheitstagen wurden schließlich die Vögel, deren Nester er in der Heide aufspürte, was ihm das Herz vor Freude pochen ließ.[2] Später reflektierte er: »Ich habe von Jugend auf in der Einsamkeit gelebt, sie ist mein eigentliches Element, um mich wieder an mir selbst aufzurichten und zu stärken.«[3]

Mit Übernahme verschiedener Stellungen als Schreiber in Winsen und Lüneburg und als Mairie-Sekretär in Bevensen, besonders aber mit dem Eintritt in das Kielmanseggsche Jägerkorps verließ Eckermann die Einsamkeit der Heide. Er erlebte erstmals Freundschaft und Gemeinschaft mit Gleichaltrigen, die wie er am Befreiungskrieg gegen Napoleon teilnahmen. Die Kriegsereignisse führten ihn nach Holstein und Mecklenburg, aber auch nach Flandern und Brabant. Als Eckermann das Jägerkorps verließ und 1815 nach Hannover ging, um bei Johann Heinrich Ramberg Zeichenunterricht zu nehmen, wußte er bereits gute Bekannte in dieser Stadt. Der Postrevisor Ernst Klingenberg gewährte ihm zunächst Unterkunft. Der Register- und Unterrechnungsführer Kirchhoff und Lange, mit dem er im Büro der Militärkleidungskommission zusammenarbeitete, gehörten zu seinen engsten Freunden. Kleine Beamte, in recht bescheidenen Verhältnissen lebend, waren es, mit denen sich Eckermann abends traf, mit denen er für Körner und Schiller oder Klopstocksche Oden schwärmte. Ihrer und der gemeinsam verbrachten Jugendtage erinnerte sich

Eckermann im Alter immer wieder besonders gern. An einen der »alten« Freunde, den Apotheker Trapp, der 1821 als Provisor in Oldenburg tätig war, schrieb er 1842: »Was sich in jungen Jahren aneinander schließt hält fest. Tausend mal habe ich mich zu Dir hinübergesehnt...«[4] Als der Freund Lange nach Hildesheim ging, um dort eine Stelle beim Kammerrat Osthaus anzunehmen, Eckermann hingegen als »ältlicher« Schüler mit 26 Jahren in der Sekunda schwitzte, wurden Briefe für beide zum verbindenden Medium. Eckermann faßte seine Briefe später unter der Überschrift »Mein Ringen und Streben nach Göttingen betreffend« zusammen. Sie gleichen Stimmungsbarometern, sind »randvoll« mit Jubelschreien, freudigen Entdeckungen: »Das göttliche Schillerbildnis habe ich mit einem Eichenkranz umwunden. ...Ich müßte ein Rindvieh seyn, wenn ich von Goethe nicht eben so viel halten sollte als von Schiller, und warum sollte man nicht beyde verehren und lieben.«[5] Aber auch Seelenbeichten, die von Selbstzweifeln und Mutlosigkeit angesichts zu hoch gesteckter Ziele künden, sind nicht wenige enthalten. In den Briefen an die Freunde artikulierte Eckermann nicht selten die Hoffnung auf eine Antwort, die ihn, den Verzweifelten, wieder aufzurichten vermochte: »Ein starker Charakter muß mir vorangehen, wenn ich den gesunkenen Muth heben soll... – Schreib mir doch recht bald einige stärkende Worte, damit ich sicherer gehe und ruhig und nicht wanke...«[6]

Als Eckermann im Mai 1821 Student der Göttinger Universität wurde, erweiterte sich sein Freundeskreis zusehends. Gleichgesinnte Freunde, mit denen er leidenschaftliche Debatten bei Bier und Wein ausfocht – jetzt schwärmte er schon ausschließlich für Goethe –, waren u.a. Ernst Grosse, Philipp Spitta, der später als Verfasser geistlicher Lieder bekannt wurde, Heinrich Stieglitz, der Sohn des Ästhetikers Bouterwek sowie Karl Kiesewetter. Eckermanns Freund Ernst Grosse (geb. 1802), ein junger Poet, hatte bereits ein Trauerspiel mit dem Titel »Graf Gordo« geschrieben. Wie so viele junge Dilettanten wandte auch er sich gen Weimar in der Hoffnung, von Goethe empfangen zu werden. Es wurde jedoch abgewiesen und erhielt sein Manuskript ungelesen zurück. Ein Jahr später glückte die »zweite Attacke«, und 1822 konnte sein Trauerspiel erscheinen. Die Bekanntschaft zwischen Eckermann und Heinrich Stieglitz (1801–1849), der ebenfalls in Göttingen studierte, läßt sich für die Studienzeit nicht exakt nachweisen. Houben verweist auf die Möglichkeit, daß sich beide durch Grosse erst 1823 kennenlernten. Von diesem Zeitpunkt an traten sie in einen regen Briefwechsel. Für Stieglitz war Eckermann der »Schlüssel« zur Tür des Hauses am Frauenplan. Über ihn erhoffte er sich die Anerkennung seiner literarischen Versuche durch Goethe. 1831 erschienen Stieglitz' »Bilder des Orients«. Literarischer Erfolg wurde ihm aber erst mit seinen »Erinnerungen an Charlotte« zuteil, die L. Curtze aus Tagebuchblättern und Handschriften nach Stieglitz' Tod 1859 bei Brockhaus herausgab.

Unter den Göttinger Studienfreunden kommt Karl Kiesewetter eine besondere Stellung zu. Nicht nur, weil ihn Eckermann noch aus Hannover kannte und weil er sich ebenfalls für ein juristisches Brotstudium entschieden hatte, obwohl er ein starkes literarisches Interesse hegte. Und auch nicht nur, weil er vor Eckermann die Ehre hatte, im Mai/Juni 1822 von Goethe empfangen zu werden. Ihm gebührt diese besondere Stellung, weil er unter Eckermanns Freunden einer der treuesten und enthusiastischsten war. Dies wird besonders in seinen Briefen an Eckermann deutlich. Kiesewetter war es, der Eckermann empfahl, ein Exemplar seiner »Beiträge zur Poesie« seinen Bekannten, dem Homerübersetzer Voß und dem Historiker Friedrich Christoph Schlosser, zukommen zu lassen. Mit Schlosser machte Kiesewetter Eckermann 1824 persönlich bekannt. Voller Stolz offenbarte er dem verehrten Freund das Resultat dieser Begegnung: Im Frühjahr 1824 hatte sich eine Gesellschaft englischer Gelehrter zur Herausgabe einer Zeitschrift zusammengefunden, die das Ziel verfolgte, »literarische Produkte« Europas – Originalaufsätze aus den Gebieten der Kunst und Wissenschaft in Deutschland, Frankreich und England – zu veröffentlichen. Schlosser, der kurz zuvor Eckermanns »Beiträge« in den Händen gehalten hatte, dachte sofort an dessen Mitarbeit, als man ihn beauftragte, Autoren für die Abteilung Kritik zu finden. Kiesewetter setzte Eckermann am 23. April 1824 von

Friedrich Wilhelm Heinrich Martersteig: Porträt Frédéric Soret. Undatiert. Goethe-Nationalmuseum.

diesem Angebot in Kenntnis. Er war zutiefst überzeugt, daß mit dieser Stelle sein Freund nicht nur literarischen Ruhm, sondern auch die ersehnte wirtschaftliche Selbständigkeit erringen könnte. Maßlos enttäuschte es Kiesewetter, daß Eckermann das Angebot ablehnte. Die briefliche Korrespondenz setzten beide trotz der Absage Eckermanns fort.

Als Eckermann 1823 in Weimar ankam, hatte er auch in der großherzoglichen Residenzstadt bereits Bekannte. 1821 war er das erste Mal hier gewesen, hatte Goethe jedoch nicht angetroffen. Kurzentschlossen suchte er den Literaten und Journalisten Johannes Falk (1768–1826) auf, dem er ebenfalls ein Bändchen seiner »Gedichte« gesandt hatte. Falk, der 1813 die »Gesellschaft der Freunde in der Not« gegründet hatte und in Weimar eine Erziehungsanstalt für verwahrloste Kinder leitete, empfing Eckermann. Er wurde für den jungen Poeten zu einem wichtigen Verbindungsmann zum Haus am Frauenplan, in dem er selbst des öfteren zu Gast war. Es ist zu vermuten, daß Falk mit Eckermann auch über eigene literarische Projekte sprach. Er hatte die »Gunst der Stunde« genutzt und seine Unterhaltungen mit Goethe schriftlich fixiert.

Nach Falks Tod wurden diese Aufzeichnungen 1832 aus seinem Nachlaß unter dem Titel »Goethe aus näherem persönlichen Umgang dargestellt« bei Brockhaus publiziert. Durch Johannes Falk lernte Eckermann einen weiteren Weimarer kennen, dessen Fürsprache bei Goethe nicht ohne Gewicht war, den Bibliothekssekretär Theodor Kräuter (1790–1856). Kräuter war bereits seit 1816 als Privatsekretär bei Goethe tätig. Von 1817 an stand Goethes Privatbibliothek unter seiner Obhut. Er wurde für Eckermann der eigentliche Mittelsmann zum Haus am Frauenplan. Durch Kräuter erfuhr er vom Eintreffen seiner »Beiträge zur Poesie« in Weimar. Nach der ersten Begegnung zwischen Goethe und Eckermann nahm sich Kräuter des »Ankömmlings« an. Bereits da waren freundschaftliche Bande geknüpft. Beide, die sich in ihrer äußeren Lebensführung nur wenig unterschieden, verband eine innige Goetheliebe. Sie unterstützten sich später gegenseitig: Eckermann rehabilitierte Kräuter, als er 1845 der Entwendung fehlender Archivstücke verdächtigt wurde. Kräuter wiederum informierte Eckermann während seiner Abwesenheit 1844–1846 über die Geschehnisse in der Residenzstadt. Freundschaftliche Empfindungen sprechen aus seiner Sorge über Eckermanns Kränklichkeit und aus seinem Wunsch, ihn in Weimar nach langer Abwesenheit wiederzusehen (Brief vom 25. Januar 1846): »Wenn mich auf einer Seite Ihre Kränklichkeit sehr schmerzt, noch mehr aber die Nachricht, daß vor Eintritt des Wonnemonats Sie nicht zurückkehren werden...«[7]

Freundschaftliche Kontakte entwickelten sich für Eckermann auch aus seiner Verbindung zum Haus am Frauenplan, seiner Stellung zu Goethe als Hausgenosse und Gesprächspartner. Nicht selten, daß er für Goethes Gäste in die Rolle des »Mittlers« schlüpfte. So auch für Karl von Holtei (1798–1880), der 1827 in Weimar und zu Gast bei Goethe war. Holtei, ein junger Theaterdichter, Rezitator und Dramaturg, hatte sich bereits durch sein »Mantellied« und seine »Schlesischen Gedichte« einen Namen gemacht. In Weimar fanden besonders seine Vorlesungsabende – u. a. las er aus »Faust« – große Resonanz. Nach seinem Weimaraufenthalt korrespondierte er zwischen 1827 und 1829 mit Eckermann und war der Hoffnung, daß dieser seine Pläne einer Bühnenbearbeitung des »Faust« (1828) bei Goethe vertrat. Aber auch persönliche Gefühle ketteten ihn kurze Zeit an das Goethehaus: Er hatte sich in Ulrike von Pogwisch verliebt. Seelenleid

und Seelenfreud wurden Eckermann kundgetan. Holtei wollte Eckermann für seine »Mittlerrolle« aber auch einen Freundschaftsdienst erweisen. Er bot ihm die Möglichkeit, Arbeiten in seiner Theaterzeitschrift »Monatliche Beiträge zur Geschichte dramatischer Kunst und Literatur« zu publizieren. Am 18. Juni 1827 schrieb er: »Hier mein theurer Freund empfangen Sie eine Anzeige und die Bitte, mich mit Beiträgen zu erfreuen. Was ihnen etwa von der Arbeitsbank fällt – vorzüglich Aufsätze über Goethe den Dramatiker und Dramaturgen – würden sehr vortrefflich seyen. Ich mag es nicht, der Excellenz eine Anzeige zu schicken. Wollen Sie ihm eine mitteilen? Senden Sie mir was. Es wäre hübsch, wenn Sie im ersten Heft ständen.«[8] Eckermann nahm dieses Angebot jedoch nicht wahr.

Herzliche und freundschaftliche Verbindungen bahnten sich auch durch Korrespondenzen an, die Eckermann im Auftrag von Goethe führte. So mit dem englischen Schriftsteller Thomas Carlyle (1795–1891), der 1828 im zweiten Heft der »Foreign Review« eine Übersetzung des »Helena-Akts« des »Faust« publiziert hatte. Seine Totenrede auf Goethe im Juniheft 1832 des »New Monthley London Magazin« übertrug Eckermann ins Deutsche. Auch nach Goethes Tod hatte Eckermann mit Carlyle schriftliche Kontakte. Als er 1845 den Prozeß gegen Brockhaus verlor und Schuldenlasten ihn drückten, sah er in Carlyle einen »Rettungsanker« in der Not. Er ließ ihm die Originalhandschrift der »Walpurgisnachtszene« zukommen und bat ihn, einen Käufer ausfindig zu machen. Carlyle entsprach Eckermanns Bitte nicht sofort und erwies ihm damit einen wahren Freundschaftsdienst. Eckermanns Erleichterung klingt 1847 in einem Brief an William Marshall an: »Es [das Manuskript] ist ein Heiligtum, dessen Besitz ich eigentlich niemand gönne, außer etwa Carlyle selber, der es lieben und werth halten würde wie ich. Im Lesen ihres Briefes kam mir der Wunsch es als Geschenk von mir für immer in Carlyles Hände zu lassen. Ich kenne keinen, der würdiger wäre es zu besitzen.«[9]

In den Jahren zwischen 1823 und 1832, in denen Eckermann bei Goethe weilte, hätte er zahlreiche weitere Kontakte knüpfen können. Möglichkeiten gab es viele, Anlässe wie Festlichkeiten, Tee- und Abendgesellschaften nicht wenige, zu denen auch Eckermann geladen war. Er hielt sich jedoch lieber davon fern. Seine Alternativen waren der Umgang mit Goethe, Theaterbesuche und einsame Spaziergänge in der Natur. Goethe blieb Eckermanns »Tendenz«, sich zu isolieren, nicht verborgen, und er tolerierte sie mahnend: »Ihr seid ein wunderlicher Christ ... tut was Ihr wollt, ich will Euch gewähren lassen.«[10] – »Diese Ihre Naturtendenz ist freilich nicht geselliger Art, allein was wäre alle Bildung wenn wir unsere natürlichen Richtungen nicht wollten zu überwinden suchen.«[11] Doch Eckermann gelang es trotz Mahnung nicht, seine »natürliche Richtung« zu überwinden, seine Herkunft zu vergessen. Ihm gelang es nicht, seine Unsicherheit, sich auf höfischem Parkett zu bewegen, zu überspielen, das Gefühl des »Nicht-dazu-Gehörens« zu ignorieren. Schien äußerlich der Sprung von der Hausiererkate in Winsen an der Luhe in das bürgerliche Kulturleben der Residenzstadt Weimar geglückt, so hatte dieser doch innere Wunden aufgerissen, die die Zeit nicht heilte. Im Gegenteil – im Laufe der Jahre klafften sie immer weiter auseinander.

Nicht nur von Goethe war Eckermann ob seinem Hang zur Einsamkeit, seiner zunehmenden Menschenscheu gemahnt worden. Auch Frédéric Soret

Johann Joseph Schmeller: Porträt Friedrich Theodor David Kräuter. 1824. Goethe-Nationalmuseum.

(1795–1865), der Erzieher von Prinz Carl Alexander, hatte sich über Eckermanns Vereinsamung Sorgen gemacht und ihm am 29. August 1829 geschrieben: »Ihr Brief, lieber Doktor, hat mich betrübt, denn ich glaube, daß Ihr Leiden mehr seelischer als körperlicher Art ist. Ich fürchte, daß Sie sich gar zu sehr Ihrer Liebe zur Einsamkeit überlassen.«[12] Soret verdient es, daß man ihn als den wichtigsten Weimarer Freund Eckermanns bezeichnet. Das erste Mal hatten sich beide am 14. Oktober 1823 bei Goethe im Haus am Frauenplan gesehen. Soret erinnerte sich: »Heute große Gesellschaft ... Unter den Geladenen waren Herr und Frau Savigny ... außerdem ein kleiner, noch junger Doktor namens Eckermann. Er hat ein Buch über Goethes Gedichte geschrieben, auf denen er eine regelrechte Ästhetik aufbaut.«[13]

Frédéric Soret entstammte einer französischen Hugenottenfamilie, die später in die Schweiz übersiedelte. Er hatte in Paris Theologie und Mineralogie studiert und war als Lehrer an der Genfer Akademie tätig gewesen. 1822 kam er nach Weimar, da Großherzogin Maria Pawlowna für den vierjährigen Erbprinzen einen Lehrer suchte. Im September 1822 wurde er durch Johann Heinrich Meyer bei Goethe eingeführt, wo er von da an häufig zu Gast war. Er nahm sich der mineralogischen und der Münzsammlung von Goethe an, erarbeitete Kataloge, übernahm für Goethe Korrespondenzen mit französischen Naturforschern, wirkte bei der Neubearbeitung der »Metamorphose der Pflanzen« mit und übertrug diese schließlich ins Französische. Goethes Haus war für Soret und Eckermann der Ort, wo beide regelmäßig zusammenkamen, wo sich Gespräche entwickelten, die sie auf gemeinsamen Nachhausewegen fortsetzten. Beide trafen sich jedoch nicht nur bei Goethe. Sie besuchten sich gegenseitig oder korrespondierten miteinander. Der an Klugheit und Weltgewandtheit überlegene Soret erwies sich gegenüber Eckermann als äußerst uneigennütziger, immer hilfsbereiter Freund. Nicht nur mit liebevollen Briefen, in langen Gesprächen suchte er dem oft niedergeschlagenen Freund zu helfen, Mut zuzusprechen und ihn wieder aufzurichten. Auch mit »Taten« half er Eckermann, dessen wirtschaftliche Unselbständigkeit ihm Sorgen bereitete. Er suchte nach einer Einkommensquelle für Eckermann und vermittelte ihm 1830 einen Lehrvertrag am Hofe, mit dem ein kleines, aber sicheres Gehalt von jährlich 300 Talern verbunden war. Es scheint ein recht einseitiges Verhältnis gewesen zu sein, in dem wohl Eckermann der Nehmende und

Soret der Gebende war. Eckermann wußte darum. Am 20. Oktober 1830 schrieb er an Soret: »Danke Ihnen, daß Sie trotz aller meiner Wunderlichkeiten mir immer ein wenig Freundschaft bewahren.«[14] Er schätzte, ja bewunderte Soret dafür um so mehr: »Er ist ein gar trefflicher, reiner Mensch und man kann nicht mit ihm sein ohne besser zu werden. Er ist wirklich reiner und fester…«[15]

Soret wurde Eckermanns engster Vertrauter, der sowohl um die Liebe zu Auguste Kladzig wußte als auch von Eckermann 1831 in seine Heiratspläne mit Johanne Bertram eingeweiht wurde. Soret gehörte auch zu den wenigen, die im April 1834 um Johanne trauerten. Der oft leidende, verzweifelte Freund hätte nicht von Soret so oft Unterstützung erfahren, so viele Male tröstende Worte empfangen, wenn dieser nicht Eckermanns Charakter, die ihn prägenden menschlichen Werte, ja sein subtiles, empfindsames Wesen erkannt und geschätzt hätte. Auch als Soret nach Beendigung seiner Erzieherpflichten nach Genf zurückgekehrt war, pflegten beide briefliche Kontakte.

Soret hatte in Weimar seine Besuche bei Goethe zwischen 1822 und 1832 tagebuchartig festgehalten. Er inspirierte Eckermann, die beiderseitigen, oftmals miteinander korrespondierenden und sich ergänzenden Goetheerinnerungen in einem Werk zu vereinen. 1841 sandte Soret sein Manuskript zur Bearbeitung an Eckermann. Dank der Soretschen Aufzeichnungen konnte dieser den dritten Band der Gespräche 1848 bei Heinrichshofen in Magdeburg herausgeben. In diesem dritten Band markierte Eckermann ca. 70 Gespräche, die auf der Grundlage von Sorets Notizen entstanden. Die Arbeit hatte sich als ein »Geben und Nehmen« gestaltet: Texte von Soret, die Eckermann heranzog, wurden von diesem geläutert und modelliert.

Nach Goethes Tod, dem Tod von Johanne und Sorets Rückkehr nach Genf verstärkte sich Eckermanns Neigung, sich zu isolieren. Seine Menschenscheu, seine hypochondrische Veranlagung nahmen krankhafte Züge an. Dies registrierte er selbst mit Erschrecken. So schrieb er am 14. September 1834 an Ottilie von Goethe: »Wäre es nur auch mit meiner Menschenscheu besser! Es ist die höchste Qual meines Lebens zu denken, daß meine Freunde dadurch an mir irre werden und sich von mir abwenden. Es ist ein

Johann Joseph Schmeller: Porträt Karl von Holtei. 1828.
Goethe-Nationalmuseum.

vollkommen krankhafter Zustand. Stehe ich zufällig am Fenster und sehe jemanden die Straße kommen, der mich besuchen will, besonders Freunde, so durchdringt mich jedesmal Angst und wenn ich mich vor einem Spiegel wende, so bin ich bleich wie der Tod.«[16] Eckermann entwickelte sich zusehends mehr zum Sonderling, zum Eigenbrötler, der an der Unlösbarkeit des Spannungsverhältnisses zwischen Isolierung, Kälte, Einsamkeit und der Sehnsucht nach »etwas Lebendigem«, nach Wärme, Fürsorge letztlich zerbrach. Am 30. März 1831 schrieb er in sein Tagebuch: »Ich gehe morgens auf den Markt um mir einen Vogel zu kaufen, damit ich in meinem Zimmer etwas Lebendiges um mich habe.«[17]

Einsamkeit und Vögel… Einsam stirbt Eckermann. Umgeben von jenen, die seine ersten »Spielgefährten« waren, umgeben von mehr als 40 Vögeln.

Anmerkungen

1 Gespräche, S. 11.
2 Vgl. Houben I, S. 15.
3 Ebenda, S. 352.
4 Houben II, S. 382 f.
5 Houben I, S. 57.
6 Ebenda, S. 64.
7 Die Briefe Theodor Kräuters an Eckermann, nach den Handschriften des Goethe- und Schiller-Archivs mitgeteilt von Max Hecker. In: Goethe-Jahrbuch 12/1926, S. 283.
8 Houben I, S. 310.
9 Houben II, S. 624 f.
10 Gespräche, S. 97.
11 Ebenda, S. 98.
12 Frédéric Soret, Zehn Jahre bei Goethe, Leipzig 1929, S. 328.
13 Ebenda, S. 75.
14 Ebenda, S. 413.
15 Ebenda, S. 361.
16 Houben I, S. 611.
17 Ebenda, S. 559.

IV.

Dichterisches Mit-Leiden. Johann Peter Eckermanns
Nachleben zwischen Spott und Apologie

Von Christian Juranek

Allem Anfang haftet etwas Wunderbares an, so wie dem Ende das Besondere. Aus der nördlichen Lüneburger Heide stammte er, der Vertraute Johann Wolfgang von Goethes, Johann Peter Eckermann. Ganz klein und ärmlich die Verhältnisse seiner Abstammung und seines Aufwachsens.

Wie stellt sich ein solches Bild im Wechsel der Zeiten dar? Pikante Schüttelreime gibt es über ihn, die gerade sein Lob des Herkommens in ein besonderes Licht tauchen:

> »Auf Winsen sich die Ruhe legt,
> Kein Windeshauch die Luhe regt.
> Da hebt Gemuh, Gemecker an:
> Die Herde heim treibt Eckermann.«

Ein Idyll, jedenfalls vom Autor so überschrieben. Aber gleichzeitig, leider die Wirkung schmälernd, schickt er die Erklärung voran: »Eckermann begann seine Laufbahn in Winsen an der Luhe als Hirtenjunge.« Wie steht er da, in Ironie getaucht durch all die vielen begabten Dichterworte. Der arme Eckermann. Nördliche Beleuchtung.

Ein Leben läßt sich häufig genug nicht hinreichend bestimmen; eingespannt zwischen die Dialektik entgegengesetzter Bewertungsprinzipien ganz besonders das des unglücklich-glücklichen Johann Peter Eckermann. Einerseits der Ziegenhirte, mit meckernden und murrenden Beitönen, andererseits eine Hochschätzung seiner Leistung, wie man sie kaum glauben möchte und wie sie von den Apologeten immer wieder ohne genaueres Hinsehen nachgebetet wird.

Einsam auf bergichter und nebelumhangener Höhe spricht er ihn aus, den bekannten Satz über Eckermanns »Gespräche mit Goethe in den letzten Jahren seines Lebens«, Friedrich Nietzsche. In seiner bissigen Ironie ist er »Der Schatz der deutschen Prosa« betitelt.[2] Er beginnt mit einem Konditional, der die Folie des Abhebens darbietet: »Wenn man von Goethes Schriften absieht und namentlich von Goethes Unterhaltun-

gen mit Eckermann, dem besten deutschen Buche, das es giebt: was bleibt eigentlich von der deutschen Prosa-Literatur übrig, das es verdiente, wieder und wieder gelesen zu werden? Lichtenbergs Aphorismen, das erste Buch von Jung-Stillings Lebensgeschichte, Adalbert Stifters Nachsommer und Gottfried Kellers Leute von Seldwyla – und damit wird es einstweilen am Ende sein.« Einzig steht er da, dieser Satz über den vermeintlichen Lakaien, den Sekretär, das »Sprachrohr« Goethes, Johann Peter Eckermann. Aber in der Physiognomie des Werkes von Friedrich Nietzsche bedeutet dieser Aphorismus Nr. 109 des Jahres 1884 aus dem Zweiten Band »Menschliches, Allzumenschliches« etwas sehr Symptomatisches: Die genuin zu Nietzsches Philosophie gehörende Dichotomie zwischen Romantischem und Dionysischem beziehungsweise zwischen dem klassisch-antiken und dem unproduktiv christlich-abendländischen fußt auf dem bei Eckermann verzeichneten Ausspruch Goethes vom 2. April 1829: »Das Klassische nenne ich das Gesunde und das Romantische das Kranke.«

Das Klassische bekommt in Nietzsches Denken die Kraft des Dionysischen, das eigentlich das Produktive bedeutet. Dies ursprünglich Produktive als das Kreative, das gleichzeitig den Begriff des Genießerischen in sich führt und inhärent den der persönlichen Freiheit beziehungsweise Be-Freiung, wird für Nietzsche in Goethe verkörpert. Diese Auffassung als hermeneutische Leitposition in der geschichtlichen Vergegenwärtigung ist wesentlich durch Eckermann vermittelt, denn der Stil zumindest der Eckermannschen Aufzeichnungen ist nicht Goetheschen Ursprungs. Die Hochschätzung der »Gespräche« erklärt sich aus einem anderen, dem 96. Aphorismus: »Der große Stil entsteht, wenn das Schöne den Sieg über das Ungeheure davonträgt.«[3]

Auffällig ist auch die Nachbarschaft Eckermanns in Nietzsches Aphorismus: Georg Christoph Lichtenberg, Johann Heinrich Jung-Stilling, Adalbert Stifter, Gott-

fried Keller. Wofür stehen denn diese Dichter, und
wofür steht in Nietzsches Denken dann Eckermann?
Nietzsche steht hier in einer Tradition der Aufklärung
– natürlich in einer eigenen, sehr spezifischen Art und
Weise, die letztlich auf einem antikischen Idealbild
beruht, das seinerseits wieder Interpretament ist –, die
Sprachgewalt Lichtenbergs, gepaart mit bissigem
Humor, ist für ihn Leitmodell, auch stilistisch. Gottfried Keller und Adalbert Stifter erscheinen seinem
Denken klassisch, ähnlich wie Goethe selbst.[4] Er sieht
sich in einem Kampf gegen das Romantische und
vermeint dabei bei Stifter und Keller Zeichen von mehr
Stärke, innerem Wohlsein auszumachen. Dabei aber
denkt Nietzsche letztlich in Eckermannscher Prägung,
und die Dichotomien und Denkfiguren erscheinen
ausgerechnet durch ein Medium, eben den Dichter
und »Notierer« Johann Peter Eckermann vorgezeich-
net. Ein Tadler des Epigonentums als Epigone? Wohl
kaum, aber ein durch den nicht bewerteten D i c h t e r
Eckermann beeinflußter. Der Verfasser der eigenen
Lebensgeschichte Jung-Stilling gleicht dem Eckermannschen Phänomen; allerdings ist es für ihn »nur«
ein Leben, aber eben eines, das Goethe herausgibt, das
stilbildend wirkt. Es ist die Tätigkeit als Lebensprinzip,
die die Umwertung der deutschen Prosa bewirkt; das
Schöne als Prinzip wirkt, Goethe wird beinahe zur
Metapher des Schönen (vielleicht auch des Antikischen); anschaubar, genießbar, erlebbar ist es im Phänomen. Eckermann ist das Phänomen, die Form des
Prinzips, das den Sieg über das Ungeheure davon-
getragen hat. Das Ungeheure ist das Romantische.
Ein Zirkelschluß beinahe, dessen hermeneutische
Erkenntnis aus sich selbst entsteht. Goethe äußert
gegenüber Eckermann – Eckermann formt – Eckermann gibt Anlaß zu Formen – Eckermann formt das
Schöne als Prinzip; es wird »der Schatz der deutschen
Prosa«. Oder es ist etwas mit tongue-in-cheek gewertet, umgewertet?

Aber auch der Ort, an dem Nietzsche die Ecker-
mann-Würdigung gedanklich faßt, muß bei Wertungen mit ins Auge gefaßt werden; die Sammlung
»Menschliches, Allzumenschliches« hat die Tendenz,
Künstlerisches auf seinen handwerklichen Charakter
hin zu reduzieren. Eine moderne Tendenz, zu der auch
der Verweis auf die Erkenntnis vom Ende der Kunst
gehört. Deshalb also die Hochschätzung Eckermanns.
Kunsthandwerk, Wissenschaft, und das Schöne als
Schein in der Morgenröte vom Ende der Kunst. Eckermann ist wissenschaftliche Kunst, Goethe handwerk-

lich umzuformen; das ist, was bleibt, wenn die Kunst
stirbt. Oder ist das allzumenschlich gedacht?

Menschlich jedenfalls, vielleicht allzumenschlich ist
das literarische Denkmal für Eckermanns »Beiträge
zur Poesie mit besonderer Hinweisung auf Goethe« in
der »Reise von München nach Genua«, die im Erstdruck von 1830 den dritten Teil der »Reisebilder« von
Heinrich Heine ausmacht. Das Goethesche Mignon-
Lied als Ausgangspunkt wird Anlaß des Heineschen
Verfolgungswahns: einmal ausgedrückt, ist es als
Zeugnis deutscher Italien-Sehnsucht und ihrer Ver-
körperung ein dichterisches Problem geworden. Die
Wiedergabequalität des Goetheschen Wortes ist so
groß, daß sie zum Anlaß für Heine wird, auf die
Eckermannschen Überlegungen einzugehen: »Ein
Herr Eckermann hat mal ein Buch über Goethe
geschrieben, worin er ganz ernsthaft versichert: hätte
der liebe Gott bei Erschaffung der Welt zu Goethe
gesagt: ›Lieber Goethe, ich bin jetzt gottlob fertig, ich
habe jetzt alles erschaffen, bis auf die Vögel und die
Bäume, und du tätest mir eine Liebe, wenn du statt
meiner diese Bagatellen noch erschaffen wolltest‹ – so
würde Goethe, eben so gut wie der liebe Gott, diese
Tiere und Gewächse ganz im Geiste der übrigen
Schöpfung, nämlich die Vögel mit Federn, und die
Bäume grün erschaffen haben. Es liegt Wahrheit in
diesen Worten, und ich bin sogar der Meinung, daß
Goethe manchmal seine Sache noch besser gemacht
hätte, als der liebe Gott selbst, und daß er zum Beispiel
den Herrn Eckermann viel richtiger, ebenfalls mit
Federn und grün erschaffen hätte. Es ist wirklich ein
Schöpfungsfehler, daß auf dem Kopfe des Herrn
Eckermann keine grünen Federn wachsen, und
Goethe hat diesem Mangel wenigstens dadurch abzu-
helfen gesucht, daß er ihm einen Doktorhut aus Jena
verschrieben und eigenhändig aufgesetzt hat.«[5] Über
diesen Passus hinaus enthält Heines Handschrift noch
weitere stilistische Übungen: »Wenn ich unlängst, in
den politischen Annalen, mit einigen Unmut über
solche Kreaturen sprach, so verzeih mir Gott oder
Goethe diese Sünde, und ich will ehrlich gestehen, daß
etwas Neid dabei im Spiel war. Ich gab mir nämlich alle
mögliche Mühe ebenfalls etwas zu erschaffen, ich
konnte es nicht weiter bringen als zu gewöhnlichen
Maikäfern. Ich sah deshalb mit Neid auf den Herrn
Doktor Eckermann, das heißt ich war neidisch, daß ich
ihn nicht selbst erschaffen, oder aus dem vorhandenen,
ordinären Stoff, wie Goethe es getan, ausgeschaffen
hatte.«[6] Weniger wichtig ist bei der Beurteilung dieses

Goethes Haus in Weimar am Tage der Wiederkehr seines 100 jaehr. Geburtstages den 28. August 1849.

Unbekannter Künstler: Goethes Haus in Weimar am Tage der Wiederkehr seines 100 jaehr.
Geburtstages den 28. August 1849. Goethe-Nationalmuseum.

Zeugnisses die eigentliche inhaltliche Aussage: daß Eckermann dabei vollständig lächerlich gemacht wird, muß kaum betont werden. Aber was geschieht in dieser Passage wirklich? Geht es Heine überhaupt um Eckermann? Ist der Anknüpfungspunkt nicht eher das dichterische Problem der Nachahmung und der Aussagewert von Dichtung und über Dichtung?

Auf der einen Seite der Wirkungsgeschichte, am äußersten Ende stehen diese Heineschen Zeilen: beißender Spott. Und, mehr noch: Sie sind symptomatisch insofern, als sie nicht etwa wirklich den Dichter Eckermann und seine Produkte, den Schriftsteller oder Wissenschaftler, sondern den Menschen meinen und treffen. Genau wie in der Platen-Polemik wird hier der private Mensch ins Visier genommen und herabge-

setzt. Daß Eckermann Vogelliebhaber war, ist Heine demnach sehr bewußt gewesen. Was die menschliche Unsauberkeit gegenüber Eckermann im Urteil anlangt: sie wird nur teilweise durch die Qualität der Ironie, die sprachlich bereits die Grenze zum Sarkasmus überschritten hat, aufgefangen. Heines Schilderung in ihrem gleichwohl brillanten Habitus der Beherrschung sprachlicher Mittel meint aber nicht wirklich Eckermann, sondern ist subtil gewordenes Leiden an der dichterischen Größe des »Meisters« und damit gleichzeitig Gradmesser des Bewußtseins vom drohenden Ende des Lebens der Kunst in der tristen Welt.

Daß Heine es nicht ganz genau auf Eckermann abgesehen hat, beweist der Nachsatz im Ersten Buch der »Romantischen Schule«, deren Erstdruck aus dem Jahr 1835 in deutscher Sprache erschien: »Wenn ich etwas herbe von den Gegnern Goethes gesprochen habe, so dürfte ich noch viel Herberes von seinen Apologeten sagen. Die meisten derselben haben in ihrem Eifer noch größere Torheiten vorgebracht. Auf der Grenze des Lächerlichen steht in dieser Hinsicht einer namens Herr Eckermann, dem es übrigens nicht an Geist fehlt.«[7] Noch zu diesem Zeitpunkt ist tatsächlich die Person im Mittelpunkt des Heineschen Urteils, sind doch die »Gespräche mit Goethe in den letzten Jahren seines Lebens« erst im März 1836 erschienen.

Ähnlich klingen die Worte vom Ende der Kunstperiode in der Weimarstrophe der »Tannhäuser«-Gedichtfolge aus den »Elementargeistern«, deren Erstdruck im »Salon III« im Jahr 1837 erfolgte:

>»Zu Weimar, dem Musenwitwensitz,
>Da hört ich viel Klagen erheben,
>Man weinte und jammerte: Goethe sei tot
>Und Eckermann sei noch am Leben!«[8]

Es scheint kaum nötig zu betonen, daß sich neben der Tatsache, daß sich Eckermanns Stil überaus leicht parodieren läßt, eben auch die eigentümlichen Umstände seines Lebens und Charakters sehr dazu eignen. Inhaltlich ist es aber die durch sprachliche Ironie sublimierte Eigenschaft des zunehmenden Verlustes vom beschworenen Leben der Musen unter den Lebenden – Goethe –, die ähnlich bei Nietzsche anzutreffende (vielleicht ewige?) Hoffnung auf das Reich der Künste, dessen Abglanz Goethe auf Erden lebte; Eckermann aber ist Schattenbild, Folie und Spottgegenstand.

Nach der Lektüre der »Gespräche mit Goethe« hat sich für Heine die Beurteilung Eckermanns kaum verschoben; für ihn ist der Gesprächsnotierer sehr wahrscheinlich der Inbegriff des bürgerlichen Bewohners eines Musenwitwensitzes geworden. In einem Brief an Georg Weerth vom 5. November 1851 heißt es: »Apropos Goethe: Ich habe vor einiger Zeit wieder Eckermanns Gespräche mit Göthe gelesen und ein wahrhaft pomadiges, besänftigendes Vergnügen darin gefunden. Ich beschäftige mich gern zu meiner Geistesabspannung mit solcher Lektüre; meistens lese ich jetzt Reisebeschreibungen, und seit 2 Monaten bin ich nicht aus Senegambien und Guinea herausgekommen.«[9] Weimar nach Goethes Tod – afrikanischer Urwald? Eckermann ein bürgerlicher Neger? – Antworten auf solche Fragen verbieten sich, sind aber durchaus dem Heineschen Bild gemäß. Heine-Eckermann: das bedeutet öffentliche Verspottung auf hohem schriftstellerischem Niveau. Wahrheit und gleichzeitig Darstellung ist nicht gefragt. Guter Stil kleistert eben auch herabsetzende Meinungen zu.

Wahrhaft den Charakter des Mannes aus der nördlichen Heidemarsch trifft eine Dame, die ihn persönlich kennt, aber sehr genau auch den verstorbenen Herrn im Reich der Dichtkunst: Ottilie von Goethe. In einem Brief an Abraham Hayward vom 12. April 1856 umreißt sie, durchaus distanzierend, indirekt sehr treffend die Person des Johann Peter Eckermann: »Ich hätte nicht für möglich gehalten, daß man so ohne alle Beimischung seiner eigenen Individualität hören, auffassen, und nieder schreiben könnte, wie Eckermann es getan hat, in den Gesprächen mit meinem Schwiegervater, und nur in zwei oder drei Fällen hätte ich für die, die ihn nicht persönlich kannten, einen Nachsatz gewünscht, im allgemeinen war uns, als hörten wir seine Worte und Stimme.«[10] In Ottilie von Goethes Worten klingt ein Wertungsproblem den Eckermannschen Gesprächen gegenüber an, das die Wirkungsgeschichte im engeren bestimmen sollte, aber von der Gestalt dessen, der diese Gespräche geschrieben hat, abführt: das Problem der Authentizität. Wesentlich für die historische Optik ist die Wahrnehmung eines Menschen, der offensichtlich fähig ist, sich soweit anzupassen, daß er selbst sein eigenes Ich verliert, das sich dann verschmilzt.

Gleichermaßen scheinen sich die zeitgenössischen Rezensionen vornehmlich für das nämliche Echtheitsproblem oder aber dafür zu interessieren, warum und wie welche wichtigen Personen gewertet, gesehen und gezeichnet sind. Ein Blick auf die wesentlicheren dieser Rezensionen kann darüber im einzelnen Aufschluß geben.

Den Anfang macht Kanzler Friedrich von Müller unter dem Titel »Goethe in vertraulicher Unterhaltung« in der Augsburger »Allgemeinen Zeitung« vom 15. Mai 1856, in der Eckermann bezeichnenderweise als »mehrjähriger teurer Tisch- und Arbeitsgenosse Goethes«[11] charakterisiert wird. Eckermanns Haltung wird als ein »reines, durch System- und Parteisuche noch völlig ungetrübtes Gemüt«[12] umschrieben, doch worum es von Müller hauptsächlich geht und wie Johann Peter Eckermann gesehen wird, das findet seinen Ausdruck, wenn es heißt, daß man durch »das Medium dieser Konversationen« gleichsam »in das Atelier des großen Mannes«[13] eintritt.

Karl August Varnhagen von Ense hatte bereits über die »Beiträge zur Poesie mit besonderer Hinweisung auf Goethe« von Eckermann aus dem Jahre 1824 in einer Rezension festgestellt, daß deren Verfasser eine »gelassene, ruhige Einsicht in die Poesie und Kritik« habe und ein »feiner, kundiger Leser der Goethe'schen Schriften« sei.[14] Wohl bereits zu diesem Zeitpunkt beurteilt er Eckermann indirekt aus dieser Schrift, wenn er schreibt: »Ohne Anspruch auf blendende Blitzschläge oder gewaltiges Wetterleuchten in seinem ästhetischen Bemühen, giebt Herr Eckermann meist nur einfache Sätze, gleichsam die Elemente des Dichter-Verständnisses ...«[15] Das Ende dieser Besprechung gibt als Resultat einen Rat an die werdenden Dichter, ohne zu wissen, daß Eckermann selbst sich als einen solchen sah: »Wir glauben, daß nicht nur jeder sinnvolle Leser deutscher Dichtungswerke manche Befriedigung, sondern auch insbesondere jeder Genosse der zahlreichen Schaar, die an unserem Parnaß aufzuklimmen bemüht ist, manche gute Belehrung aus diesem Bändchen schöpfen kann!«[16]

In der Rezension der Eckermannschen Gespräche in der »Mitternachts-Zeitung für gebildete Stände« vom 13. Juni 1836 geht Varnhagen von Ense einen Schritt über das Annotieren und Referieren hinaus und äußert zu bestimmten Gesprächsgegenständen, namentlich zu einigen Personen, seine Meinung. Allgemein stellt er fest, daß man dem Autor, nämlich eben Eckermann, »höchlich verpflichtet« sei und die Bücher als ein »herrliches Geschenk« ansehen solle.[17] Eine Stelle aber, die in der Erstausgabe mit Sternchen den Autorennamen anonymisierte und in der Goethe dem dort besprochenen Autor »reiches Talent« bescheinigt, gleichzeitig aber bemängelt, daß ihm die Liebe fehle, deutet Varnhagen von Ense auf Heinrich Heine. Das ist, besonders wenn man an dessen Eckermann-Urteile denkt sowie an sein schriftstellerisches Verfahren sogar Kollegen gegenüber, höchst einsichtig. Allein Eckermann klärt ihn auf: die gedeutete Stelle beziehe sich auf den Grafen Platen. Über Eckermann und sein Tun wird wenig ausgesagt, und es bleibt in der Geschichte der Würdigung der Gespräche auch so, daß insonderheit als der eigentliche Verfasser Goethe selbst angesehen wird. Letzthin ist es selbst bei Nietzsche nicht klar, inwieweit er Eckermann beziehungsweise dessen schriftstellerische Leistung in seinem Aphorismus inhaltlich benennt.

Symptomatisch ist in dieser Hinsicht auch die Besprechung der beiden ersten Gesprächsbände durch Georg Gottfried Gervinus »Über Eckermanns Gespräche mit Göthe« in den »Blättern für literarische Unterhaltung« vom 17.–19. Mai 1837, in denen sofort auf Goethe und die Tatsache, daß sie einen neuen Schlüssel für dessen Verständnis böten, eingegangen, hingegen mit keinem Wort etwas über ihren eigentlichen Verfasser gesagt wird.

Rudolf Abeken hingegen hat in seiner Rezension desselben Gegenstandes in der gleichen Zeitschrift vom 25.–27. Juni 1836 deutlich auf die Position des Autors Johann Peter Eckermann hingewiesen: »Wir kennen eine große Zahl von Menschen, die, nicht ahnend, daß sie bei ihrem Schelten und Schreien über Parteinehmung für Göthe selbst, und nicht auf erfreuliche Weise, Partei machen, von E. sagen werden, er habe sich mit Leib und Seele Göthe verkauft. Es ist keinem Zweifel unterworfen, daß sich ein Geist von größerer Selbständigkeit und Originalität einem solchen Verhältnis nicht bequem haben würde; an einen solchen hätte Göthe sich auch gar nicht gewandt, ebenso wenig an einen Unempfänglichen, Geistesarmen.«[18]

Abeken hat hier vielleicht zum ersten Mal benannt, was zu einer Hauptleitlinie der Rezeptionsgeschichte werden sollte: Die Frage nach der Funktion, der Befindlichkeit und dem Verhältnis zwischen Goethe und Eckermann, ganz besonders ein Interesse der späteren Aneignungsproblematik. Selbständigkeit und Originalität als Manko – bis auf bestimmte Phänomene sogar stimmige Defizitbezeichnungen; aber um der Wahrheit willen hält Abeken dagegen, daß die spezifisch Eckermannsche Geisteshaltung in seiner besonderen Situation vonnöten war; und unter Umständen sogar richtig? Die Frage nach künstlerischer Fokussierung oder aber der Leistung des intellektuellen Filters, der das Zustandekommen des Werkes überhaupt erst ermöglicht, wird aufgeworfen, aber natürlich in Hinblick auf den alles in den Schatten stellenden Meister Goethe nur in apologetischer Hinsicht beantwortet. Sehr wohl wahr dürften die abschließenden Bemerkungen sein: »Wenn aber von einem Verkaufen die Rede sein soll, so muß das erwogen werden, was man zahlt, und das, was man dafür erhält. Ferner dürften die schönen Worte in den ›Wahlverwandtschaften‹: Gegen große Vorzüge anderer gibt es kein Rettungsmittel als die Liebe, hier wohl am rechten Platze sein.«[19] Hinter allem also das große dichterische Potential des großen Dichters, Eckermann konnte demnach gar nicht anders. Apologie, wohlwollende.

Sachlich nüchtern klingt die Wertung bei einem, der zumindest für den dritten Teil der Gespräche einen ganz wesentlichen Anteil des Ruhmes für sich in Anspruch nehmen könnte, nämlich Frédéric Soret. Eingangs lautet sein ziemlich auf das Wesen des Dokumentarischen abhebendes Urteil in seiner Buchrezension in der »Bibliothèque universelle de Genève« aus dem Juli 1836: »Das vertrauliche Gespräch eines Mannes von Genie steht in mehr oder weniger unmittelbarer Beziehung zu den Produktionen seines Geistes; man ist deshalb den Personen zu Dank verpflichtet, die jenes Glück genossen und die Idee hatten, eine Art von Tagebuch darüber zu führen; dies ist der Dienst, den Herr Eckermann den Lesern Goethes erwiesen hat.«[20] Dienst am Werk Goethes ist Leistung, wenngleich diese wahrscheinlich einflußreichste Rezension einschränkend festhält: »Wir sind weit davon entfernt, den Enthusiasmus einiger Leute zu teilen, die alle Gedanken, alle Hervorbringungen eines großen Genies für ausgezeichnet halten.«[21]

Wiederum psychologisierend und dabei eine bestimmte Sicht stilisierend verfährt Christian Hermann Weiße in seiner Rezension in den »Jahrbüchern für wissenschaftliche Kritik« aus dem August 1836: »Dieses Gepräge [der Gespräche – C.J.] ist der Ausdruck des persönlichen Verhältnisses zu Eckermann, eben so, wie das gleichfalls je nach Personen, an die sie gerichtet sind, unterschiedliche Gepräge der Briefe Goethes der Ausdruck seines Verhältnisses zu diesen ist. Wir werden durch das Bild, welches uns Eckermann von seinem Umgange mit Goethe gibt, vielfach erinnert an das althergebrachte Verhältnis von Meistern bildender Kunst in jenen schönen Zeiten, wo es für diese Kunst noch keine Schulen und Akademien gab, zu den Schülern, die sich um sie sammelten und unter ihren Augen arbeiteten.«[22]

Das Verhältnis des Jüngers zu seinem Meister. Ein griffiges Bild, leicht reproduzierbar, aber eben auch von Eckermann durchaus vorgegeben, vorgeformt. Das Absichtliche der Selbststilisierung wird völlig übersehen, das schriftstellerische Verfahren gleichermaßen.[23] Die Pädagogisierung Goethes – unter diesem Schlagwort wäre das Phänomen greifbar – wird als hermeneutisches Wahrnehmungsmodell die Rezeptionsgeschichte des 19. Jahrhunderts bestimmen; wie früh sie einsetzt, wird hier ablesbar. Aber Eckermann hat daran seinen Anteil, allerdings unter der Prämisse, daß man sich für Johann Wolfgang von Goethe interessiert, dessen Schlagschatten dann aber so stark wird,

daß er andere Phänomene und Personen verdeckt. So auch Eckermann. Aus dessen Perspektive gefragt und beobachtet, nimmt sich denn die Leitlinie der historischen (und ästhetischen) Annäherung anders aus.

Schauen wir weiter, wie ein tiefgründiger Dichter über Eckermann denkt beziehungsweise seine »Gespräche mit Goethe in den letzten Jahren seines Lebens«. Friedrich Hebbel liest beide Bände und schreibt daraufhin an Elise Lensing am 13. September 1837: »Ich lese so eben Eckermanns Gespräche mit Göthe und fühle mich gedrungen, Mancherlei, was diese Lektüre in mir angeregt hat, gegen Dich auszusprechen. Eckermann erscheint mir keineswegs als ein irgend bedeutender Mensch, denn in diesem Fall hätten ihm in seinem Alter viele bedeutende Dinge, die ihm von Göthe überliefert wurden, unmöglich neu sein können; sie müßten ihm längst klar gewesen sein und Göthe hätte höchstens noch sein Siegel darunter gedrückt; er kommt mir vor, wie Adam, dem Gott der Herr seinen Hauch einbläst. Und dennoch hat dieser Mann sich in ein angenehmes und ehrenvolles Verhältnis zu Leben und Welt gesetzt, er ist mit Allem, vornämlich mit sich selbst, im Reinen, freut sich dessen, was er hervor zu bringen vermag, mäkelt und klügelt nicht und genießt in heiterm Bewußtseyn jeden Tropfen seiner Existenz, sieht seinen Genuß vielleicht gar durch die Erinnerung überstandener Mühseligkeiten und Plagen erhöht.«[24] Im Brief an dieselbe Adressatin vom 20. September geht Hebbel dann, ähnlich dem Verfahren Varnhagen von Enses, über die Bemerkung »Das Buch von Eckermann über Göthe hat mir viel zu schaffen gemacht«[25] gleich auf inhaltliche Probleme der Ansichten Goethes ein. Immerhin: Friedrich Hebbel diagnostiziert als einer der ganz wenigen Rezipienten die Lage und geistige Physiognomie Eckermanns; daß er sich in der Feststellung von dessen vermeintlichem Behagen und heiterem Bewußtsein gründlich irrt, schmälert kaum die intensive Einsichtskraft.

Peinlich berühren mag der Hebbelsche Vergleich Goethes mit Gott und Eckermanns mit Adam, denn ganz ähnlich – schöpfungsgeschichtlich-biblisch – hat Heine sein Urteil bebildert. Es soll an dieser Stelle nicht weiter untersucht werden, welchen Wahrheitsgehalt das Urteil hat, aber es erscheint dem heutigen Rezipienten von Wirkungen auffällig, daß die Eckermannschen »Gespräche« insbesondere auf produktive Geister eben in der Weise gewirkt haben müssen, daß die Gestalt des Schriftstellers und Menschen Eckermann als vollständig minor und abhängig gezeichnet wird. Das Denkbild des großen Menschen ist wahrscheinlich zu stark, zudem handelt es sich um die Zeit des Denkmals; Goethe wurde schon zu seinen Lebzeiten als solches beziehungsweise als Idee derartig wahrgenommen. Die Bildhauer werden nicht beachtet. Die Zeit der Antike ist vorüber, weshalb ja Heine und später auch Nietzsche so darüber klagen und sie als Gegenwelt konstruieren.

Durch Eckermann angeregt und daher im Prozeß des Kreativen auf einer höheren Stufe, wodurch das Urteil tiefgründiger wirkt, zeigt sich Hebbel in einer Tagebuchnotiz vom 13. August 1857: »Es gibt Augenblicke, wo der Mensch durch Tat oder Wort sein Innerstes und Eigentümlichstes ausdrückt, ohne es selbst zu wissen; die Kraft des Dichters hat sich in ihrer Erfassung zu betätigen. Dies ist es, was Heine unter Naturlauten und Goethe unter Naivität versteht.«[26]

Vollständig auf die Seite des Spotts, aber in ähnlicher Sichtweise wie Heine und Hebbel, schlägt sich schließlich, völlig einprägsam und in der Prägnanz geradezu in F. K. Waechterscher Manier, satirisch-modern Nikolaus Lenau mit dem Vers

»Eckermann und Goethe,
Blaserohr und Flöte.«[27]

Eine unmittelbare Wirkung verspürt nach der Lektüre Ernst Freiherr von Feuchtersleben; in einem Brief an Joseph Zauper vom 5. Oktober 1838 stellt er fest: »Es wird eine Zeit kommen, wo man nach dem Tagebuche eines jeden echt Gebildeten fragen und hastig greifen wird.«[28] An den Briefempfänger selbst gewendet, der mit Goethe in Kontakt stand und selbst Gegenstand in den »Gesprächen« war, bemerkte Feuchtersleben: »Dem trefflichen Eckermann, dessen früheres, mir bisher unbekanntes Buch ›Beiträge usw.‹ ich erst unlängst mit Vergnügen und Belehrung gelesen habe, mögen Sie immerhin sagen, wie sehr ich ihn achte ...«[29]

Eine neue Sicht mit einer Wendung ins Reale gibt neben anderen der jungdeutsche Autor Heinrich Laube in seinen zwischen 1833 und 1857 erschienenen »Reisenovellen«. Im Weimar-Kapitel heißt es lapidar: »Vom Kreise Goethes leben jetzt noch in Weimar der Kanzler von Müller, Riemer und Eckermann.«[30] Laube selbst stand mit Johann Peter Eckermann im Briefwechsel; vielleicht durch den Umgang und das bessere Kennen mit geschärftem Blick, gibt er ein differenziertes Urteil über den vermeintlichen Goetheschen Sekre-

tär: »Von großem Eindruck sind mir ›Sentenzen und Ansichten‹ Eckermanns gewesen, weil sie mich zwingen, dem Manne ein Unrecht abzubitten. Wir haben ihn immer nur als Sekretär Goethes behandelt, dem kein weiteres Verdienst als das getreuer Überlieferung zukomme. Hier giebt er Eigenes. Dies ist großentheils von Goethe'schem Athem und Goethe'scher Art, daß ich bekennen muß: dieser Mann hat Wesentliches Goethe'scher Anschauungsweise sich angeeignet. Er bleibt in der üblen Lage, daß Spötter auch dies zu bloßer Erbschaft von Goethe rechnen werden. Möge ihn das nicht kümmern! – Nunmehr muß ich ihm auch für die ›Gespräche Goethes‹, die ich stets zum Besten unsrer Literatur gerechnet habe, ein viel selbständigeres und dankenswertheres Verhältnis einräumen ...«[31]

Typisch auch hier die anfängliche unterlegte Haltung des Dichters, trotz seiner Kenntnis der Person und der Lebensumstände Eckermanns: zunächst die Vermutung der totalen Abhängigkeit und die Sicht auf ihn als einen Sekretär, die dann wirklich als verfehlt eingestanden wird. Parallel dazu fällt Laube die Gefahr auf, Spötter könnten sich, wie es ja bereits geschehen war, Eckermanns als Zielobjekt bemächtigen, weshalb er mitleidend der Hoffnung Ausdruck gibt, daß dies den Verfasser der »Gespräche« nicht kümmern möge ... Tiefergründig ist auch die Einsicht, Eckermann habe sich Wesentliches Goethescher Anschauungen zutiefst zu eigen gemacht. Demnach begegnet er hier nicht als Schöpfer beziehungsweise im modernen Sinne der Sprechakttheorie nicht als sprachlich Handelnder, sondern als agierender Rezipient.

Indirekt in das Werk hinein wirken dann über den »Umweg« Goethe dessen Ansichten, das heißt eigentlich deren novellistische Fassung, bei Karl Gutzkow. Gegen die schwäbische Dichterschule gewandt, teilt Gutzkow mit, daß sich diese anspruchsvoll gebärdet habe – bis zum Erscheinen der Eckermannschen »Gespräche mit Goethe«.[32] Höchlich bezeichnend ist die Art des Umgangs mit dem Werk: Die bewußte Herausnahme von einzelnem zum Zwecke der Verwendung. Geltende Umgangsmaxime bis heute.

In einem späteren »Vorwort des Verfassers«[33] zu dem als Festspiel für Frankfurt am Main zu Johann Wolfgang von Goethes 100. Geburtstag im Jahre 1849 geplanten Lustspiel »Der Königsleutnant« weist Gutzkow auf die realen Entstehungszusammenhänge und die Revolution von 1848/49 hin. Eckermann vermittelt dabei das Aufeinanderstoßen von unterschiedlichen Zeitauffassungen bezüglich seiner Mitteilungen über die Revolution von 1830 in Frankreich, die der große Dichter und Wissenschaftler ja so ganz anders verstanden hat. Als Schablone zum Abheben der von der Form her notwendigen Schärfe diente für Gutzkow Eckermann in Hinsicht auf den epigrammatischen Wortwitz über Riemer: »Tüchtig und ehrlich Dein Herz, philisterhafter Dein Denken,/Aber lederner noch konnte ein Riemer nur sein.«[34] Auf den Menschen bezogen – typisch jungdeutsch, wie es seinen stilistischen Höhepunkt bei Heinrich Heine findet – das Urteil. Biedere Tugenden im Sprachgebrauch der Zeit, echt empfunden; das Denken aber philisterhaft, weil abhängig in den verschiedensten Facetten. Ein wohlwollender Angriff, aber einmal mehr getragen, wenn auch nicht so dezidiert psychologisierend wie im 20. Jahrhundert, von künstlich aufgesetztem, von der rechten Gesinnung verordnetem dichterischem Mit-Leiden.

Bausteine zum 19. Jahrhundert sind wohl nachzutragen, weichen aber kaum vom gezeichneten Spektrum der Wahrnehmung ab. Beendet wird es von den wuchtig-graziösen Worten des Umwerters der Urteile, dessen feiner Hintersinn in bezug auf Johann Peter Eckermann anscheinend noch immer versteckt schlummert.

Ein andersartiger Ironiker mit Sinn für das Spielerische in der Sprache und der Dichtung hält im Jahre 1909 seine Eindrücke in seinem Tagebuch fest: Christian Morgenstern: »Nichts kann mich mehr aufbringen, als wie allezeit hier und dort über den Eckermann geredet wird. Immer ist ein halb mitleidiges Lächeln dabei, gleich als handele es sich um eine durchaus subalterne Natur, der es jeder seiner gönnerhaften Bespotter unvergleichlich zuvorgetan haben würde. Man hängt sich an die Einfalt mancher seiner Fragen und bedenkt nicht, daß er oft nur frug, um Goethen zu locken und anzureizen, man wirft ihm eigene Unbedeutendheit vor und übersieht die Fülle feiner Beobachtungen und Bemerkungen, die anmutigen Berichte über seine Liebhabereien, den langen Brief aus Genf und überall den Sinn und Takt fürs Wesentliche, der uns niemals mit Tagesgeschwätz langweilt, sondern ihn fortwährend bei der Würde seiner einzigartigen Aufgabe festhält. – Laß sie sich immer überheben, würde Goethe selbst sagen, soviel ist gewiß, daß ihrer keiner mich vermocht hätte, mein inneres Leben so munter und lebendig vor ihm zu entwickeln, wie dieser liebe Junge, der wohl nicht groß war im Sinne schöpferischer Kraft, aber in seinen Maßen ein ganzer Kerl, ein Vorbild, allen denen zu empfehlen, denen es um ihre Bildung wahrhaft ernst ist, und die, da ihnen Gott die

zeugende Kraft nur unvollkommen gewährt hat, im produktiven Empfangen seiner Höhe zustreben müssen und ihm damit wohl ebenso nahe kommen mögen, wie unsereins mit seinen stärkeren Mitteln und glücklicheren Voraussetzungen.«[35]

Der produktive Geist Morgenstern mit höchst sensiblen Nerven für die Nuance zeigt sich in seinem Urteil wahrheitsnah und unbestechlich. Apologetisch gegenüber vorschnellen Negativurteilen und Angriffen, einsichtig in bezug auf die schöpferische Potenz. Allerdings konnte zu diesem Zeitpunkt die Einsicht in die Kreativität des Eckermannschen Geistes noch nicht sehr weit gediehen sein, gilt doch allgemein als einzige Textgrundlage eine Ausgabe der Gespräche; an Stiluntersuchungen an den Briefen mangelt es, selbst eine Analyse des Werkes auf seinen Autor hin und zu dessen dichterischem Verfahren fehlt.

Handelte es sich bei der Äußerung Christian Morgensterns um einen Aphorismus, womit denn das Thema Eckermann langsam einen literarischen Charakter annimmt, so ist dies in der Novelle »Der Gehilfe« in der Sammlung »Geschichtenbuch« von Arnold Zweig, die 1916 im Erstdruck erscheint, vollends der Fall. Feinfühlig drängt der Erzähler Zweig die Entscheidung Eckermanns, wie er sich seinem Gönner und seiner Aufgabe Goethe gegenüber verhalten soll, auf eine innerseelische Handlung in einer Nacht zusammen. Zudem wahrt Zweig äußerst kunstreich sogar die Einheit des Ortes und die der Zeit. In der Postkutsche sitzend, noch an seine Braut und ihre mißliche Lage denkend, passiert er Weende auf Göttingen zu, wo er einst studiert hat; »die Trunkenheit des Grames und des Schlafes lähmten ihn«[36]. Die Aufgabe, Goethe, Weimar: »Er hatte es vergessen gehabt, Träumer, der er war …«[37] Und die erzählerischen Mittel wenden sich hin zu erlebter Rede, in der ein innerer stream of consciousness abläuft, dessen Bewegung in Richtung auf ein immer tieferes Hineinfressen in seinen Gram und seine mißliche Lage verläuft. Immer wieder versucht er Rechenschaft über sich und sein Leben abzulegen, denn »Formen! hatte es gerufen, schaffen!«[38]; seine Leistung aber waren die Gespräche: »Mochte das Wissen immer jenem gehören, dem Meisterer des Lebens: dennoch war sein die listige Ordnung des Inhalts, die Sprechgestalt der Rede, der treffende Ausdruck einer Stimmung, die majestätische Gebärde des greisen Sprechers. Er, der bescheidene Diener, durfte sie schreibend nachschaffen; am Schreibtisch war er Herr der Weisheit …« Immer weiter sich steigernd, empört er sich wider Goethe, innerlich zumindest. Er schaut zurück: »Damals hätte auch er ein originales Talent werden können … Heute war es zu spät – und daran war sein übermächtiger Einfluß schuld …«[39] Endlich, nach der anstrengenden, dunklen und winterlichen Fahrt in Göttingen an einer Herberge angekommen, hört er von zwei anwesenden Franzosen, daß zwischen Cuvier und St. Hilaire keinerlei Verständigung möglich wäre – Eckermann wird dies als das Revolutionsereignis des Jahres 1830 dem großen Weimarer in den Mund legen. Wohin Eckermann fahre? Nach Weimar. Und darauf folgt der Donnerschlag des novellistischen Gipfels: Goethes Sohn sei tot.

Eckermann ist wie betäubt, kann sich nicht fassen, verbringt eine furchtbare Nacht, deren Ergebnis der Sieg über den letzten Rest Originalität in ihm sein wird. Seine Rolle in der Welt und eben auch für die Nachwelt wird von hier aus anders definiert: »Wenn der Achtzigjährige [Goethe – C. J.] erläge, wenn er ihn nicht mehr lebend fände … Dann blieb die Welt leer. Dann kam es auf nichts mehr an. Dann war gleichgültig, ob ein Eckermann da war, ob er schrieb, ob er heiratete, ob irgendwer ihn kannte, Glück und Unglück waren sinnlos und das Leben zu Ende.«[40] Das Ergebnis der selbstquälerischen Gedanken steht bald darauf fest, Eckermann fühlt sich als »ganz kleines Männlein«.[41] Er wirft sich vor, daß er mit ihm, dem Prometheus, mit Goethe gehadert hatte. Was er gefühlt, gedacht hatte, in der Kutschenfahrt von Weende nach Göttingen, es war Verrat an seinem Leitstern gewesen. Deshalb »entrang sich ihm das Gelübde, ein treuer Gehülfe zu sein, und seinen Ruhm nur zu suchen, wo er ihm zustand: im Dienen«[42]. Ein letzter Traum versetzt Eckermann zusammen mit August in südliche Beleuchtung: Goethe ist väterlich zu ihm. Doch dann kommt der kalte, graue Tag der Wirklichkeit.

Diese erste literarische Verarbeitung des, nennen wir es so, Eckermann-Stoffes gehört zugleich zu den Höhepunkten in der Geschichte des Nachlebens dieser Person. Eckermanns Problematik ist auf einen inneren Konflikt reduziert und gleichzeitig verdichtet, entscheidende Handlungsstränge sind dramatisch an einem für seine Biographie wichtigen Ort in späterer Rückschau zusammengeknüpft und führen am Wendepunkt des novellistischen Erzählens nicht zu einer äußeren Handlungsvorgabe, sondern zu einer Veränderung in der Selbsteinschätzung der weniger handelnden denn – hier sei der Wilhelm Raabesche Begriff angebracht –

räsonnierenden dramatis personae. Dabei erhält der Leser durch den auktorialen Erzähler den Begriff einer höchst differenzierten, von Seelenspannungen umgetriebenen Gestalt, die im Prozeß des Narrativen immanent eine Spiegelung des Goetheschen Gegenpols bedeutet.

Die erste dramatische Beschäftigung mit der angesprochenen Thematik liegt in dem Schauspiel »Eckermann« von Ernst Lissauer aus dem Jahre 1921 vor, dessen Tendenz sich noch von den neuromantischen Strömungen des Jahrhundertbeginns gestreift zeigt.[43] Ein derartig umfassender Text kann an dieser Stelle nicht annähernd gewürdigt werden; für die Frage nach dem Bild der Person Eckermanns in diesem Dramentext reicht jedoch ein Blick auf das Ende des I. Aktes aus, das Eckermann im Dialog mit seiner Braut Marianne Gärtner in seiner Wohnung in Weimar vorführt, nachdem letztere plötzlich und unerwartet zu Besuch bei ihrem Bräutigam aufgetaucht ist.

Selbstverständlich geraten beide in ein Gespräch über die Situation Eckermanns, gerade auch im Hinblick auf Goethe. Marianne steigert in ihrer resoluten Art die Vorwürfe gegen Eckermann immer mehr, nachdem sie festgestellt hat: »Was bist du? Sein Gehilfe.«[44] Woraufhin Eckermann sofort richtigstellt, kennzeichnend und schlüsselbegriffartig in seiner Kargheit: »Sein Freund.«[45] Bezogen auf das Problem der Kreativität beziehungsweise der Produktivität verrät folgende Wechselrede Aufschlußreiches:

> »Marianne: Trägst Mörtel, ja? [am Gebirge
>   Goethe – C. J.]
> Eckermann: Trag Mörtel, bind und bau.
> Marianne: Maurer Goethes.
> Eckermann: Maurer Gottes.
> Marianne: Was mauerst du nicht
>   Gott dich selbst?«[46]

Noch einmal, nun aber auf Goethe bezogen, wird das brennende Thema der Kreativität von Marianne zur Sprache gebracht:

> »Marianne: Du bist Wind, der in die verglimmende Flamme blasen soll.«[47]

Goethes Produktivität bedarf nach dieser Deutung Eckermanns, um überhaupt noch am Leben erhalten zu bleiben. Mariannes Zielrichtung ist dennoch ganz klar: Sie stellt ihren Bräutigam vor die Alternative, sich für sie oder für Goethe zu entscheiden. Diese Zuspitzung, die in den einzelnen, jedoch nicht gesondert ausgewiesenen Szenen des Dramas eine enorme Rolle spielt, ist es, die in ihrer Wirkung die Zwiespältigkeit der Existenz Eckermanns dramatisch erlebbar werden läßt. Die Entfernung von der Quelle, die Lissauer bewußt in Kauf nimmt, kommt dem Drama selbst produktiv zugute, allerdings hängt der Autor in seinen naturalistischen Regieanweisungen zu sehr der vermeintlichen Realität nach, so daß die Kreativität des Stückes selbst darunter zu leiden beginnt. Anders ausgedrückt: Das Stück birgt die Gefahr, daß die dramatische Wirkung der Personenkonfrontation, die dem Stoff durchaus eigen ist, durch die Raumkonstellationen gleichsam aufgesogen wird. Deutlich wird auch bei Lissauer Eckermann als der Melancholiker und vollständig passive Mensch vorgeführt, dessen hohe Begabung im produktiven Begleiten liegt. Rührmomente werden manchmal zu sehr ausgekostet, zu welcher Person Bild tatsächlich? Ein seltsam undeutliches Stück; aber war nicht Eckermann, trotz norddeutscher Trockenheit, ebenso?

Beinahe ein Landsmann des Johann Peter Eckermann, geht Ludwig Bäte in seiner Annäherung an die Person andere Wege: Der fast schon vergessene Dichter veröffentlicht im Jahre 1924 eine seltsam anmutende Sammlung von Geschichten unter dem Titel »Mond über Nippenburg. Idyllenkranz«[48]. Vorangestellt hatte Bäte ein Zitat eines typisch inhärenten Theoretikers solcher Gestalten, der Sonderlinge, der Außenseiter in jeder Beziehung, gleichfalls eines Landsmanns: Wilhelm Raabe, dessen Worte darauf abzielten, daß in Deutschland das Große und Unbeschränkte immer in Nippenburg zu Hause sei … Ungewöhnlich das dichterische Verfahren, das in knappster Kürze nicht Schilderungen und Dialoge aufbietet, sondern in starker Komprimierung mit dem Kunstmittel der Parallelisierung von innerem Erleben – der nur angedeuteten, beinahe am Rand stehenden, gleichwohl als einzig agierende in Erscheinung tretenden Figur Eckermann – und Vorwalten in der Natur, hier eben des Weimarer Parks, arbeitet.

In seinem denkbar knappen Text ist es Bäte um das Einfangen einer genuinen Atmosphäre in Bildern zu tun, mit impressionistischen Farben schildert er die Situation des höchst nervösen, unbekannten Johann Peter Eckermann, der sich vor dem dunklen Hintergrund eines heranziehenden Gewitters auf einer Parkbank vor seiner Audienz im Haus am Frauenplan noch einmal zu sammeln versucht. Genial der Schluß der Kurzgeschichte, nachdem die Klingel gegellt und eine Tür sich aufgetan hat; Goethe tritt nicht auf, kunstsin-

nig und klar lautet der letzte Satz: »Johann Peter Eckermann zog in die Unsterblichkeit ein.«[49] Keine Wertung, nur andeutende Bilder, neben der Leistung Arnold Zweigs das gelungenste Nachleben Eckermanns in der Prosa des frühen 20. Jahrhunderts, gerade ob seiner heideschen Kargheit.

Mitten im Zweiten Weltkrieg nimmt sich ein heute fast ebenso vergessener Dichter Johann Peter Eckermanns an einer sehr entlegenen Stelle an: Wilhelm Schmidtbonn. Im Jahre 1944 schildert er die Geschicke des Hütejungen aus der Marsch zwischen Geest und Süderelbe in der »Kölnischen Zeitung« unter dem Titel »Stolz und Demut« ab ovo, aber bezeichnenderweise nur bis zum Tode Goethes. Eine echt biographische Erzählung, deren schriftstellerische Leistung im zeitweiligen Wechsel in erlebte Rede liegt, wenn Schmidtbonn versucht, Entscheidungssituationen plausibel zu machen oder aber in umschreibendem Wortgebrauch kaum nachvollziehbare Prozesse durch Sprache zu verdeutlichen.

Sehnsucht ist es zunächst, nach der Weite, nach der Welt, die durch die Entdeckung Goethes kanalisiert wird, aber eine Antriebsfeder von Eckermanns Handeln bleibt. Schließlich sieht »der junge Niedersachse, der arm, dumpf, hartnäckig wie im Traumwandel«[50], sich seinem Traumziel tatsächlich gegenübersitzen: »Es war, als ob die beiden nicht seit einer Stunde, sondern seit Jahren befreundet waren.«[51] Aber über die Stufen der Nachbildung bis zur Anregung wird er zum Opfer des Genies.

Die Tätigkeit des Anregers wird gleichzeitig in ihrer tieferen Ursache in Eckermanns Charakter verlegt: »Nie schmeichelte Eckermann, das hätte seiner herben Natur ganz widersprochen…«[52] Der Prozeß seines Schaffens wird in einer Art innerer Selbstbefragung gelöst: die wirklich eigene Produktivität ist die des Rezeptiven: »Nur eine freie Nachbildung [die Gespräche mit Goethe – C.J.], die allerdings aus einem Herzen kam, das mit Goethes Herzen gemeinsam schlug, konnte Frucht tragen.«[53] Bezeichnenderweise treibt Schmidtbonn das Problem der eigenen Kreativität seines Protagonisten stufenweise ins Extreme, bis Eckermanns Reise nach Italien, aus Gründen des Wiederfindens der eigenen Schöpferkraft, wie ja bei Goethe durchaus auch, immer mehr zu einer durchscheinenden Identitätsreise mit Goethes Erleben und Auffassung wird. Eckermanns Schwierigkeiten, seine Braut endlich heiraten zu können, werden durch Schmidtbonn im Gegensatz zu dem gekonnten Aufbau des Spannungsbogens von der zunehmend als Bedrohung empfundenen eigenen schriftstellerischen Kreativität als ein bloßes Harmonisieren von Mann und Frau stilisiert: sterbend noch weiß Hanne wirklich um die Leistung ihres Mannes und blickt, gleich ihm, in die dichterische Abendsonne am Frauenplan. So wird denn auch die Morgenröte der Kunst am Firmament alles, trotz größter Widrigkeiten umher, alles zum Besseren wenden: »Den Auftrag von Jenseits unablässig im Ohr, vollendete der Jünger sein Buch; aber es wurde ein Gesang, der Sang von Goethe, und der es schrieb, wurde in diesem Buch zum Dichter.«[54] Kein Zweifel, der Sänger des Achill vom Frauenplan im Trojanischen Krieg des Jahres 1944 war aufgefunden. Er sang vom Zorn, weshalb der arme Jünger denn leiden mußte. Aber fordert nicht alles Große in seiner produktiven Kreativität das Opfer, das in Momenten der Kunst den Gesang seiner Art fast selbst noch aus dem Nichts schafft?

Merkwürdig anders flimmern dumpf im Hintergrund die Konturen bei einem Romancier, der sein Lebtag über die Urgründe der Kunst und ihre Antibürgerlichkeit nachdenkt und, auf Goethe bezogen, sich dessen Unkenntnis der Vogelwelt – ganz im Gegensatz zu Strindberg, um den es ihm geht – erinnert. Wer weiß es denn? Der Belehrte, der auch über die Urgründe des Genies und die Empfindlichkeit der Nerven aufgeklärt wird. Keine Frage, Thomas Mann meint immer Goethe; Eckermann ist Corona, Bürgerlichkeit, die etwas über das wahrlich andere wissen muß.[55]

Eine höchsten wissenschaftlichen Ansprüchen genügende Biographie Eckermanns gab es bereits seit den zwanziger Jahren; auf dem Felde der literarischen Darstellung dominiert die erzählerische Kleinform, von wissenschaftlicher Prosa, die, zumal bei Ernst Beutler, sich durchaus der Literatur näherte, ja in einem weiten Begriff früherer Zeiten ganz gewiß dazugehörte, einmal ganz abgesehen. Die Großen der Dichtung, wie eben Thomas Mann, schätzten aber nun einmal Goethe, maßen sich an ihm und griffen deswegen zu Eckermann.

Ein Roman des Lebens, eine Romanbiographie? Eine Nachfahrin des berühmten Zürchers und einstigen Freundes Goethes Johann Caspar Lavater nahm sich 1959 des Themas an und gab ihm den interpretativen Namen »Der strahlende Schatten. Goethes Eckermann«. Bezeichnend bereits der Anfang: die Parallelisierung zwischen Johann Wolfgang von Goethes Erle-

ben in der Campagne 1792 und Johann Peter Eckermanns Geburt in Winsen an der Luhe. Welche Partei – trotz der Konstituierung des armen Hütejungens als Romanprotagonisten – Mary Lavater-Sloman einnimmt,[56] wird ganz deutlich am Beispiel der Schilderung von Eckermanns Liebe zu Hannchen, seiner Braut, wo die Romanautorin nur apologetisch argumentierend aufführt, wie unabänderlich sich ein echtes Genie von Friederike Brion, von Lili Schönemann, eben ob seines Wissens um sein dichterisches Werk, um seine produktive Ungebundenheit, hat trennen müssen und es demzufolge eben auch getan hat: »Daß Eckermann dieses übermenschliche Wissen um seinen Lebenszweck nicht besaß und auch nicht die gigantische Kraft, seine Vollendung selbst zu formen, darf ihm nicht zum Vorwurf gemacht werden. Er war ein Mensch, der sich mit den Übeln des Wünschens, Sollens, Meinens herumschlug.«[57]

Er ist also kein Genie, nur ein Mensch wie jeder andere auch – was ist denn das Besondere an ihm? Eben daß er Goethe nahekommt, dessen Denken überliefert. Oder?

Aufgebaut ist der Roman in drei Großkapitel; das erste heißt: »Der Sohn der wilden Heide«[58], das zweite, größte und bedeutendste »Goethes Gefährte«[59] und das dritte, abschließende, wieder schmalere »Wandel zurück in die Stille«[60]. Deutlich also die Setzung der Akzente: Leben ist nur da, wo Sonne ist. Goethe ist Sonne, Eckermann Schatten. Strahlend zwar, wie der Romantitel sagt, und die Autorin will ja auch immer wieder gerecht sein, aber eben Schatten.

Apologetisch immer wieder urteilt und schreibt inhärent Mary Lavater-Sloman, selbst wenn sie Eckermann zu rehabilitieren scheint: »In Goethes ›Diensten‹ hat Eckermann aber nie gestanden, er war sein freier Mitarbeiter, ja später sein Freund und Berater. – Goethe wußte genau, wo Eckermanns Ruhm und Erfolg lagen: in der Hilfe zur Herausgabe der Werke letzter Hand, in der Ausweitung seines geistigen Horizontes und im Empfangen und Bewahren des Letzten, was er, Goethe, redend, nicht schreibend, der Welt hinterlassen wollte.«[61]

Handelte es sich bei solchen Schilderungen um wissenschaftliche Prosa aus den fünfziger Jahren, so wäre man geneigt, sie auf die interpretatorische Schule eines Beutler, eines Staiger zurückzuführen; da wir aber eine Romanbiographie vor uns haben, bleibt eines durchscheinend klar umrissen: durch Goethes Leuchtkraft wird Eckermann gleichsam gegen die Lichtquelle hin wahrgenommen und geschildert, selbst wenn die Autorin um Gerechtigkeit bemüht ist. Von Fakten ist hier selbstverständlich nicht zu sprechen, denn der Roman – ist es denn überhaupt ein solcher, ist es nicht eher eine literarisierende Biographie? – sucht Entscheidungen und Vorgänge durch das Sichtbarmachen von inneren Vorgängen in den Personen plausibel zu machen. Dennoch: Mary Lavater-Sloman versucht auf liebevolle Art und Weise, die Gestalt Johann Peter Eckermanns dem Leser nahezubringen; daß dies durch Goethesche Sichtweise geschieht – man muß es wissen, werten muß man es nicht. Ein Resümee wird von ihr gezogen, typisch für die bürgerlichen Urteile über Bildung, mit deren Hilfe sich das klassische Bürgertum ja bis heute definiert: »Die Worte, die sie [Eckermann und Goethe – C.J.] einst gesprochen, hatten schon ihr unsterbliches Dasein begonnen und breiteten sich aus, mehr und mehr: so sollte es fortgehen, von Jahr zu Jahr, bis sie zum Besitz eines ganzen Volkes und, in fremde Sprachen übersetzt, einer kultivierten Welt wurden.«[62]

Die Zeit für Eckermann-Prosa schien gekommen. War eben noch die goldene Zeit mit Goethe im Blickpunkt des Interesses, rückte, psychologisch ja sehr verständlich, nun die Zeit der Kindheit des armen, niedrig geborenen Hausierersohnes heran; sogar die lichte Zielrichtung war, in der Art eines teleologisch-goetheschen Veredlungssinnes, im Haupttitel angegeben: »Der Weg nach Weimar. Der Roman des jungen Eckermann«. Autor des 1961 erschienenen Buches ist der kaum bekannte Hellmuth M. Böttcher.

Ärmlich also ist die Hütte, in der Eckermann zu Beginn seines Weges nach Weimar geboren wird, natürlich. Und als einzigen Schmuck trägt sie, wie soll es anders sein, »zwei roh zurechtgeschnitzte, gekreuzte Pferdeköpfe, wie sie seit germanischer Frühzeit an niedersächsischen Bauernhäusern zu finden waren«[63] – was gar nicht stimmt, aber es paßt eben gut ins Bild dieses Menschen, der doch den Funken göttlicher Natur in sich trägt und der, er kann gar nicht anders, eben nach Weimar muß. Und ausbilden will er sich. Hannchen treibt ihn an. Spontan ist er, ruft immer wieder begeistert etwas aus. Schließlich beobachtet er Goethe sogar aus der Ferne, an seinem Gartenhaus, an dem Tag, an dem er die erste Audienz hat. Wie er denn auch kaum Worte über seine Lippen bekam. Dafür redet ja die Exzellenz. Happy-End: Das ist Weimar: »Das Tor der Zukunft stand offen. Eckermann schritt lächelnd und beglückt über die Schwelle.«[64] Und

Goethe und Eckermann sprachen hinfort miteinander über schöne Dinge ...

Ein literarisches Porträt liegt aus dem gleichen Jahr 1961 aus der Feder des Weimarers Fritz Kühnlenz vor; es erschien unter dem Titel »Weimarer Porträts. Männer und Frauen um Goethe und Schiller«.

Innerhalb des Reigens der verschiedensten Porträts beginnt es zwar mit dem Diktum, daß es sich bei Eckermanns »Gesprächen« um »eines der schönsten Bücher der Weltliteratur«[65] handle, aber es erstaunt durch seine klarsichtige Präzision, nicht nur in Fakten – eher eine Selbstverständlichkeit –, sondern auch in der Ausgewogenheit der Urteile und verschiedenen Sichtweisen. Daß alles in allem Goethe – bei welchem Autor ist es denn anders? – die Folie für Bewertungen abgibt, verwundert kaum. Früh schon setzt Kühnlenz den Widerstreit der eigenen poetischen Begabung Eckermanns mit dem Widerschein der Idee Goethe als konstitutiv für das gesamte weitere Leben in Erscheinung. Nach der ersten Begegnung läßt Kühnlenz das Werk Eckermanns in den »Strom des Großen von Weimar«[66] einmünden; auch er verfällt, wie gesagt, der Beurteilung aus der Sicht Goethes, und die k a n n nur apologetisch sein. Typisch für eine Charakterisierung in diesem Sinne sind Worte wie folgende: »Ein Genie von schöpferischer Reproduktivität wächst heran, das Goethe zu den höchsten Erwartungen ermutigt.«[67] Wäre nicht der letzte Satz: kaum ein anderer hat mit wenigen Worten Eckermanns Leistung so gut und knapp ausgedrückt.

Daß Eckermann opfert, weniger sich als Ganzes denn sein Privatleben, wird ebenso differenziert vermerkt wie die Tatsache eines Briefes an Großherzog Carl Alexander von Sachsen-Weimar-Eisenach, »der einmal mehr zeigt, daß Eckermann durchaus nicht der subalterne und devote Charakter gewesen ist, den man in ihm gesehen hat«.[68] Abwägend meint Kühnlenz, daß die Dienste Eckermanns, das Sichten und Sammeln für Goethe, durchaus auch hätten von einem anderen Menschen geleistet werden können, aber die eigentlich genuine Leistung bestehe eben in den »Gesprächen mit Goethe«; als einer der ersten hat Kühnlenz festgehalten, daß es zugleich ein »Kunstwerk von hoher Qualität und Schönheit«[69] sei, was Eckermann geschaffen. Aber alles natürlich in Hinsicht auf den Großen.

Einen eigenständigen und gänzlich anderen Weg literarischer Annäherung geht die auf diesem Feld bewanderte Jutta Hecker 1962 in ihrem bereits im

Untertitel mit dem Verweischarakter arbeitenden Buch »Ich erinnere mich. Gespräche um Eckermann«.

Gekonnt spielt Jutta Hecker mit der Form des Gespräches als Verweis auf die Gespräche Eckermanns mit Goethe; eingangs ist es aber hier Karl Eckermann, nicht sein berühmter Vater, der als Maler aus Hannover angereist ist und als Sohn Johann Peter Eckermanns ins Gespräch mit seinem Jugendfreund James Marshall über seinen Vater gerät. Eine sehr gekonnte, weil mit der Rückblendetechnik arbeitende und in der nachklassischen Weimarer Phase angesiedelte Konstellation, die sehr behutsam damit umgeht, den Goetheschen Gesprächspartner indirekt aus der Perspektive des (scheinbar, weil es sich ja um fiktionale Literatur handelt, auch wenn sie weitgehend quellenmäßig belegbar ist) Erlebten zu werten und zu charakterisieren. Eine weitere Spiegelungsebene wird dadurch erreicht, daß das »Ich erinnere mich« von Ottilie von Goethe stammt, dem heimlichen Gegenpol des alten Goethe.[70]

Dieses Verfahren der indirekten, stimmigen Aussage wird sehr deutlich schon zu Anfang des Buches eingesetzt. »Dafür hat sein [Johann Peter Eckermanns – C. J.] Sohn nun erreicht, was er sich immer erträumt hatte: Maler zu sein in seiner Heimat!«[71], behauptet James Marshall und gibt damit sehr richtig nicht nur Absicht und Traum wieder, sondern wertend etwas zum Verständnis der gesamten Person Johann Peter Eckermanns.

Eckermanns Sohn Karl beschreibt seinen Vater mit bitterem Rückblick: »Von dem Augenblick an, wo ich erkannte, daß mein bewunderter Vater nichts als ein armer Sonderling war, da war mein Kinderglück dahin.«[72] Und zunehmend ergänzen sich die Schilderungen Karls und James Marshalls, so daß ein dichtes Netz an atmosphärischem Lokalkolorit entsteht. Die Einzelheiten des Eckermannschen Lebens, nicht nur nach Goethes Tod, die nunmehriger Gesprächsgegenstand sind, sondern auch das Leben zu Goethes Zeiten und davor wird in rückwärtsgewandten Erzählungen und Dialogen erhellt und die Armut, die sonderbare Vogel- und Tierwelt, aber eben auch der norddeutsch-niederdeutsche Sprachakzent, die ärmliche Kleidung und das besondere Betragen, ja sogar die Auflehnungen: die gegen den Dichter vom Frauenplan im Jahre 1830, die gegen Weimar und den Großherzog von 1844 aus Hannover. Ja sogar der merkwürdigen Dienstbarkeit gegenüber dem großen Geist, die sich in dem Vorschlag an den Großherzog äußerte, Goethes En-

kel in den erblichen Adelsstand zu erheben, welches Gesuch Karl Eckermann unter den Papieren seines Vaters fand, wird Rechnung getragen. Das von Karl mit Vehemenz und teilweisem Zorn vorgetragene Bild seines Vaters wird von Marshall in die rechte Beziehung gesetzt, indem er entgegnet: »Er war weder subaltern noch schwächlich, noch lebensuntüchtig. Ich kann nicht sagen, was ihn und den alten Goethe zusammengekettet hat. Aber muß es nicht etwas ganz Großes gewesen sein, da es so dauerhaft war? und wider alle Vernunft bestand? und ein Werk hervorbrachte, das sich mehr und mehr durchsetzt?«[73]

Diese behutsame, von Atmosphäre und Differenziertheit durchtränkte Art der Schilderung macht den besonderen Wert von Jutta Heckers Werk über Eckermann aus. Daß es dabei nicht in Gattungsschubladen paßt, sondern, wie bereits gesagt, mit dem Verweischarakter auf die Gesprächsform als solcher arbeitet, spricht sehr für diese Beschäftigung mit dem Eckermann-Stoff. Eine Spiegelung im besten goetheschen Sinn, in deren Abglanz die Konturen des Verfassers der »Gespräche mit Goethe« prägnant ein stimmiges Bild ergeben.

Ein in Weimar bekannt-unbekannter Dichter und stellvertretender Direktor der Nationalen Forschungs- und Gedenkstätten der klassischen deutschen Literatur arbeitet 1953/54 an einer Novelle und einer Gedenkrede auf Johann Peter Eckermann. Die Novelle mit dem Titel »Der arme Dr. Eckermann« bleibt Fragment, die Rede wird zwar 1954 in Winsen an der Luhe gehalten, aber erst 1965 zusammen mit dem Novellenfragment herausgegeben.[74] Entstellt wird das Ganze durch ein zwar Fakten aufbietendes, aber vor allem den literarischen Text in ein völlig falsches Licht rückendes Nachwort von Evamaria Nahke.

Grundsätzlich muß von der unterschiedlichen Form der Vertextung des Eckermann-Themas in der »Rede zu Eckermanns 100. Todestag« und derjenigen im Novellenfragment ausgegangen werden.[75] Spricht sich im genus deiticum der Rede ganz entschieden die politische Grundüberzeugung Louis Fürnbergs mit aus, so ist das – schließlich ist er ja Schriftsteller und nicht nur homo politicus – in seinem literarischen Text viel weniger der Fall.

Die Wortwahl in der Rede erscheint heute ein wenig merkwürdig in ihrer Goethebezogenheit, wie dies für die fünfziger Jahre ja bereits für andere Texte festgestellt werden konnte. Selbst der unterschiedliche politische Hintergrund, der zwar beschworen wird, aber in den immanenten Wertungen kaum eine Rolle spielt, zeigt diese Sorte von Goetheverehrung. Abstrus ist allein schon die Heranziehung Goethes für einen vermeintlich realistischen Literaturbegriff sowohl von Seiten Nahkes als auch Fürnbergs. Eckermann erscheint in dieser Sicht als ein Wegbereiter des Realismus; kaum zu fassen, trug er doch, auf dem Weg zum realistischen Weimarer Stern, »ein Flämmchen der Kunst in seiner Brust«[76]. Die angebliche Polemik des ersten Gesprächs Goethes mit Eckermann wird zur Basis, auf der man das Wesen Eckermannscher Kunst gewahr werden könne, »um dessentwillen wir seiner in Ehre und Ehrfurcht, in Dankbarkeit und Bewunderung gedenken«: »Denn es ist der gleiche humanistische, gegen das Zerstörerische und Lebensfeindliche gerichtete Antrieb, der ihn veranlaßt, zu vielerlei Fragen der Kunst und des Lebens die gewaltige Autorität seines Meisters anzurufen und sie zur Geltung zu bringen.«[77] Eckermann als humanistischer Zuchtmeister – nebenbei in einem Kunstwerk – der richtigen realistischen Haltung. Propagator der richtigen Einsichten Goethes; wenn auch freundlicher formuliert und politisch unterlegt, eben doch der Goethe-Papagei Heines, wie Fürnberg der Realismus-Papagei der rechten Lehrmeister; zumindest in der Rede.

Das dichterische Verfahren in dem Novellenfragment ist, vor allem vor dem Hintergrund der Rede, von einer bestimmenden Feinfühligkeit. Bereits die Wahl des Ortes und der Zeit gibt für die Charakterisierung Eckermanns den interessanten Rahmen: 1847 kommt Ottilie von Goethe nach Weimar zurück, wie auch ihr Sohn Wolfgang, um mit den Erben Riemers über dessen Nachlaß zu verhandeln. Die lebenserfahrene, recht eigentlich als Fin-de-siècle-Gestalt gezeichnete Ottilie begibt sich zu Eckermann, der, als sie ins Erzählen kommt, »mit der ihm angebornen Demut vor dem Höheren«[78] lauscht. Ein wenig ist er neidisch auf Ottiliens Weltgewandtheit und Ungebundenheit: »Sein Falkenherz schmerzte ihn fürchterlich …«[79] Beide, gekonnt knapp im Situationszusammenhang skizziert, werden als lebensuntüchtige Menschen vorgeführt und benannt. Eckermann scheint im Prozeß des Erzählvorgangs eher bescheiden im Hintergrund nur auf, während Ottilie stärker gezeichnet wird und den größten Redeanteil aufweist. Deshalb wird ihr »der bittere Zug um seinen Mund entgangen sein, er war ein Meister im Verbergen seines Inneren sein Leben lang, selbst wenn sich sein Inneres nach außen zwängte, – Eckermanns bizarres Gesicht!, hieß es nicht so?«[80]

Knapp und bezeichnend – eben aus der Perspektive Ottiliens – wird der alte ehemalige Freund Goethes in seiner Art umrissen, wenn es von Ottilie heißt, sie wußte, »daß der Alte auch diesmal seine Dienstfertigkeit erweisen würde«[81]. Innere Überlegungen Eckermanns scheinen auf, die Person wird in ihrer ganzen Ambivalenz und Tiefenschärfe angedeutet.

Der zweite Teil der Novelle gibt dann eher ein Porträt des Goetheenkels Wolfgang. Wie der geplante Schluß, der Eckermann als Bürgerwache vor Goethes Gartenhaus in der Revolution 1848 zeigen sollte, sich auf die literarische Zeichnung Eckermanns ausgewirkt haben würde, ist nicht klar abzusehen. Ob er tatsächlich als Abwendung von der Hofwelt, vom Ancien régime zu werten ist, oder ob es Eckermann nicht um die Bewahrung von eigenen Erinnerungen zu tun gewesen wäre, bleibt Spekulation, aber gleichzeitig auch zu fragen offen.[82]

Die zunehmende Neuorientierung des, um eine Wendung der Zeit zu gebrauchen, literarischen Diskurses in den sechziger und siebziger Jahren ließ anscheinend kein Interesse an Eckermann aufkommen. Die Feierlichkeiten des Jubiläumsjahres 1982 bringen dann merkwürdige Besonderheiten hervor. Zunächst erscheint, unverhüllt in der ironischen Distanz und dann doch wieder positiv auf ihn bezogen, »Eckermann und sein Goethe«, ein »Schau-/Hörspiel getreu nach der Quelle« von F. W. Bernstein, Bernd Eilert und Eckhard Henscheid innerhalb des Sammelbandes »Unser Goethe. Ein Lesebuch«.[83]

Dieser Text basiert einerseits authentisch auf der Quelle, andererseits arbeitet er ganz modern mit dem Mittel der literarischen Collage, was mitunter dazu führen kann, daß ursprünglich nicht zusammengehörige Teile aus den »Gesprächen«, neu montiert, zu besonderen Effekten und neuen Einsichten bringen können. Auf den Urtext selbst bezogen meinen die Verfasser, es handele sich »auch heute noch um eine der genauesten, dichtesten und verwirrendsten Darstellungen der Bezüge zwischen zwei Menschen. Ihr Vorzug gegenüber allen Fiktionen: sie haben stattgefunden.«[84] Scheinheilig versprechen die Autoren zwar, auf alle Fiktion verzichten zu wollen, wobei die Frage zu stellen wäre, ob ihr schriftstellerisches Verfahren nicht auch eine besondere Art von Fiktionalität darstellt. Ihre weitere Verfahrensweise kommentieren sie wie folgt: »Zahlreiche Einzelszenen wurden wörtlich übernommen, bei Großthemen Goetheschen Interesses Ausschnitte aus unterschiedlichen Gesprächen montiert. Überhaupt wurde komprimiert, kompiliert und neu kombiniert. ... Wenn die komischen Aspekte der Gespräche insgesamt stärker hervortreten als im Original, so lag das nicht ganz außerhalb unserer Absichten.«[85] Eckermann als Person, wie auch Goethe, wird durch Psychologisierung des Gesprächs und seines Umfeldes gezeigt und dadurch auf das Wesentliche reduziert. Charakterisiert wird Johann Peter Eckermann bereits in der Anweisung zur Stimmlage: »Grundhaltung: steif, bieder, zum Teil devot; die vor allem zu Beginn ausgeprägte Devotion kann aber in erstaunliche Formen von Spitzigkeit, Ironie und Auflehnung umschlagen und vermag damit Goethe gelegentlich sogar grausam leerlaufen zu lassen.«[86]

Die Besonderheit der insgesamt 65 Szenen dieses beinahe als Stationendrama zu bezeichnenden Stückes in der Textfassung besteht, über das Literarische hinausgehend, in auf den Goethe-Eckermann-Dialog bezogenen Karikaturen von F. W. Bernstein, die die montierte Sprachkomik noch einmal auf eine andere Stufe des Komischen stellen.

Ein anderes, wesentliches Produkt der Zeit um 1982 ist das Stück »In Goethes Hand. Szenen aus dem 19. Jahrhundert« von Martin Walser. Es existiert in drei Textfassungen: einem Hörspiel, das vom Westdeutschen Rundfunk am 23. März 1982 erstgesendet wurde, der ersten Buchveröffentlichung von 1982 und in einer dritten, auf der Bonner Inszenierung von 1983 beruhenden Fassung, die 1984 zuerst erschien.[87] Ein Dramentext von derartigem Interesse kann unmöglich an dieser Stelle gewürdigt werden, vor allem, weil es ja auch um Walsers Goethebild geht. Auf eine metaphorische Ebene gehoben erscheint insbesondere die Schlußszene des Stückes, die bereits auf einem herausgehobenen Tableau Eckermanns aus den »Gesprächen« beruht: Südliche Beleuchtung wird zum Schauplatz, aber auch zum Motto ...

Die Rezitation eines eigenen Gedichtes führt von seiten Goethes zu einer Abqualifizierung Eckermanns als Dichter, der sich schließlich (in Selbsterkenntnis? das bleibt offen, das aber macht die Qualität des Stückes und, daraus resultierend, des in ihm gezeigten Eckermann-Bildes aus) in Haß äußert. Erwachend aus der unwirklichen Traumszenerie, entschuldigt er sich bei der Exzellenz; das, was er erlebt, sei Nacht gewesen. Tatsächlich spielt Walser hier in negativer Umkehrung mit dem Lichttopos. Dennoch erhebt sich die Frage, wie der letzte Satz Eckermanns – »Man kann ihn [Goethe – C. J.] nur lieben, lieben, lieben«[88] zu deuten

ist. Ist hier sprachliche Ironie am Werke, die rückwirkend ein bezeichnendes Licht auf Eckermanns Gestalt wirft, oder handelt es sich ernstlich um ein Bekenntnis im Eckermannschen Ästhetik-Kontext? Bei der Bewertung muß wohl von der Ambivalenz der Deutbarkeit ausgegangen werden. Eckermanns sonstige Zeichnung im Stück ist psychologisch motiviert, aber dient, entgegen dem Titel, doch wohl eher zur folienhaften Distanzierung und Konturierung des Goethebildes. Das Bemühen um den großen Dichter vergeblich? Oder nicht? Diese Frage vom Ende des Stückes macht, gerade wegen ihrer Unbeantwortetheit, den Reiz des poetischen Werks aus, zumindest im Hinblick auf die Frage nach Johann Peter Eckermann.

Die Spiegelfunktion des sich in die Heide Sehnenden wird zunehmend für die Beschäftigung mit dem Thema wichtiger. Sich mit Eckermann auseinandersetzen heißt eben auch literarisch, sich mit Goethe auseinandersetzen, sei er noch als Person lebendig oder bereits Mythos. Am weitesten getrieben hat dieses Verfahren im Jahr 1990 Hans Peter Renfranz mit seiner Erzählung »Eckermann feiert Goethes 100. Geburtstag«. Gleichsam im Spiegel der Erinnerung und dann doch in der Gegenwärtigkeit laufen subtil konstruierte Gespräche um Johann Peter Eckermann ab, die immer vor allem eines zum Inhalt haben: Welcherart war das Verhältnis Eckermanns zu Goethe, und wieso verhält sich der Hofrat Eckermann an diesem 100. Geburtstag so merkwürdig ...

Die über das übliche erzählerische Verfahren hinausgehende Kunstfertigkeit von Renfranz liegt in der Wahl der Perspektive und in der Raffungstechnik. Das Verhältnis von erzählter Zeit zur Erzählzeit wird durch die Fokussierung auf zwei Festtage, nämlich den 27./ 28. August 1849, in ein denkbar großes Spannungsverhältnis gebracht. Die Perspektive erscheint deshalb so raffiniert gewählt, weil Eckermann als Ich-Erzähler auftritt und deshalb alle Begebenheiten in der Schilderung in s e i n e r Beleuchtung vorkommen. Keineswegs handelt es sich – ganz im Gegensatz zu dem explizit auch vom Autor so genannten bewußten künstlerischen Verfahren in den »Gesprächen mit Goethe« – dabei um die immer wieder bemühte träumerische südliche Beleuchtung, sondern Eckermann erweist sich zwar einerseits als gebrochener, nicht nur körperlich leidender Melancholiker, aber gleichermaßen als genau und scharf, wenn auch aus eben Eckermannscher Perspektive urteilender Beobachter. – Die Erzählung endet, man hält das schon fast für selbstverständlich, mit einem Traum in der Nacht vom 28. auf den 29. August, der nach dem Erwachen, wie kann es anders sein, ist doch die Goethe-Problematik und das Lasten seines Wesens abgestreift, wieder ein sehr schöner Tag zu werden verspricht.[89]

Dieser letzte Traum, in Goethes unterem Garten spielend, verknüpft auf tiefenpsychologisch höchst markante Art literarische Motive mit Realität als Traumrealität. Das in den Gesprächen geschilderte Pfeil- und Bogenschießen wird wiederholt, aber Eckermann bringt Goethe dazu, sich für einen Tellschuß zur Verfügung zu stellen. Der Schuß mißlingt. Eckermann trifft Goethe genau ins Herz, Goethe lebt aber weiter: »Herr Dr. Eckermann! rief Goethe, hoffen Sie, mit einem einzigen Pfeil ihr künftiges Leben verändern zu können?«[90] Nein, Eckermann kann nicht; vergeblich sind Versuche über Dinge, die einmal anders geschehen sind. Vorbei. Weimar, nicht Winsen ist der Ort der Existenz; Goethe, nicht Eckermann lebt als Dichter. Renfranzens Szenario macht noch einmal all die Problematik und Spezifik der Person Johann Peter Eckermanns in besonders interessanter Erzählweise deutlich.

Anders endet Eckermann bei Wolf Biermann, dessen Ausspruch »Die STASI war mein Eckermann« einmal mehr, wie auch bei dem gleichnamigen Buchtitel von Erich Loest, das Phänomen Eckermann trotz aller gewußten und im Laufe der Beschäftigung mit dem Thema errungenen Einsichten auf das bloße Aufnehmen und Notieren hin reduziert.

Erstaunliche Funde waren zu beobachten, literarische Annäherungen an Eckermann, die manchmal Goethe meinten. Seine Gestalt bleibt ein Faszinosum, wahrscheinlich nicht nur wegen seiner schwierigen Lage den Großen gegenüber, was in der heutigen Zeit immer menschliche Sympathie – ob zu Recht oder nicht, mag dahingestellt bleiben – hervorruft, sondern vor allem wohl wegen der kaum zu verstehenden Wesensart dieses changierenden Johann Peter Eckermann.

Er lebt; trotz, wegen, um, für und entgegen Johann Wolfgang von Goethe.

Anmerkungen

1 Anton Kippenberg, Der Schüttelreime Anderer und Letzter Teil durch welchen seine Freundschaft österlich zu erfreuen gedachte Benno Papentrigk, Leipzig 1935, S. 29.

2 Friedrich Nietzsche, Aphorismus Nr. 109 aus: Menschliches, Allzumenschliches, Bd. 2, 2. Abteilung: Der Wanderer und sein Schatten. In: Friedrich Nietzsche, Werke in drei Bänden, hg. von Karl Schlechta, Bd. 1, München/Wien 1973, S. 921 f.

3 Aphorismus Nr. 96. In: ebenda, S. 918.

4 Vgl. zu den vorhergehenden Überlegungen: Walter Kaufmann, Nietzsche. Philosoph – Psychologe – Antichrist. Aus dem Amerikanischen übersetzt von Jörg Salaquarda, Darmstadt 1982, hier besonders S. 180 ff. sowie: Jochen Schmidt, Die Geschichte des Genie-Gedankens in der deutschen Literatur, Philosophie und Politik 1750–1945, 2 Bde, Darmstadt 1985, hier besonders Bd. 2, S. 162 f.

5 Heinrich Heine, Reisebilder, dritter Teil: Reise von München nach Genua, Kapitel XXVI. In: Heine, Sämtliche Schriften in zwölf Bänden, hg. von Klaus Briegleb, Bd. 3: Schriften 1822–1831, hg. von Günter Häntzschel, Frankfurt am Main/ Berlin/Wien 1981, S. 367 f.

6 Ebenda, Bd. 4, S. 857.

7 Heinrich Heine, Die Romantische Schule, Erstes Buch. In: Heine, Sämtliche Schriften (Anm. 5), Bd. 5: Schriften 1831–1837, hg. von Klaus Pörnbacher, Frankfurt am Main/ Berlin/Wien 1981, S. 399 f.

8 Heinrich Heine, Elementargeister. In: ebenda, S. 703. Ebenso in: Der Tannhäuser. Eine Legende (Geschrieben 1836). In: Neue Gedichte. In: Heine, Sämtliche Schriften (Anm. 5), Bd. 7: Schriften 1837–1844, hg. von Klaus Briegleb, Frankfurt am Main/ Berlin/Wien 1981, S. 354, V. 201–204.

9 Heinrich Heine an Georg Weerth, 5. November 1851. Zitiert nach: Johann Peter Eckermann, Gespräche mit Goethe in den letzten Jahren seines Lebens, hg. von Heinz Schlaffer (Johann Wolfgang Goethe, Sämtliche Werke nach Epochen seines Schaffens. Münchner Ausgabe, hg. von Karl Richter in Zusammenarbeit mit Herbert G. Göpfert, Norbert Miller und Gerhard Sauder, Bd. 19), München 1986, S. 740.

10 Ottilie von Goethe an Abraham Hayward, 12. April 1856. Zitiert nach: Schlaffer (Anm. 9), S. 734.

11 Friedrich von Müller, Goethe in vertraulicher Unterhaltung. In: (Augsburger) Allgemeine Zeitung vom 15. Mai 1856. Zitiert nach: Schlaffer (Anm. 9), S. 735 f.

12 Ebenda.

13 Ebenda.

14 Karl August Varnhagen von Ense, Rezension der »Beiträge zur Poesie, mit besonderer Hinweisung auf Goethe«. In: Varnhagen von Ense, Denkwürdigkeiten und Vermischte Schriften, Bd. 5: Vermischte Schriften, 2. Teil, 2. Aufl. Leipzig 1843, S. 291 ff.

15 Ebenda, S. 292.

16 Ebenda, S. 293.

17 Karl August Varnhagen von Ense, Rezension der »Gespräche mit Goethe in den letzten Jahren seines Lebens«. In: Mitternachtszeitung für gebildete Stände vom 13. Juni 1836. Wiederabdruck in: Varnhagen von Ense, Vermischte Schriften, Bd. 6: Vermischte Schriften, 3. Teil, Leipzig 1843, S. 39 ff.

18 Rudolf Abeken, Rezension der »Gespräche mit Goethe in den letzten Jahren seines Lebens«. In: Blätter für literarische Unterhaltung vom 25.–27. Juni 1836. Zitiert nach: Schlaffer (Anm. 9), S. 736 f.

19 Ebenda, S. 737.

20 Frédéric Soret, Rezension der »Gespräche mit Goethe in den letzten Jahren seines Lebens«. In: Bibliothèque universelle de Genève vom Juli 1836. Zitiert in der deutschen Übersetzung von: Schlaffer (Anm. 9), S. 734 f.

21 Ebenda, S. 734.

22 Christian Hermann Weiße, Rezension der »Gespräche mit Goethe in den letzten Jahren seines Lebens«. In: Jahrbücher für wissenschaftliche Kritik vom August 1836. Zitiert nach: Schlaffer (Anm. 9), S. 738 f.
Nicht alle Rezensionen können an dieser Stelle berücksichtigt werden, wohl aber die wichtigsten. Weitere Rezensionen erschienen in: 1. Hannoverische Zeitung vom 16. und 18. Juni 1836 von K. Reck; 2. Allgemeine (Hallische) Literatur-Zeitung von Karl von Meusebach; 3. Berliner Literarische Zeitung von Theodor Mundt; 4. Allgemeine Preußische Staats-Zeitung von O. F. Gruppe; 5. Berliner Conversationsblatt von Hermann Marggraf; 6. Der Gesellschafter von A. Rebenstein (d.i. Aaron Bernstein); 7. Blätter für literarische Unterhaltung von Georg Gottfried Gervinus; 8. Phönix von O. L. B. Wolff; 9. Telegraph von Eduard Beurmann; auf die im Ausland erschienenen Rezensionen müßte an anderer Stelle gesondert eingegangen werden.

23 Bis heute mangelt es an einer spezifisch auf die Eckermannsche Optik und Verfahrensweise eingehenden Spezialuntersuchung nicht nur der »Gespräche«, sondern auch des sonstigen Werkes. Der Wissenschaft ist es teilweise bis heute vorrangig um die Klärung der Authentizität und der Verwertbarkeit in Hinblick auf Goethe zu tun. Die dichterische Verfahrensweise Eckermanns verlangt eine gesonderte Darstellung.

24 Friedrich Hebbel an Elise Lensing, 13. September 1837. In: Hebbel, Briefe, Bd. 1: 1829–1839 (Friedrich Hebbel, Sämtliche Werke. Historisch-kritische Ausgabe, besorgt von Richard Maria Werner, 3. Abteilung), Berlin 1904, S. 223 f., Brief Nr. 57.

25 Ebenda, S. 225

26 Friedrich Hebbel, Erstes Tagebuch. In: Friedrich Hebbels Tagebücher in vier Bänden, hg. von Hermann Krumm, Bd. 1, Leipzig 1904, S. 116 f.

27 Zitiert nach: Johann Peter Eckermann, Gespräche mit Goethe in den letzten Jahren seines Lebens. Nach dem ersten Druck, dem Originalmanuskript des dritten Teils und Eckermanns handschriftlichem Nachlaß neu hg. von Heinrich Hubert Houben, 23. Originalaufl. Leipzig 1948, S. 644.

28 Ernst Freiherr von Feuchtersleben an Joseph Zauper, 5. Oktober 1838. In: von Feuchtersleben, Ausgewählte Werke, hg. von Richard Guttmann, Leipzig o. J., S. 414 ff.

29 Ebenda, S. 415.

30 Heinrich Laube, Reise durch das Biedermeier. Neu bearb. und mit einem Nachwort versehen von Franz Heinrich Körber, Wien 1946, S. 158.

31 Heinrich Laube in: Zeitung für die elegante Welt, Nr. 6 vom 7. Februar 1844.

32 Vgl. Karl Gutzkow, Lebenserinnerungen II: Rückblick auf mein Leben. In: Gutzkow, Ausgewählte Werke in zwölf Bänden, hg. von Heinrich Hubert Houben, Bd. 1, Leipzig o. J., S. 79.

33 Karl Gutzkow, Der Königsleutnant. Lustspiel in vier Aufzügen. In: Gutzkow, Ausgewählte Werke (Anm. 31), Bd. 4, Leipzig 1908, S. 3 ff.

34 Zitiert nach: Eckermann, Gespräche (Anm. 27), S. 643.

35 Christian Morgenstern, Stufen. Eine Entwicklung in Aphorismen und Tagebuchnotizen, 2. Aufl. München 1918, S. 73 f.

36 Arnold Zweig, Geschichtenbuch, München 1916, S. 113.

37 Ebenda, S. 114.

38 Ebenda, S. 117, dort auch das folgende Zitat.

39 Ebenda, S. 118.

40 Ebenda, S. 125.

41 Ebenda.

42 Ebenda, S. 126.

43 Ernst Lissauer, Eckermann. Schauspiel in vier Akten, Berlin 1915.
Es kann nicht Sinn dieser Gedanken sein, vollständige Wiedergaben oder gar Interpretationen zu geben, da die literarischen Werke selbst als Kunstwerk wahrgenommen werden wollen. Für sie gilt gleichermaßen, was für Eckermanns spezifische Leistung Maßgabe wäre: die Achtung und Einbeziehung der jeweiligen individuellen Leistung und Existenz. Deshalb werde ich mich des weiteren bei den folgenden umfänglicheren Stücken mit dem Aufzeigen der literarischen Silhouette der Erscheinung Johann Peter Eckermanns begnügen (müssen).

44 Ebenda, S. 23.

45 Ebenda.

46 Ebenda, S. 24.

47 Ebenda, S. 30. Ähnlich in der Steigerung auch S. 27: »Marianne: Ausbrauchen tut er dich, und darauf zielt's, ganz für sich will er dich haben, eine Puppe sollst du ihm sein, ein Werg, ein Wachs, ein gestohlener Sohn. Weil er sich keinen rechten selbst zeugen konnt, der Trunkenbold.«

48 Ludwig Bäte, Mond über Nippenburg. Idyllenkranz, o. O. 1924. Wiederholt in: Ludwig Bäte, Weimar. Antlitz einer Stadt, 3. Aufl. Weimar 1965, S. 151 ff. unter dem Oberbegriff »Konturen«.

49 Bäte 1965 (Anm. 48), S. 154.

50 Wilhelm Schmidtbonn, Stolz und Demut. In: Könische Zeitung, Nr. 159–163, 1944, 5 Folgen, hier Folge 2. Diese biographische Erzählung Schmidtbonns ist bisher nicht in Buchform erschienen, soweit ich habe feststellen können.

51 Ebenda, Folge 2.

52 Ebenda.

53 Ebenda, Folge 3.

54 Ebenda, Folge 5.

55 Thomas Mann, August Strindberg. In: Mann, Essays, Bd. 1: Ausgewählte Schriften zur Literatur. Begegnungen mit Dichtern und Dichtung, in Zusammenarbeit mit Hunter Hannum hg. von

die Arbeit, den Unterricht, Lernen und Nachhilfe bis in die späten Abendstunden ausgefüllt. Körperlicher Zusammenbruch durch Überlastung.

1817, April: Eckermann verläßt das Gymnasium, setzt den Privatunterricht fort.

1817, Spätsommer: Eckermann besucht seine Heimatstadt Winsen. Neues Ziel: Studium. Oberst von Berger, die Lateinlehrer Friedrich und Hagemann, Generalsuperintendent Parisius bescheinigen Eckermann Talent, Fleiß, Ordnungsliebe, »seltene Naturanlagen« und empfehlen eine akademische Laufbahn. Förderer und Gönner verlangen das Belegen eines ihm widerstrebenden Brotstudiums. Für das gewünschte Literatur- und Kunststudium findet er keine Unterstützung.

1818: Eckermann lernt die Brüder Christian und Wilhelm Bertram und deren Schwester Johanne (1801–1834) kennen. Tod der Mutter.

1818–1820: Das Trauerspiel »Graf Eduard« entsteht.

1819: Eckermann verlobt sich mit Johanne Bertram.

1821: Eckermanns erstes Buch, eine Gedichtsammlung, erscheint in Hannover als Subskriptionsausgabe. Der finanzielle Gewinn beträgt 150 Taler. Er reicht seinen Abschied ein, der ihm von der Kriegskanzlei gewährt wird. Sein ehemaliger Vorgesetzter, Oberst von Berger, erwirkt eine zweijährige Studienbeihilfe in Höhe von 150 Talern jährlich.

1821, Mai: Eckermann beginnt in Göttingen das Studium der Rechtswissenschaft, hört daneben Vorlesungen über Ethnographie und Geschichte bei Arnold Hermann Ludwig Heeren (1760–1842) und Philologie bei Georg Ludolf Dissen (1784–1837).

1821, Sommer: Während der Semesterferien Wanderung nach Dresden. Sein Freund, der Kunstmaler Schulz, zeigt ihm die Stadt mit ihren berühmten Kunstschätzen. Eckermann schreibt seinen ersten, durch einen Lebenslauf ergänzten Brief an Goethe, den er zusammen mit seinem Gedichtband an Kräuter sendet, der beides zu »günstiger Stunde« Goethe übergeben soll.

1821, September: Eckermann nimmt seinen Rückweg in der Hoffnung, Goethe zu treffen, über Weimar. Ein Treffen kommt nicht zustande, da Goethe noch nicht aus Böhmen zurück ist. Eckermann lernt Johannes Daniel Falk und durch ihn Goethes Sekretär Friedrich Theodor David Kräuter kennen. Er belegt im 3. Semester keine juristischen Collegia mehr, hört hauptsächlich Vorlesungen zur Philologie.

1822, Herbst: Eckermann beendet das Studium und verläßt die Universität.

1823, bis Mai: Eckermann vollendet in dem unweit von Hannover liegenden Dorf Empelde seine Schrift »Beiträge zur Poesie mit besonderer Hinweisung auf Goethe«.

1823, 24. Mai: Eckermann sendet Riemer das Manuskript und einen Begleitbrief an Goethe nach Weimar.

1823, 2. Juni: Abreise aus Göttingen. 150 km lange Fußwanderung durch das Werratal nach Weimar.

1823, zwischen 5. und 7. Juni: Ankunft in Weimar.

1823, 9. Juni: Anmeldung bei Goethe.

1823, 10. Juni: Erster Besuch bei Goethe, der Eckermann freundlich empfängt.

1823, 11. Juni: Goethe wünscht Eckermanns Verbleiben in Weimar, später in Jena bis zu seiner Rückkehr aus Marienbad. Er übergibt ihm die »Frankfurter gelehrten Anzeigen« der Jahre 1772 und 1773 mit der Bitte, seine anonym erschienenen Rezensionen zu begutachten.

1823, 16. Juni: Goethe beauftragt Eckermann mit der Anfertigung eines genauen Inhaltsverzeichnisses der ersten elf Hefte von »Ueber Kunst und Alterthum« und

1823, 20. Juni: mit der Durchsicht seiner Rezensionen für die Jenaer »Allgemeine Literatur-Zeitung«.

1823, 22. Juni: Eckermann siedelt nach Jena über und bezieht eine Gartenwohnung. Umgang mit und freundschaftliche Beziehungen zu den Familien von Knebel und Frommann.

1823, 26. Juni: Goethes Abreise nach Marienbad.

1823, Juli: Der Stuttgarter Verlagsbuchhändler Johann Friedrich von Cotta (1764–1832) übernimmt auf Goethes Empfehlung die Herausgabe von Eckermanns Schrift »Beiträge zur Poesie«. Das Honorar beträgt 300 Taler.

1823, 15. September: Erstes Wiedersehen mit Goethe nach dessen Rückkehr aus Marienbad in Jena. Eckermann nimmt Goethes Vorschlag freudig auf, den Winter in Weimar zu verbringen und seine Bildung zu vervollkommnen.

Beginn der gemeinsamen Arbeit an der geplanten vollständigen Werkausgabe letzter Hand. Eckermann redigiert das in drei Heften vorliegende umfangreiche Material über Goethes »Reise über Frankfurt und Stuttgart nach der Schweiz«.

Redaktionelle Bearbeitung der Beiträge für die Zeitschrift »Ueber Kunst und Alterthum«. Eckermann verfaßt auf Goethes Anregung eigene Rezensionen wie zu den »Neuen Ghaselen« des Grafen Platen (erscheint 1824 im 4. Band, 3. Heft von »Ueber Kunst und Alterthum«) und zu dem 1823 entstandenen Trauerspiel »Der Paria« von Michael Beer (1800–1833) (erscheint 1824 im 5. Band, 1. Heft von »Ueber Kunst und Alterthum«). Goethe beauftragt Eckermann, die neueste Literaturentwicklung zu verfolgen und über bedeutende literarische Werke und neue Talente zu informieren.

1823, 17. September: Goethes Rückreise nach Weimar.

1823, 28./29. September: Eckermanns Ankunft in Weimar; er erhält ein Theaterabonnement von Goethe.

1823, 3. Oktober: Eckermann übergibt ein Exemplar seiner »Beiträge zur Poesie« mit Widmungsgedicht an Goethe.

1823, 14. Oktober: Erste Einladung zu einem großen Tee im Goethehaus, Eckermann lernt Goethes Schwiegertochter Ottilie kennen.

1823, 19. Oktober: Erste Einladung zum Mittagessen im Goethehaus. Goethe fordert Eckermann dringend auf, Englisch zu lernen.

1823, 27. Oktober: Eckermann darf als erster die »Marienbader Elegie« lesen.

1824, 15. Februar: Eckermann sichtet, ordnet und redigiert »ältere vorliegende Papiere« Goethes für die geplante Ausgabe letzter Hand. Er zeigt Goethe erstmals eine »frühere aufgeschriebene Unterhaltung«.

1824, März: Eckermann läßt sich von Johann Joseph Schmeller (1796–1841) porträtieren. Er bearbeitet die »Zahmen Xenien«, stellt kleine Gedichte zusammen und redigiert sie. Er empfiehlt Goethe, die Farce »Götter, Helden und Wieland« wie auch die »Briefe des Pastors« in die neue Edition aufzunehmen. Eckermann sendet seine Festgedichte »Zu Herrn Staatsrath Thaer's Jubelfest, am 14. May 1824« an Goethe, der eines davon Traugott Max Eberwein (1775–1831) vertonen läßt.

1824, April: Eckermann ordnet die »Papiere über den Dilettantismus«, bearbeitet Manuskripte, Aufsätze und Tabellen über den Dilettantismus in den verschiedenen Künsten und »skizziert eine Abhandlung« darüber.

1824, Mai: Eckermann beginnt auf der Grundlage der ihm von Goethe zugesandten Regeln und Studien zur Theaterarbeit einen Theaterkatechismus zusammenzustellen, systematisiert die an Goethe seit 1780 eingegangenen Briefe.

1824, 26. Mai: Abschied von Goethe und Weimar, um an den Rhein zu reisen.

1824, Mai/Juni: Eckermann besucht für drei Wochen seine Verlobte Johanne Bertram in Hannover.

1824, 25. Juni: Eckermann trifft in Frankfurt ein, nimmt Quartier im »Gasthof zum weißen Schwan« und erschließt sich Stadt und Umgebung, besucht zweimal das Theater, trifft sich u. a. mit Johann Georg Schlosser und macht die Bekanntschaft von Karl Friedrich Graf von Reinhard. Aufenthalt in Heidelberg. Eckermann lernt den Historiker Friedrich Christoph Schlosser kennen. Ausflug mit Karl Kiesewetter in die Oberrheinische Pfalz, über Speyer nach Neustadt.

1824, Juli: Eckermann besucht Mainz, Bieberich, Bingen, Koblenz, Köln und Bonn; Rückreise über Frankfurt nach Weimar (Ankunft: 1. August).

1824, Ende August: Friedrich Christoph Schlosser empfiehlt dem Verleger der neugegründeten internationalen Literaturzeitung »European Review« Eckermann als Kritiker für moderne Literatur. Eckermann erfährt durch einen Brief seines Freundes Kiesewetter von seiner Wahl, lehnt aber den Antrag ab.

1824, Oktober: Belastende finanzielle Sorgen. In dieser Notlage nimmt Eckermann die durch Goethe vermittelte Stelle eines Deutschlehrers für Engländer mit Freitisch und 12 Silbergroschen pro Stunde im Pensionat des Prof. Melos in Weimar an. Eckermann arbeitet an einem umfangreichen Essay mit dem Titel »Von objektiver Wahrheit«.

1824, November: Eckermann plant die Herausgabe eines Bandes seiner kleinen, z. T. bereits vollendeten Abhandlungen. Er unterbreitet Goethe seine Vorstellungen, legt seine Aufsätze vor und ist fleißig bemüht, sein Werk zu vollenden – doch es erscheint nie.

1824, Dezember: Erneute Aufforderung zur Mitarbeit an der Zeitung »European Review« zu sehr vorteilhaften Bedingungen. Eckermann ist sehr geneigt, das Angebot anzunehmen, und hofft auf Goethes Zustimmung, der ihm jedoch grundsätzlich davon abrät, vor der »Zersplitterung der Kräfte« warnt und ihn auffordert, statt dessen »das Studium der englischen Sprache und Literatur« weiterzuführen.

1825, Februar: Goethe bespricht mit Eckermann »die Anordnung der ganzen neuen Ausgabe« seiner Werke. »Mancherley Literarisches und Philosophisches« wird gemeinsam erörtert; fortgesetzte redaktionelle Tätigkeit. Eckermann bewirbt sich erfolglos um eine im Staatsarchiv Hannover freigewordene Stelle.

1825, 21./22. März: Nachts brennt das Weimarer Theater ab.

1825, 27. März: Eckermann lehnt die angebotene Hauslehrerstelle in Hannover ab. Goethe verspricht, ihm »bei seinem neuen Buche« zu helfen.

1825, September: Eckermann dichtet zum fünfzigjährigen Regierungsjubiläum Großherzog Carl Augusts eine Kantate, die Eberwein vertont, und wird mit der »Beschreibung und Redaktion« der Festschrift »Weimars Jubelfest am 3. September 1825« beauftragt.

1825, 7. November: Anläßlich des 50. Jahrestages von Goethes Ankunft in Weimar und auf dessen Empfehlung wird Eckermann das Doktordiplom der Philosophischen Fakultät Jena verliehen.

1825, Dezember: Der 1. Band der Jubiläumsschrift wird vollendet, die Arbeit am 2. Band fortgeführt. Die Zusammenarbeit mit Goethe gerät ins Stocken.

1826, Januar–April: Abschluß der Arbeit an der Jubiläumsschrift. Eckermann besucht mit seinen englischen Studenten die Leipziger Messe. Goethe liest ihm »einiges im neuen Faust«, »ein Stück Helena«, vor.

1826, Mai: Beschäftigung mit Molières Stücken »Der Geizige«, das Eckermann auch übersetzt, und »Der Arzt wider Willen«.
Er darf den Anfang der »Helena« lesen und seine Meinung dazu sagen.
Eckermann schlägt Goethe vor, der neuen Werkausgabe »ein Bändchen Ihrer trefflichsten Conversationen« voranzustellen.

1826, 1. Juni: Gespräch »über die Herausgabe der intendierten Unterhaltungen«.

1826, 5. Juni: Verabschiedung von Goethe, um auf Reisen zu gehen.

1826, 12.–17. Juni: Erste Station bei der Braut Johanne, die inzwischen bei ihrem Bruder Christian in Bleckede wohnt.

1826, 18.–22. Juni: Mit Hannchen, Schwager und Schwägerin in Hamburg und Stade.

1826, Juli: Eckermann wohnt zwei Wochen in Hannover bei seinem Schwager Wilhelm.

1826, 14. Juli: Rückkehr von der Reise. Eckermann schildert seine Eindrücke von »Hamburg, Stade

und den dortigen Anschwemmungen, Einrichtungen, Änderungen«.

1826, August: Lektüre der Helena-Handlung und gemeinsame Überlegungen mit Goethe über eine mögliche »Aufführbarkeit«.

1826, September/Oktober: Eckermann beginnt die Geschichte der Farbenlehre zu lesen, lernt Franz Grillparzer kennen.

1826, Dezember: Eckermann dringt darauf, Goethe »möchte doch den vierten Theil der Biographie ausschreiben«. Experimente zur Farbenlehre.

1827, Januar–April: Eckermann arbeitet wieder aktiv an der Ausgabe letzter Hand mit, besorgt die Redaktion von »Ueber Kunst und Alterthum«. Beschäftigung mit der »Griechischen Tragödie«, führt dazu Kollektaneenhefte.
Arbeit an den »Conversationen«, lernt bei Goethe den Mitarbeiter der Zeitschrift »Le Globe«, Jean Jacques Antoine Ampère (1800–1864), kennen. Eckermann lehnt die Bitte um Mitarbeit am Berliner »Conversationstheater« ab.

1827, Mai–August: Hauptbeschäftigung des Jahres: Studien der Farbenlehre, Anlegen von Kolleghheften dazu. Gespräche mit Goethe über den Zweiten Teil des »Faust« und über die »Wanderjahre«. Eckermann lernt den Schauspieler und Schriftsteller Karl von Holtei (1798–1880) kennen. Mangels Schülern stockt seine Lehrtätigkeit, verschlechtert sich seine finanzielle Lage. Goethe veranlaßt daraufhin, daß er gegen Bezahlung Abschriften für die Weimarer Bibliothek anfertigen kann.

1827, September–Dezember: Ausflug mit Goethe nach Bad Berka und nach Ettersburg; Gespräche über Ornithologie. Eckermann begleitet Goethe zur Inspektion nach Jena; Gespräch über Walter Scotts »Napoleon«. Die Kreidezeichnung von Johann Joseph Schmeller entsteht.

1828, 16. Februar: Prof. Melos stirbt an Typhus. Einige Zöglinge verlassen fluchtartig Weimar.

1828, Frühjahr: Eckermann erhält von Goethe das Manuskript von »Wilhelm Meisters Wanderjahren« mit der Bitte um Durchsicht. Er rät Goethe, den ganzen Sommer der Vollendung dieses Werkes zu widmen und alle anderen Arbeiten so lange zur Seite zu lassen.

1828, 12. März: Eckermanns erste Traumerzählung.

1828, Juli–Oktober: Eckermann verfaßt 14 Gedichte an die Schauspielerin Auguste Kladzig.

1829: Eckermann wird Lehrer von Erbprinz Carl Alexander.

1829, 28. August: Zu Goethes Geburtstag faßt seine Schwiegertochter Ottilie den Plan, eine private poetische Zeitschrift mit dem Titel »Chaos« herauszugeben. Eckermann arbeitet in der Redaktion mit.

1828, 29. August: Erste »Faust«-Aufführung im Weimarer Theater in Anwesenheit Eckermanns.

1829, 6. Dezember: Goethe liest Eckermann die erste Szene des zweiten Aktes von »Faust II« vor.

1829, Dezember: Gespräche mit Goethe über die Konzeption weiterer Szenen und Gestalten des »Faust«. Vorlesung der neuentstandenen Partien.

1830, 5. Januar: Eckermann verfaßt sein Gedicht »Der König«, das Goethe bespricht und korrigiert. Er übernimmt die Leitung des Lesemuseums und erhält dafür ein geringes Entgelt.

1830, 10. Januar: Goethe liest Eckermann aus dem Zweiten Teil des »Faust« die Mütterszene vor und gibt ihm das Manuskript mit nach Hause.

1830, 28. Februar: »An den König« – Trilogie für den König von Bayern.

1830, 22. April: August von Goethe reist in Begleitung Eckermanns nach Italien.

1830, 25. Juli: In Genua erhält Eckermann von Goethe Nachricht über den Abschluß der »Klassischen Walpurgisnacht«. Er trennt sich von August von Goethe und tritt die Rückreise nach Weimar an. Auf dieser Reise erwägt Eckermann, nicht in den Weimarer Dienst zurückzukehren, um sich ganz der Ausarbeitung der »Gespräche mit Goethe« widmen zu können.

1830, 13. Oktober: Goethe erhält von Eckermann ein Opalglasfläschchen mit einer Napoleonbüste als Stöpsel. Goethe benutzt es als trübes Medium für seine Farbversuche.

1830, 27. Oktober: August von Goethe stirbt in Rom. Der Maler Friedrich Preller ist bei ihm. Begräbnis an der Pyramide des Cestius.

1830, 23. November: Eckermann kehrt aus Italien zurück.

1831, 6. Januar: Goethe schließt sein Testament ab. Nachträge am 25. Januar und 15. Mai. Er setzt Eckermann und Riemer als Nachlaßverwalter ein. Eckermann soll mit 5 Prozent an den künftigen Einnahmen beteiligt sein.

1831, 22. Januar: Goethe bevollmächtigt Riemer und Eckermann mit der Herausgabe seines literarischen Nachlasses.

1831, 12. Februar–22. Juli: Fortsetzung und Vollendung des »Faust« durch Goethe (Zweiter Teil, 4. und 5. Akt). Er wird von Riemer und Eckermann als 1. Band der Nachgelassenen Werke veröffentlicht.

1831, 9. November: Eheschließung Eckermanns mit Johanne Sophie Katherine Christine Bertram durch den Pastor Johann Christoph Friedrich Busch in Northeim.

1832, Januar: Goethe liest seiner Schwiegertochter Ottilie und Eckermann den Zweiten Teil des »Faust« vor.

1832, 1. März: Eckermann wird das Bürgerrecht der Stadt Weimar verliehen.

1832, 22. März: Goethes Tod.

1832, Ende März: Eckermanns Gedicht »Dem Andenken des Unvergeßlichen« entsteht. Beginn der Redaktion der Nachgelassenen Werke, zunächst 15 Bände.

1833: Johanne Eckermann hat eine Totgeburt. Erholungsreise Eckermanns nach Kassel, Paderborn, Bremen, Hamburg.

1834: Eckermanns erste Bühneneinrichtung zum Zweiten Teil des »Faust« in drei Akten. Er dichtet dafür eine neue Szene zwischen Faust und Mephistopheles.

1834, 26. März: Eckermanns Sohn Johann Friedrich Wolfgang, genannt Karl (1834–1891), wird in Weimar geboren.

1834, 30. April: Johanne Eckermann stirbt an den Folgen der Geburt. Eckermann lebt fortan allein mit seinem Sohn. Der Bibliothekar Kräuter wird Karls Vormund. Eckermann, krank und depressiv, reist zur Erholung nach Hamburg und Helgoland (100 Taler Reisekostenzuschuß von Großherzogin Maria Pawlowna), entwickelt dort literarische Pläne. Die Großherzogin nimmt nach Vermittlung Eckermanns Dedikation der Gesprächsausgabe an.

1835: Manuskriptabschluß der »Gespräche mit Goethe«. Eckermann übergibt sie Maria Pawlowna zur Lektüre, die sich lobend äußert. Er erhält von ihr ein Ehrengeschenk über 500 Taler, mit dem er Schulden tilgt.

1835, Sommer: Reise nach Northeim und Höxter, wo sieben neue Gedichte entstehen.

1836, 26.–28. Januar: »Verlags-Contract« zwischen Eckermann und dem Verlag F. A. Brockhaus in Leipzig über die »Gespräche mit Goethe in den letzten Jahren seines Lebens« (Bd. 1 und 2). Sie erlangen nicht die von Eckermann erhoffte Popularität. Eckermann erhält die Aufsicht über die Privat-bibliothek von Großherzogin Maria Pawlowna.

1836, 14. November: Eckermanns Traum: Begegnung mit Goethe und dessen Sohn August.

1836/1837: Herausgabe der zweibändigen Quart-Ausgabe der poetischen und prosaischen Werke Goethes (gemeinsam mit Riemer).

1838: Ein Gedichtband Eckermanns erscheint im Brockhaus-Verlag Leipzig. Er leiht sich 100 Taler für durch Überschwemmung in Not geratene Verwandte in Winsen.

1839: Die erste englischsprachige Ausgabe der »Gespräche mit Goethe« wird verlegt. Arbeit an der vierzigbändigen, völlig neugeordneten Ausgabe von Goethes sämtlichen Werken, die 1840 bei Cotta erscheint. Gleichzeitig Erweiterung der Nachgelassenen Werke um 5 Bände.
Ein Artikel Eckermanns über Goethes Persönlichkeit erscheint im »Conversations-Lexikon der Gegenwart« im Brockhaus-Verlag Leipzig.

1841: Eckermann erhält durch den Weimarer Hof die von Soret erbetenen Aufzeichnungen über dessen Unterredungen mit Goethe, die er für den 3. Teil seiner »Gespräche« benutzt.

1842: Die von Eckermann redigierte »Miniaturausgabe« von Goethes Gedichten erscheint.

1843, 16. Februar: Ernennung Eckermanns zum Hofrat, was jedoch keine finanzielle Aufbesserung bedeutet. Beginn der gerichtlichen Streitigkeiten (Provokationsklage) mit dem Brockhaus-Verlag wegen vermeintlichen Betrugs. Eckermann erhält 100 Dukaten von König Friedrich Wilhelm IV. von Preußen für eine Goethehandschrift. Der Weimarer Hof stimmt der gewünschten Übersiedlung nach Hannover nicht zu, genehmigt aber einen Urlaub im folgenden Jahr.

1844: Eckermann verläßt Weimar unter Hinterlassung von Schulden, nimmt auf unbestimmte Zeit Urlaub, lebt in Limmer, später Linden. Er arbeitet am Manuskript des 3. Teils seiner »Gespräche«, bittet erneut nachdrücklich um Wohnortwechsel und legt Carl Alexander brieflich seine finanzielle Notlage dar. Dieser bindet die Pensionszahlung für Eckermann an dessen Aufenthalt in Weimar.

1846: Der Hof übernimmt Eckermanns Schulden, gewährt einen jährlichen Mietzuschuß von 60 Talern, Brennholz sowie freien Unterricht für Karl am Weimarer Gymnasium.

1846, Mai: Eckermann kehrt nach Weimar zurück.

1846: Eckermann verfaßt »Einige Worte über den Rechtsstreit gegen Brockhaus in Betreff der ›Gespräche mit Goethe‹«.

1848, 28. Januar: Gedicht »Glücklich Weimar«.

1848: Vertrag zwischen Eckermann und dem Buchhändler Heinrichshofen in Magdeburg, den 3. Teil der »Gespräche mit Goethe« betreffend.

1848: Der dritte Band der »Gespräche mit Goethe in den letzten Jahren seines Lebens« erscheint. Eckermann benutzte dazu Frédéric Sorets »Conversations avec Goethe«. Das Interesse auf dem Buchmarkt ist sehr gering. Eckermann erlebt keine Nachauflage.

1849: Eckermann verkauft aus finanzieller Not eine Goethe-Handschrift an den König von Preußen für 50 Friedrichsd'or.

1850: Eckermann reist mit Karl nach Hannover, erkrankt am Schultergelenk, kuriert sich wochenlang in Woltmarshausen aus.

1851: Eckermann begleitet seinen Sohn auf einer Studienreise nach Dresden und

1852: nach Berlin und Potsdam. Kur in Bad Kissingen.

1853: Schlechter Gesundheitszustand, Kuraufenthalt im Seebad Düsternbrook.

1854: Kuraufenthalt in Ilmenau.

1854, 3. Dezember: Eckermann stirbt. Er wird unweit der Fürstengruft beigesetzt.

Auswahl-Bibliographie zu Johann Peter Eckermann

Von Egon Freitag und Christian Juranek

Die vorliegende Bibliographie erhebt keinerlei Anspruch auf Vollständigkeit; sie ist lediglich als Grundlage für weitere Beschäftigungen mit dem Stoff anzusehen. Dankbar wurden die Arbeiten von Walter Gröll und Günther Hagen (beide Winsen/Luhe) herangezogen.

Varnhagen von Ense, Karl August: Rezension von Johann Peter Eckermann: Beiträge zur Poesie, mit besonderer Hinweisung auf Goethe. In: Ders.: Denkwürdigkeiten und vermischte Schriften, 5. Bd.: Vermischte Schriften, 2. Teil. 2. Aufl. Leipzig 1843. S. 291–293.

Varnhagen von Ense, Karl August: Gespräche mit Goethe in den letzten Jahren seines Lebens, von Johann Peter Eckermann. In: Denkwürdigkeiten und vermischte Schriften, 6. Bd.: Vermischte Schriften, 3. Teil. 2. Aufl. Leipzig 1843. S. 39–63.

Brockhaus, F. u. H.: Über die Verhältnisse der Buchhandlung F. A. Brockhaus in Leipzig zu Herrn Hofrat Dr. J. P. Eckermann in Weimar in Beziehung auf das Werk »Gespräche mit Goethe in den letzten Jahren seines Lebens«. Aus den Akten zusammengestellt und als Manuskript gedruckt. Leipzig 1846.

Rank, Josef: Eckermann's Bühnenbearbeitung des II. Theils von Goethe's Faust. In: Ders.: Aus meinen Wandertagen. Wien und Leipzig 1864. S. 116–131.

Dewischeit, F.: Literaturgeschichtliche Aphorismen. Zweites Stück. Gelegentlich einiger Gespräche Göthes mit Eckermann. In: Programm des Königlichen Friedrichgymnasiums zu Gumbinnen. 28./29. Juli 1870. Gumbinnen 1870. S. 1–26.

Saint-Beuve, C.-A.: Entretiens de Goethe et d'Eckermann. In: Nouveaux Lundis, Bd 3. 3. Aufl. Paris 1870. S. 264–329.

Kuh, Emil: Erinnerungen an Eckermann. In: Im Neuen Reich 6, hg. von Konrad Reichard. Leipzig 1876. S. 207–215.

Burkhardt, J.: Johann Peter Eckermann. In: ADB. 5. Bd. Leipzig 1877. S. 613f.

Meyer, Richard M.: Johann Peter Eckermann. In: Goethe-Jahrbuch 17, 1896. S. 105–121. ⟨Wiederholt in: Ders.: Gestalten und Probleme. Berlin 1905. S. 131–150.⟩

Rollet, Hermann: Erinnerung an Eckermann. In: Chronik des Wiener Goethe-Vereins 2, 1887. S. 54f.

Beer, Rudolf: Johann Peter Eckermann und Auguste Kladzig, nach neu erschlossenen Briefen Eckermanns. In: Chronik des Wiener Goethe-Vereins 11, 1897. S. 45–51. Sowie ebd. Jg. 12, 1898. S. 1–4.

Tewes, Friedrich: Gespräche mit Goethe über den zweiten Teil des Faust. In drei Akten für die Bühne eingerichtet von Johann Peter Eckermann. Aus dem Nachlaß Eckermanns hg. von Friedrich Tewes. Berlin 1901.

Geiger, Ludwig: Zur Kritik von Eckermanns Gesprächen. In: Euphorion 1902.

Geiger, Ludwig: Carlyle und Eckermann. In: Goethe-Jahrbuch 24, 1903. S. 4–39.

Bayer, J.: Eine Einrichtung von Goethes »Faust« von Eckermann. In: Ders.: Literarisches Skizzenbuch. Prag 1905.

Tewes, Friedrich (Hg.): Aus Goethes Lebenskreise. J. P. Eckermanns Nachlaß, Bd. I ⟨mehr nicht erschienen⟩. Berlin 1905.

Deibel, Franz: Einleitung zu: Goethes Gespräche mit J. P. Eckermann, 1. Bd. Leipzig 1908. S. III–XIX.

Page, G. A.: Goethe as Revealed by Eckermann. In: Publications of the English Goethe Society. London 1912.

Wijnandts Francken, C. J.: Goethe's gesprekken met Eckermann. In: Nieuwe Gids. Amsterdam 1913.

Ballauf, M.: Eckermann und seine Braut. In: Niedersachsen 20, 1915. S. 30–32.

Art. Eckermann. In: Julius Zeitler (Hg.): Goethe-Handbuch, 1. Bd. Stuttgart 1916. S. 448–450.

Petersen, Julius: Mitteilungen aus dem Briefwechsel zwischen Carl Alexander von Sachsen-Weimar und Johann Peter Eckermann. In: Jahrbuch der Sammlung Kippenberg 2, 1922. S. 15–53.

Schreiber, Carl F. (Hg.): Sieben Briefe Karl August Varnhagen von Enses an J. P. Eckermann. In: The Journal of English an Germanic Philology 21, 1922. S. 411–430.

Kippenberg, Anton: Änderungen Goethes in einem Eckermannschen Gedicht. In: Jahrbuch der Sammlung Kippenberg 2, 1922. S. 329 f.

Gregorovius, Ferdinand: Ein Brief von Ferdinand Gregorovius an Johann Peter Eckermann. Mitgeteilt von Arthur Wanda. In: Euphorion 24, 1922. S. 134–138.

Moeller, Max: Johann Peter Eckermann und Hamburg. Altona 1922.

Petersen, Julius: Die Entstehung der Eckermannschen Gespräche und ihre Glaubwürdigkeit. 1924. (2. Aufl. 1925 mit Anhang: 10 Briefe von und an Eckermann).

Petersen, Julius (Hg.): Eckermanns Briefe an Auguste Kladzig. In: Jahrbuch der Sammlung Kippenberg 4, 1924. S. 92–190.

Hohlfeld, A. R.: Eckermanns Gespräche mit Goethe. In: Monatshefte 1925 (auch in: A. R. Hohlfeld: Fifty Years with Goethe. Collected Studies. Madison 1953. S. 129–140).

Petersen, Julius: Eckermanns künstlerische Leistung. In: Insel-Almanach auf das Jahr 1925. Leipzig 1924. S. 92–104.

Houben, Heinrich Hubert: Johann Peter Eckermann. Sein Leben für Goethe. Nach seinen neu aufgefundenen Tagebüchern und Briefen dargestellt. 1. Bd.: 2. durchges. Aufl. Leipzig 1925. 2. Bd.: Leipzig 1928.

Houben, Heinrich Hubert: Nachwort und Anhang zu: Johann Peter Eckermann: Gespräche mit Goethe in den letzten Jahren seines Lebens. Nach dem ersten Druck, dem Originalmanuskript des dritten Teils und Eckermanns handschriftlichem Nachlaß neu hg. von H. H. Houben. Leipzig 1925.

Hecker, Max (Hg.): Die Briefe Theodor Kräuters an Eckermann, mitgeteilt von Max Hecker. In: Jahrbuch der Goethe-Gesellschaft 12, 1926. S. 264–306.

Hofmiller, Josef: Eckermann. In: Ders.: Über den Umgang mit Büchern. München 1927. S. 43–56. ⟨Wiederabdruck in: Ders.: Wege zu Goethe. 2. Aufl. Hamburg-Bergedorf 1949. S. 59–78. 1. Aufl. ebd. 1947. S. 39–51.⟩

Nussberger, M.: Eckermanns Gespräche mit Goethe und ihr dokumentarischer Wert. In: Zeitschrift für deutsche Philologie 52, 1927. S. 207–215.

Stockmann, Alois: Eckermanns »Gespräche mit Goethe« und die neueste Forschung. In: Stimmen der Zeit 112, 1927. S. 446–454.

Sprengel, Johann Georg: Eckermanns Goethebild. In: Zeitschrift für deutsche Bildung 4, 1928.

Böök, F.: Samtal med Goethe. In: Ders.: Fran fyra sekler. Litteraraessayer. Stockholm 1928.

Großmann, Stefan: Eckermanns Schicksal. In: Das Tage-Buch, hg. von Leopold Schwarzschild, 9, 1928. S. 765–771.

Die Traumerscheinung. Aus Eckermanns nachgelassenen Papieren. In: Goethe-Kalender 22, 1929. S. 209–216.

Spiess, H.: Goethe, Eckermann und »Faust auf der Bühne«. Diss. Jena 1930.

Schultz, Werner: Die Charakterologie des großen Menschen in den Gesprächen Goethes mit Eckermann. In: Jahrbuch der Goethe-Gesellschaft 17, 1931.

Fischer, Otokar: Eckermann. In: Goethův sborník. Prag 1932. S. 271–290.

Robinet de Clery, Adrien: Frédéric-Jacob Soret et Johann-Peter Eckermann. Histoire d'une amitié. In: Revue Germanique 24, Paris 1933. S. 231–244. ⟨Vgl. auch: Ders. ebd. Jg. 26, 1935. S. 120–129.⟩

Hitschmann, Eduard: Johann Peter Eckermann. Eine psychoanalytisch-biographische Studie. 1933.

Hitschmann, Eduard: Johann Peter Eckermann. Vortrag im Wiener Goethe-Verein am 4. 2. 1933. In: Psychoanalytische Bewegung 5, 1933. S. 392–415.

Hitschmann, Eduard: Die Bindung Eckermanns an Goethe. Demonstriert an zwei Träumen Eckermanns. In: Psychoanalytische Bewegung 5, 1933. S. 520–526.

Houben, Heinrich Hubert: Goethes Eckermann. Die Lebensgeschichte eines bescheidenen Menschen. Berlin, Wien, Leipzig 1934.

Goedeke, Karl: Art. Johann Peter Eckermann. In: Ders.: Grundriß zur Geschichte der deutschen Dichtung. Aus den Quellen. 2., ganz neu bearb. Aufl., 13. Bd. Dresden 1938. S. 401–407.

Schäfer, Wilhelm: Über den Dichter Johann Peter Eckermann. In: Goethe-Kalender 1939. S. 49–67.

Baumgart, W.: Ein Menschenleben im Dienste Goethes. Zum 150. Geburtstag Johann Peter Eckermanns. In: Die Auslese. 1942.

Witt, B.: Eckermann, ein Sohn Niedersachsens. In: Niedersachsen. 1943.

Goebel, O.: Johann Peter Eckermann. In: Mitteilungen aus dem Quickborn. 1943–44.

Beutler, Ernst: Johann Peter Eckermann. In: Ders.: Essays um Goethe. 2. Bd. Wiesbaden 1947. S. 282–306.

Beutler, Ernst: Einführung zu Johann Peter Eckermann: »Gespräche mit Goethe in den letzten Jahren seines Lebens«. In: Johann Wolfgang Goethe: Gedenkausgabe der Werke, Briefe und Gespräche, hg. von Ernst Beutler. Zürich 1949. S. 781 bis 852.

Kosch, Wilhelm: Art. Eckermann. In: Ders.: Deutsches Literatur-Lexikon. Biographisches und bibliographisches Handbuch. 2. Aufl. Bern 1949. S. 405f.

Nohl, Hermann: Eckermanns Goethe. In: Die Sammlung 4, H. 10, 1949. S. 640.

Ehrengabe der Friedrich-Schiller-Universität Jena: Aus dem Universitätsarchiv. Zum 200. Geburtstage Goethes. 28. August 1749 bis 28. August 1949. Jena 1949. Als Manuskript gedruckt (Ehrenpromotionsurkunde Eckermanns, Lebenslauf und Dankschreiben an die Philosophische Fakultät). S. 31, 34–36.

Graff, Sigmund: Goethe vor der Spruchkammer oder der Herr Geheimrat verteidigt sich. Nach Johann Peter Eckermann. Göttingen 1951.

Mommsen, Momme: Zum Gedächtnis Johann Peter Eckermanns. In: Jahrbuch der Goethe-Gesellschaft. 16. Bd. NF 1954. S. XI–XIII.

Erdmann, Franz: Johann Peter Eckermann. Zu seinem 100. Todestag am 3. Dezember 1954. In: Die Sammlung 9, 1954. S. 592–595.

Abbé, Derek van: On Correcting Eckermann's Perspectives. In: Publications of the English Goethe Society. New Series 23. London 1954. S. 1–26.

Schoof, Wilhelm: Freiligraths Briefwechsel mit Eckermann und Kanzler von Müller. In: Euphorion 48, 1954. S. 311–340.

Luthardt, Theodor: Johann Peter Eckermann. Ansprache zur Gedenkfeier an seinem 100. Todestag. In: Wissenschaftliche Zeitschrift der Friedrich-Schiller-Universität Jena, gesellschafts- und sprachwissenschaftliche Reihe 4, 1954/55. S. 327–330.

Johann Peter Eckermann. In: Das Land Niedersachsen. Gegenwart und Tradition, hg. von der Niedersächsischen Landeszentrale für Heimatdienst. Hannover, Frankfurt/Main, München 1955. S. 263.

Grumach, Ernst: Müller und Eckermann. In: Goethe. Neue Folge des Jahrbuchs der Goethe-Gesellschaft 18, 1956. S. 310–312.

Harringer, Günter (Bearb.): Stadt zwischen Marsch und Heide. 800 Jahre Winsen/Luhe. Winsens Vergangenheit und Gegenwart. Festbuch zur 800-Jahrfeier der Stadt Winsen (Luhe). Winsen (Luhe) 1958.

Baum, Herbert (Hg.): Unbekannte Briefe von Johann Peter Eckermann an Heinrich Stieglitz. In: Geschichtsblätter von Waldeck 50, Kassel 1958. S. 100–109.

Borchert, Hans-Heinrich: Johann Peter Eckermann. In: NDB. 4. Bd. Berlin 1959. S. 289f.

Zastrau, Alfred: Eckermann. In: Goethe-Handbuch. 1. Bd. 2. Aufl. Stuttgart 1961. Sp. 1976–1984.

Kühnlenz, Friedrich: Weimarer Porträts. Johann Peter Eckermann. In: Greifen-Almanach. Rudolstadt 1961.

Senk, Herbert: Jede bedeutende Aufgabe erfordert Selbstaufgabe: Johann Peter Eckermann. In: Fred Engelke (Hg.): Große Niedersachsen. Geistestaten – Lebensfahrten – Abenteuer. München 1961. S. 139–141.

Amoretti, G. V.: Johann Peter Eckermann. In: Ders.: Saggi critici. Turin 1962.

Mandelkow, Karl Robert: Das Goethebild J. P. Eckermanns. In: Gratulatio. Festschrift für Christian Wegner zum 70. Geburtstag am 9. September 1963. Hamburg 1963. S. 83–109.

König, Joseph: Johann Peter Eckermanns Befreiung vom kirchlichen Aufgebot zu Weimar. In: Niedersachsen. 64. Bd. Hildesheim 1964. S. 25–29.

Usinger, Fritz: Eckermann. In: Ders.: Gesichter und Gesichte. Darmstadt 1965. S. 36–42.

Fürnberg, Louis: Rede zu Eckermanns 100. Todestag. Mit einem Nachwort von Evamaria Nahke. In: Weimarer Beiträge 1965. S. 9–28 (Nachwort S. 22–28. »Der arme Eckermann«. Fragment einer Novelle von Fürnberg. S. 15–22).

Scheibe, S.: Goethes Inhaltsangabe von »Manon Lescaut«. Entstehung, Überlieferung, Überarbeitung durch Eckermann. In: Jahrbuch der Goethe-Gesellschaft. NF 1966.

Mazzucchetti, L.: Johann Peter Eckermann: la sua vita per Goethe. In: Ders.: Cronache e saggi. Mailand 1966.

Victor, Walther: Sein Leben hieß Goethe. J. P. Eckermann. In: Ders.: Goethe – gestern und morgen. 2. Aufl. Berlin und Weimar 1970. S. 139 f.

Johann Peter Eckermann. In: DLL, Biographisch-Bibliographisches Handbuch, begr. von Wilhelm Kosch, fortgeführt von Bruno Berger, 3., völlig neu bearbeitete Aufl. Bern und München 1971. Sp. 852–855.

Brick, Richard: Eckermann und Northeim. In: Northeimer Heimatblätter, Juni 1973. S. 67–71. Sowie: September 1973. S. 107–110.

Stöcklein, Paul: Die freie Porträtkunst Eckermanns und anderer Gesprächspartner. In: Literatur als Vergnügen und Erkenntnis. Heidelberg 1974. S. 96–99.

Franz, Wilfried: »Dem Andenken des Unvergeßlichen«. Eckermanns Gedicht auf den Tod Goethes ⟨mit Textpublikation⟩. In: Jahrbuch des Freien Deutschen Hochstifts 1974 (1975). S. 53–70.

Heckmann, Herbert: Das Gespräch vom Typ Eckermann. In: Jahrbuch der Deutschen Akademie für Sprache und Dichtung Darmstadt 1976, 1977. S. 49–55.

Lüth, Erich: Johann Peter Eckermann zwischen Elbe, Heide und Weimar (= Schriften der Lichtwark-Stiftung Hamburg). Hamburg 1978.

Carlyle, Thomas: Death of Goethe. Goethe's Tod, übersetzt von Johann Peter Eckermann. Zweisprachiger Druck mit Nachwort von Horst Pöthe und Norbert Miller (= Den Autoren und Freunden unseres Hauses zum Jahreswechsel 1981/82. Walter de Gruyter). Berlin, New York 1981.

Rischbieter, Henning: Hannoversches Lesebuch oder: Was in Hannover und über Hannover geschrieben, gedruckt und gelesen wurde. 1. Bd. 1650–1850. 2. Aufl. Hannover 1978. S. 229–235.

Kreutzer, Leo: Inszenierung einer Abhängigkeit. Johann Peter Eckermanns Leben für Goethe. In: Mein Gott Goethe. Essays (= das neue buch 136). Reinbek bei Hamburg 1980. [Rezension in Germ. 22, 1981. S. 746 f.]

Otto, Regine: Nachwort zu: Johann Peter Eckermann: Gespräche mit Goethe in den letzten Jahren seines Lebens. Berlin und Weimar ⟨Lizenz: München⟩ 1982. S. 679–703.

Mommsen, Theodor: Bemerkung über Eckermann als warnendes Beispiel für Unterjochung (= Abituraufsatz von 1838: Genies sind notwendige Übel). In: Birgit Lahann: Abitur. 2. Aufl. Hamburg 1983. S. 43.

Gilman, Sander Lawrence (Hg.): Johann Peter Eckermanns Aphorismen (= Philologische Studien und Quellen, hg. von Wolfgang Binder u. a., H. 111). Berlin 1984. [Rezension von Hans-Jürgen Geerdts in Arbitrium 4. S. 176 f.]

Schlaffer, Heinz: Einführung zu Johann Peter Eckermann: Gespräche mit Goethe in den letzten Jahren seines Lebens (= Johann Wolfgang Goethe. Sämtliche Werke nach Epochen seines Schaffens. Münchner Ausgabe, hg. von Karl Richter u. a. 19. Bd.). München 1986. S. 701–729, sowie Dokumente zur Entstehungs- und Wirkungsgeschichte S. 730–740.

Rodieck, Christoph: Eckermann und die Folgen. Deutsche und französische Fortsetzungen der »Gespräche mit Goethe«. In: Neophilologus 73, 1989. S. 327–338.

Hagen, Günther: Geschichte der Stadt Winsen an der Luhe. 2. durchges. u. erw. Aufl. Winsen (Luhe) 1990.

Baumgart, Wolfgang: Südliche Beleuchtung. Der Träumer Eckermann. In: Euphorion 85, H. 2, 1991. S. 111–124.

Hagen, Günther: Johann Peter Eckermann – von Winsen nach Weimar (= Winsener Schriften. 2. Bd.). 2. durchges. u. erw. Aufl. Winsen (Luhe) 1991.

Nahler, Edith: Johann Peter Eckermann und Friedrich Wilhelm Riemer als Herausgeber von Goethes literarischem Nachlaß. In: Im Vorfeld der Literatur. Vom Wert archivalischer Überlieferung für das Verständnis von Literatur und ihrer Geschichte. Studien, hg. von Karl-Heinz Hahn. Weimar 1991. S. 75–85.

Unseld, Siegfried: Goethe und seine Verleger. Frankfurt am Main 1991.

Johann Peter Eckermann: Ausgewählte Gedichte (= Winsener Hefte. Literarische Mosaiksteinchen). Mit Einführung von Werner Keller. Winsen/Luhe 1992.

Gröll, Walter und Günther Hagen (Bearb.): Johann Peter Eckermann. Leben und Werk. Zum 200. Geburtstag am 21. 9. 1992 (Ausstellungskatalog). Winsen (Luhe) 1992.

Schirnding, Albert von: Heimkehr nach Weimar. Erinnerungen an Johann Peter Eckermann. In: Süddeutsche Zeitung. Nr. 140 vom 20./21. Juni 1992. S. V.

Carstensen, Richard: Ihm verdanken wir unser Goethe-Bild. Zu Eckermanns 200. Geburtstag am 21. September 1992. In: Niedersachsen. Zeitschrift für Heimat und Kultur, H. 4, 92. Jg. 1992. S. 169–171.

Gröll, Walter: Auf dem Weg zu einem neuen Eckermann-Bild. Eine weitere Betrachtung zum 200. Geburtstag von Johann Peter Eckermann. In: Niedersachsen. Zeitschrift für Heimat und Kultur, H. 4, 92. Jg. 1992. S. 171 f.

Abkürzungen

Gespräche Johann Peter Eckermann: Gespräche mit Goethe in den letzten Jahren seines Lebens. Nach dem ersten Druck, dem Originalmanuskript des dritten Teils und Eckermanns handschriftlichem Nachlaß neu hg. von Heinrich Hubert Houben. 23. Originalaufl. Leipzig 1948.

Houben I und II Heinrich Hubert Houben: Johann Peter Eckermann. Sein Leben für Goethe. Nach seinen neu aufgefundenen Tagebüchern und Briefen dargestellt. Bd. I: 2. durchges. Aufl. Leipzig 1925, Bd. II: Leipzig 1928.

Rupp. Kat. Hans Ruppert: Goethes Bibliothek. Katalog (Goethes Sammlungen zur Kunst, Literatur und Naturwissenschaft, hg. von den Nationalen Forschungs- und Gedenkstätten der klassischen deutschen Literatur in Weimar). Weimar 1958.

Schuch. Kat. Christian Schuchardt: Goethe's Kunstsammlungen. Teil I. Jena 1848.

Tewes Friedrich Tewes (Hg.): Aus Goethes Lebenskreise. J. P. Eckermanns Nachlaß. Bd. I ⟨mehr nicht erschienen⟩. Berlin 1905.

WA Goethes Werke. Herausgegeben im Auftrage der Großherzogin Sophie von Sachsen (Weimarer Ausgabe). Abt. I–IV. 144 Bde. Weimar 1887 ff.

Bildnachweis

Register

Von Reiner Schlichting

Die Namen »Johann Peter Eckermann«, »Johann Wolfgang von Goethe« und der Ort »Weimar« wurden wegen ihrer sehr häufigen Nennung nicht in das Register aufgenommen.

Personen

Abeken, Bernhard Rudolf 151
Ampère, Jean Jacques Antoine 174
Anderten, Major 30
Arnim, Bettina von, geb. Brentano 135
Arnswald, Bernhard von 83, 84
Avoline, A. 132
Axmann, Josef 103, 104

Bäte, Ludwig 156
Beauvarlet, Jacques Firmin 114
Beer, Michael 60, 173
Berger, Johann Samuel von 171, 172
Bernstein, Aaron 163
Bernstein, F. W. 160, 161
Berry, Caroline Ferdinande Luise Duchesse de, geb. Prinzessin von Neapel und Sizilien 108
Bertram, Christian 126, 172, 174
Bertram, Johanne, siehe Eckermann
Bertram, Wilhelm 33, 73, 172, 174
Beurmann, Eduard 163
Beuther, Friedrich Christian 50
Beutler, Ernst 157
Biermann, Wolf 162
Blaschke, János 103, 104
Blooteling, Abraham 109
Boisserée, Sulpiz 118
Bolswert, Schelte Adams 113
Böttcher, Hellmuth M. 158
Bouterwek, Sohn 141
Bouterwek, Friedrich 71, 141
Brandt, Henri François 66
Brentano, Clemens 104
Brion, Friederike 157
Brockhaus, Friedrich Arnold 51, 87, 175
Brockhaus, Heinrich 51, 84, 86, 88, 94, 142, 143, 175, 176
Bürger, Gottfried August 104
Busch, Johann Christoph Friedrich 175
Byron, George Gordon Noël Lord 93

Caesar, Gaius Julius 21
Cambridge, Adolphus Frederick Herzog von 23, 25
Candler, Engländer 135
Carl Alexander, Großherzog von Sachsen-Weimar-Eisenach 66, 67, 86, 101, 133, 137, 144, 158, 159, 167, 168, 175, 176
Carl August, Großherzog von Sachsen-Weimar-Eisenach 19, 45, 47, 50, 63, 66, 71, 174
Carl Friedrich, Großherzog von Sachsen-Weimar-Eisenach 84
Carlyle, Thomas 143
Chardon, fils 118
Chodowiecki, Daniel Nikolaus 32, 33
Cicero, Marcus Tullius 21
Cochrane, John Dundas 66
Cordes, Kassierer 34
Coreggio, Antonio da (Antonio Allegri) 35, 121
Cotta, Johann Friedrich Freiherr von 16, 23, 32, 43, 57, 58, 71, 81, 96, 172, 176
Cowley 134
Cralinge, Jan 115
Curtze, Louis 142
Cuvier, Georges Frédéric Baron de 155

Delavigne, Jean-François-Casimir 60
Delkeskamp, Friedrich Wilhelm 122
Dissen, Georg Ludolf 31, 71, 172
Doolan, Robert 135

Eberwein, Franz Karl 45, 106, 174
Eberwein, Traugott Max 173
Eckermann, Anna Catharina 171
Eckermann, David 171
Eckermann, Dorothea Elisabeth 171
Eckermann, Hans Jacob 171
Eckermann, Johann Adolf 19, 121, 141, 171

Eckermann, Johann Friedrich Wolfgang, genannt Karl 26, 28, 29, 69, 81, 86, 88, 137, 138, 140, 159, 167, 175, 176
Eckermann, Johanne Sophie Katherine Christine, geb. Bertram 14, 15, 22, 26, 34, 35, 43, 44, 46, 47, 51, 53, 58, 60, 63, 66, 68, 69, 70, 72, 73, 81, 88, 101, 122, 123, 124, 125, 126, 128, 129, 132, 133, 134, 135, 136, 137, 138, 140, 145, 154, 156, 157, 158, 171, 172, 173, 174, 175
Eckermann, Katharina Maria 171
Eckermann, Maria Dorothea, geb. Schierhorn 19, 141, 171, 172
Edgeworth, Maria 66
Eichenberg, Erben 58
Eilert, Bernd 160, 161
Eschwege, F. A. Elmar von 69, 71

Falk, Johannes Daniel 142, 143, 172
Feuchtersleben, Ernst Freiherr von 153
Fieber, F. v. 95
Friedrich Wilhelm IV., König von Preußen 176
Friedrich, Karl 171, 172
Fritsch, Karl Wilhelm Freiherr von 71
Frommann, Karl Friedrich Ernst 71, 172
Fürnberg, Louis 159, 160
Füßli, Johann Heinrich 112

Geist, Ludwig 63
Gérard, François Pascal Baron de 118
Germar, Friedrich von 48
Gervinus, Georg Gottfried 151, 163
Glatz, Joseph 95
Goethe, August von 41, 51, 67, 100, 128, 129, 155, 175, 176
Goethe, Ottilie von, geb. von Pogwisch 41, 50, 61, 69, 145, 150, 159, 160, 173, 175
Goethe, Walther Wolfgang von 83, 159

Goethe, Wolfgang Maximilian von 83, 99,
    159, 160
Göttling, Karl Wilhelm 57, 67, 68, 128
Gräbner, Karl 63
Grevedon, Henri (Pierre Louis) 18
Grillparzer, Franz 174
Grosse, Ernst 141, 142
Grüner, Karl Franz 62, 63
Grünewald, Ch. 4
Gruppe, O. F. 163
Gutzkow, Karl 153, 154

Hagemann, Theodor 172
Hanfstaengl, Nachfolger 69
Hayward, Abraham 150
Hebbel, Friedrich 152, 153
Hecker, Jutta 158, 159
Heeren, Arnold Hermann Ludwig 31, 71,
    172
Heine, Heinrich 148, 149, 150, 151, 152,
    153, 154, 160
Heinrich IV., König von Frankreich 118
Heinrichshofen, Verleger 86, 87, 88, 145,
    176
Held, Louis 136
Hendricx, Gillis 113
Henscheid, Eckhard 160, 161
Herder, Johann Gottfried 47
Hoffmann, Wilhelm 63
Holtei, Karl von 143, 145, 174
Homer 20, 142
Horatius Flaccus, Quintus 21
Houben, Heinrich Hubert 142
Hugo, Gustav 71
Hummel, Johann Nepomuk 71

Iffland, August Wilhelm 104
Isenburg, Casimir Fürst von 25

Jagemann, Ferdinand 53, 85
Janscha, Lorenz 126, 130
Jean Paul (Jean Paul Friedrich Richter)
    168
John, Johann August Friedrich 26, 53, 168
Jung-Stilling, Johann Heinrich 147, 148
Junker, Hermann 71
Jury, Wilhelm 103, 104

Karl X. Philipp, König von Frankreich 118
Keller, Gottfried 147, 148
Kern, Wilhelm 71
Kielmansegg, Friedrich Otto Gotthard Graf
    von 30, 121, 141, 171
Kiesewetter, Karl 141, 142, 173
Kippenberg, Anton 162
Kiprinski, Orest Adamowitsch 18
Kirchhoff, Beamter 141
Kladzig, Auguste 51, 63, 105, 145, 174

Kleist, Heinrich von 104
Kleist, L. v. 31
Klemm, Kammermusikus 140
Klingenberg, Ernst 141
Klopstock, Friedrich Gottlob 20, 30, 141,
    171
Knebel, Karl Ludwig von 172
Knop, Capitain 31
König, Amtsschreibersfrau 35
Korff, Hermann August 166
Körner, Theodor 13, 19, 141, 171
Kraus, Georg Melchior 32, 35, 125
Kräuter, Friedrich Theodor David 26, 135,
    143, 144, 172, 175
Kühnlenz, Fritz 158

Lange, Freund 21, 141
La Roche, Karl August 63
Laube, Heinrich 83, 153
Lavater, Johann Caspar 157
Lavater-Sloman, Mary 157, 158
Lazzari, A. 129
Lenau, Nikolaus 153
Lensing, Elise 152
Lessing, Gotthold Ephraim 66
Lichtenberg, Georg Christoph 147, 148
Lingelbach, Johannes 109
Lissauer, Ernst 155, 156
Lobe, Eduard 46
Loest, Erich 162
Lorrain, Claude (Claude Gellée) 108, 109,
    111, 112
Lose, Carolina 124
Lose, Federico 124
Ludwig I., König von Bayern 175
Luise, Großherzogin von Sachsen-Weimar-
    Eisenach 66, 71
Luther, Martin 125

Mann, Thomas 157
Marggraf, Hermann 163
Maria Pawlowna, Großherzogin von Sach-
    sen-Weimar-Eisenach 69, 81, 84, 85,
    88, 133, 137, 138, 144, 175, 176
Marshall, James 88, 138, 159, 168
Marshall, John 138
Marshall, William 138, 143
Martersteig, Friedrich Wilhelm Hein-
    rich 142
Melos, Justina Wilhelmina Ulrika, geb.
    Baumann 135
Melos, Johann Gottfried 44, 173, 174
Merian, Matthäus 26
Meusebach, Karl von 163
Meyer, Johann Heinrich 53, 107, 144
Molière, Jean-Baptiste Poquelin 174
Morgenstern, Christian 154
Motte, Charles Etienne Pierre 18

Mozart, Wolfgang Amadeus 50
Müller, Friedrich von 57, 63, 71, 73, 81, 83,
    100, 101, 150, 153
Müller, Johann Christian Ernst 85
Mundt, Theodor 163

Nahke, Evamaria 159, 160
Napoleon I. Bonaparte 53, 83, 97, 98, 121,
    141, 174, 175
Neureuther, Eugen Napoleon 108
Newton, Isaac 93
Nicola, Karl 171
Nietzsche, Friedrich 147, 148, 150, 151,
    153, 154

Opiz, Georg Emanuel 42
Ostade, Adriaen van 115
Osterwald, Georg 29
Osterwald, J. F. d' 74
Osthaus, Kammerrat 141
Ovidius Naso, Publius 21

Parisius, Johann Christian 22, 25, 171, 172
Parry, James Patrick 50
Petersen, Julius 83
Petsch, Johann Georg 31
Picquet, Charles 18
Platen-Hallermünde, August Graf von 60,
    149, 151, 173
Plunkett, Randall Edward 135
Pogwisch, Ulrike von 69, 143
Poppel, Johann Gabriel Friedrich 29
Poussin, Nicolas 108
Preller, Friedrich 88, 168, 175

Raabe, Wilhelm 155, 156
Raffael (Raffaello Santi) 35, 121
Ramberg, Johann Heinrich 19, 28, 29, 103,
    104, 108, 117, 121, 131, 141, 168, 171
Raumer, Hauswirt 140
Ravens, Gebrüder 26
Rebenstein, A., siehe Bernstein, Aaron
Reck, K. 163
Rehberg, Marie 71
Reiffenstein, Johann Friedrich 109, 111
Reinhard, Karl Friedrich Graf von 92, 173
Renfranz, Hans Peter 161, 162
Retzsch, Friedrich August Moritz 104, 105
Reutern, Gerhard Wilhelm von 114
Riemer, Friedrich Wilhelm 51, 57, 67, 68,
    71, 73, 81, 83, 101, 122, 153, 154, 160,
    172, 175, 176
Rocca 31
Röhr, Johann Friedrich 47
Rösel, Johann Gottlob Samuel 37
Roos, Johann Heinrich 112, 113
Rubens, Peter Paul 35, 107, 108, 113, 114
Ruysdael, Jacob Isaackszoon 109

Savigny, Marie Kunigunde Ludovica Katharina von, geb. Brentano 144
Savigny, Friedrich Karl von 144
Schiller, Friedrich 20, 30, 33, 99, 100, 141, 158, 171
Schlosser, Friedrich Christoph 142, 173
Schlosser, Johann Georg 173
Schmeller, Johann Joseph 16, 53, 67, 144, 145, 173, 174
Schmidt 31
Schmidt, Friedrich Christian 69
Schmidtbonn, Wilhelm 156
Schönemann, Lili 157
Schopenhauer, Johanna 68
Schrickel, Ludwig Theodor Heinrich 137, 140
Schubarth, Carl Ernst 38
Schuchardt, Johann Christian 53
Schultz, Christoph Friedrich Ludwig 18, 24, 38, 51, 107
Schulz, Heinrich 172
Schwerdgeburth, Carl August 49, 57, 66
Scott, Walter 174
Shakespeare, William 20
Sophokles 20
Soret, Frédéric 50, 53, 66, 68, 73, 86, 87, 88, 131, 133, 142, 144, 145, 152, 176
Spiegel von und zu Pickelsheim, Karl Emil Freiherr von 106
Spitta, Philipp 141

St. Hilaire, Geoffroy 155
Stahr, Adolf 138
Staiger, Emil 157
Stark, E. 44
Steinla, Moritz (Moritz Müller) 41
Stenger, Wilhelm 45
Sterling, Charles James 93, 96
Sternberg, Kaspar Graf von 95
Stieglitz, Heinrich 15, 68, 81, 135, 141, 142
Stieler, Joseph 15
Stifter, Adalbert 147, 148
Strindberg, August 157
Svanefeld, Hermann van 108
Sylvestre, Espérance 86, 93

Tasso, Torquato 66
Thaer, Albrecht Daniel 15, 173
Tischbein, Johann Friedrich August 34
Tizian (Tiziano Vecellio) 35
Toschi, Paolo 118
Trapp, Apotheker 141

Ulmann, Gabriel 68, 137

Van Loo, Charles André 114, 115
Varnhagen von Ense, Karl August 87, 151, 152
Vend 132
Vergilius Maro, Publius 21

Visscher, Jan de 115
Voß, Johann Heinrich 66, 142

Waechter, F.K. 153
Walser, Martin 161
Weber, Karl Maria von 49, 126
Weerth, Georg 150
Weigel, Johann August Gottlieb 115
Weiland, Carl Friedrich 4
Weiße, Christian Hermann 152
Welhausen, Carl 43
Werther 137
Westermayr, Konrad 35, 44
Wieland, Christoph Martin 104, 173
Willemer, Johann Jakob von 15, 51, 101
Willemer, Marianne von 15, 51, 101
Winckelmann, Johann Joachim 83
Witzleben, C. von 23
Wolff, Oskar Ludwig Bernhard 163
Wolff, Pius Alexander 62, 63

Yarck, Alfred 23

Zauper, Joseph Stanislaus 38, 51, 153
Zelter, Carl Friedrich 15, 67, 98, 101, 107, 118, 135
Ziegler, Johann 126, 130
Zünckel, Tuchmacher 137, 138
Zweig, Arnold 154, 155, 156

Orte

Amsterdam 109
Antwerpen 113

Bacharach 114
Bad Berka 45, 70, 174
Bad Kissingen 176
Basel 128
Belgien 86
Belvedere 47
Berlin 15, 38, 69, 106, 174, 176
Bevensen 19, 20, 141, 171
Bieberich 123, 173
Bingen 123, 173
Blankenese 127
Bleckede 101, 126, 174
Böhmen 95, 121, 172
Bonn 123, 130, 161, 173
Bordeaux 127
Brabant 19, 30, 121, 141, 171
Braunschweig 4, 38
Bremen 4, 47, 175

Curslack 127
Cuxhaven 100

Dornburg 50
Dresden 31, 34, 35, 43, 106, 117, 121, 167, 172, 176
Düsseldorf 86, 123
Düsternbrook 176

Einbeck 126
Eisenach 35, 125, 167
Empelde 135, 167, 172
Eschwege 167
Ettersberg 44, 70
Ettersburg 70, 71, 174

Finkenwerder 127
Flandern 19, 121, 141, 171
Frankfurt am Main 24, 49, 58, 122, 128, 153, 172, 173

Gaberndorf 128
Genf 86, 93, 128, 129, 144, 145, 154
Genua 51, 93, 175
Gotha 128
Göttingen 22, 23, 25, 30, 31, 35, 37, 71, 72, 121, 126, 128, 132, 141, 142, 154, 155, 167, 172
Grunstedt 128
Guinea 150

Hamburg 4, 26, 30, 71, 101, 106, 122, 123, 126, 127, 128, 171, 174, 175
Hameln 30
Hanau 138
Hannover 4, 15, 19, 20, 21, 22, 23, 25, 28, 29, 30, 31, 32, 44, 71, 72, 99, 121, 122, 123, 125, 126, 131, 137, 140, 141, 142, 159, 167, 168, 171, 172, 173, 174, 176
Heidelberg 123, 173
Helgoland 51, 81, 121, 127, 175
Hildesheim 141
Holland 86
Holstein 30, 121, 141, 171
Hopfgarten 128
Hottelstedt 44, 70
Höxter 173

Ilmenau 176
Insel Wilhelmsburg 30, 127, 171
Italien 34, 41, 51, 66, 96, 97, 100, 108, 121, 122, 128, 129, 131, 132, 148, 156, 175

Jena 24, 38, 45, 71, 72, 73, 135, 148, 172, 174

Kassel 125, 126, 175
Koblenz 123, 173
Köln 123, 173
Kurhessen 4

Leipzig 42, 51, 84, 86, 87, 108, 115, 124, 174, 175, 176
Levante 127
Limmer 176
Linden 137, 176
Lippe 4
London 126
Lübeck 4
Lüneburg 19, 26, 71, 141, 171

Madeira 127
Magdeburg 86, 87, 88, 145, 176
Mailand 124, 128
Mainz 123, 173
Malaga 127
Marienbad 24, 41, 172, 173
Mecheln 113
Mecklenburg 121, 141, 171
Montblanc 93
Monterosa 93

Moorburg 127
Moskau 74
München 126

Neapel 100, 131
Neuengamme 127
Neustadt 123, 173
Northeim 47, 51, 74, 126, 128, 129, 132, 175

Oberweimar 46, 70
Oldenburg 4, 141

Paderborn 175
Paris 18, 98, 115, 118, 144
Potsdam 176
Pyrmont 33, 34, 121

Rinteln 29
Rom 41, 51, 100, 128, 129, 131, 175
Rußland 66

Schweiz 172
Senegambien 150
Sizilien 74
Speyer 123, 126, 173
Stade 100, 101, 126, 128, 174
Straßburg 97, 132
Stuttgart 16, 32, 37, 43, 57, 58, 81, 172

Tartarei 66
Tiefurt 70
Tröbsdorf 128
Tübingen 32, 57, 96
Twielenfleth 127

Uelzen 19, 20, 171
Ulla 128

Valmy 19
Venedig 121, 128, 129, 131, 133
Vierlande 127

Waldeck 4
Webicht 43, 47, 70
Weende 154, 155
Wien 63
Winsen an der Luhe 13, 14, 19, 22, 25, 26, 28, 41, 53, 71, 72, 86, 121, 128, 141, 144, 147, 157, 159, 162, 167, 171, 172, 176
Woltmarshausen 176

Bezirke
der Stadt.

A. Markt Bezirk.
B. Schloss Bezirk.
C. FrauenThor-Bezirk.
D. ErfurtherThor-Bezirk.
E. JacobsThor-Bezirk.
F. Ilm-Bezirk.

Das

Hölzchen

Weg nach dem Schützhause

Chaussee nach Jena und Eckardsberge

Die
Erholungs
Garten

Schall Thor

Altenburg

Kegel Th.
Brücke

Kegel
Brücke

Schloss
Brücke

Nieder
Mühle

Burg. Mühle

Kegel
Platz

23

Der Bruch

Kleine teufel Gasse

22

bey der Meisterey

6

1

Ex.

nach Buttstaedt

Gerber Gasse

nach Gogn

Am Bach

nach Buttelstedt

F

Wagner Gasse

Strasse

B

8

Topf Marckt

Kleine

10
Der
Marckt

Taschenberg

Jacobs

6

Jacobs

alter Gottesacker

17

Rosmarien G.

A

Teich
Gasse

Gold
Brunen

Nasser Pforte

Kirchhof
Gasse

Vodien

22

Wurst Gasse

Breite Grasse

Chaussee v. Ettersburg

Die Breitegasse

Kettenberg

Roll Gasse

Der Graben

Eichs Feld

Esplanade

Kleine
Windisty.

Schert Gasse

Linden Bg.

E

Roll
Platz

8

Am Baumgarten

27

D

19

Carlsplatz

Neue Strasse

Platz vor
dem Theater

2

Schwansee Strasse

Niederwisch
Mühle

Der Assbach

24

13

Neue Scheunen

Schwanseer Gatter

Schwansee   Wiese

Chaussee nach Erfurt   Thor H.